RUSSIAN

Michael Frewin was born in 1931 and has an MA with 1st Class Honours in German and French from Edinburgh University.

During National Service he learnt Russian in the RAF at the Joint Services School for Linguists (Cambridge University) and, after a decade of teaching, went to the University of Sussex and took an MA in Russian in 1969. Since then he has been teaching, currently at Oakham School in Rutland.

He has written three Russian language courses for the BBC and has done committee and moderating work on Russian for two GCE Boards—SUJB (Bristol) and AEB.

TEACH YOURSELF BOOKS

RUSSIAN

Michael Frewin

TEACH YOURSELF BOOKS
Hodder and Stoughton

First printed 1977
Sixth impression 1984

This volume is published in the U.S.A. by David McKay Company Inc., 750 Third Avenue, New York, N.Y. 10017

ISBN 0 340 21281 0

Printed and bound in Great Britain
for Hodder and Stoughton Educational,
a division of Hodder and Stoughton Ltd.,
Mill Road, Dunton Green, Sevenoaks, Kent
by Richard Clay (The Chaucer Press), Ltd., Bungay, Suffolk

ACKNOWLEDGEMENTS

The author would like to thank Mrs Alla Braithwaite for all her many criticisms, suggestions and corrections. Her help has been invaluable.

Sources of original material are as follows:

Странные совпадения (p. 310) from 'Nedelya' no. 14, 1974 (pub. Izvestia).

Items from Soviet calendar 1974 from 'Politizdat'.

Транспорт; Ленинград (pp. 335–36) from 'Geografia USSR' (pub. Prosvieshchenie, 1966).

Дети (p. 337) from 'Sovietskii Soyuz' (pub. Vysshaya Shkola, 1970).

Мальчики и девочки; Первое сентября (p. 338), poems by Marshak (State Publishing House, Moscow, 1957).

Фома (p. 341) by Sergei Mikhalkov, from *Vo Vyes Golos* (pub. Progress, Moscow).

Старик со сторублевым билетом; Мой товарищ по гимназии, поляк Фицовский (p. 344) by Paustovsky, from *Poviest o Zhizni* (pub. Sovietskii Rossiya, 1966).

CONTENTS

INTRODUCTION

Our concern with the peoples and languages of our immediate European neighbours is a very proper one, and one can only welcome the increase in linguistic awareness which has come about over the past few decades. However, in our eagerness to learn the languages of our EEC trading partners, we must not lose sight of equally valid and important languages further afield. No doubt Russian will never attract the same numbers as the languages of more easily accessible countries, but a real danger exists that the old insularity of the Empire will be replaced by the new insularity of the Market. The importance of the Soviet Union cannot be overestimated, whether we like it or not, and an understanding of the 'Russian point of view' is essential for world sanity. In the final analysis, this understanding can only be achieved through the medium of language.

Russian is a language which is probably spoken by more people than any other except English and Chinese; the majority of these people are capable of speaking and writing it grammatically. Children of pre-school age seem to have no trouble in conversing in a language which has a reputation for great difficulty. About 120 different languages are spoken by the various peoples of the Soviet Union; only half the population speaks Russian as its mother tongue. This means that over a hundred million Soviet citizens learn Russian as a foreign language, and any differences of opinion between Moscow and the provinces are not caused by language difficulties. People from Brest-Litovsk to Vladivostok all read the same newspapers and hear the same news bulletins. No—Russian is not so much difficult as different, and this is what constitutes the fascination for the learner.

This book. The student who works through the twenty

lessons of this book will emerge at the other end with a good working knowledge of the language. The language notes are as full as space permits and the appendix at the end of the book gives a handy survey of the main forms covered. The exercises are designed both to give the student the opportunity to test his understanding and retention of the main points in each lesson, and to remind him of the points already dealt with in previous lessons. The sentences and passages included for translation into Russian use increasingly idiomatic English throughout the book, and the student will frequently find that he cannot rely entirely on a literal translation, arrived at with the help of the vocabulary. However, if he reads the reading passages carefully, he should gradually acquire a good grounding, not only in Russian vocabulary and grammar, but also in idiom, phraseology and style, and these exercises should present him with no insurmountable problems. In other words, he should aim to translate like a good interpreter, not like a computer. A key to all the exercises is provided.

In addition, a section of further reading passages is included at the end. These are all derived from Soviet sources, and include such down-to-earth items as practical hints on bringing up children, advice for householders, tips on good manners, country superstitions about weather forecasting etc., etc., some of which offer an interesting insight into Soviet society. There are also some rather longer extracts on, for instance, the concern of the State for the welfare of Soviet children; a few light-hearted poems by Marshak and Mikhalkov; and several short 'jokes' which should not occasion so many groans as these items frequently do. The selection ends with two extracts from the autobiography of Paustovsky—one of the few Soviet writers to gain recognition from both East and West. These passages should offer the student a real guide to the progress he has made.

One final word. The student is strongly advised to invest

in a good dictionary at the earliest possible stage. It is a valuable asset from the outset and later on will prove indispensable. There are some excellent Soviet dictionaries on the market these days and they are very reasonably priced.

M.L.F.

Introduction to the Cyrillic alphabet

ма́ма	Анта́рктика	Индия	Чехослова́кия
ата́ка	парк	Ита́лия	Че́хов
коме́та	капита́н	Финля́ндия	меха́ник
Ме́кка	пикни́к	факт	хара́ктер
ко́ма	пиани́ст	кафе́	хокке́й
ко́смос	жаке́т	ко́фе	жоке́й
тост	пижа́ма	семафо́р	балала́йка
ма́ска	масса́ж	баскетбо́л	бойска́ут
Ме́ксика	витами́н	футбо́л	Нью Йорк
стати́стика	ви́ски	банк	декольте́
матема́тика	сви́тер	бале́т	интервью́
такси́	Жене́ва	пу́блика	вестибю́ль
систе́ма	Ки́ев	бюро́	бульдо́г
риск	ла́мпа	Юпитер	культу́ра
Маркс	капита́л	ю́мор	Э́льба
секре́т	Ло́ндон	Юко́н	Эдинбу́рг
се́ктор	Ле́нин	юри́ст	эскала́тор
семе́стр	одеколо́н	парашю́т	эго́ист
старт	университе́т	брошю́ра	энциклопе́дия
термо́метр	журна́л	Шекспи́р	ци́ник
Маро́кко	журнали́ст	шарлата́н	цили́ндр
Аме́рика	литерату́ра	грамм	центр
до́ктор	докуме́нт	Вашингто́н	цеце
дра́ма	зени́т	Во́лга	Солжени́цын
да́ма	коммуни́зм	гастроно́м	му́зыка
мада́м	зоопа́рк	пинг-по́нг	шашлы́к
никоти́н	ви́за	Чика́го	щи
дина́мо	я́нки	чемпио́н	борщ
мини́стр	ма́ния	Чи́ли	Хрущёв

There is no need to be put off by the thought of learning a new alphabet. The Cyrillic alphabet is not difficult to learn. In fact, if you read the preceding list of words strictly in order down the columns, and note down each new letter in turn, you will be surprised at the speed with which you will become familiar with the new alphabet. It should also be encouraging to find that so many Russian words are just English words dressed up in Cyrillic. (Stress is marked with an acute accent— ′ .)

THE RUSSIAN ALPHABET

Printed Letter	Name of Letter	Pronunciation	Printed Letter	Name of Letter	Pronunciation
А а	а	a ('car')	С с	эс	s ('sport')
Б б	бэ	b ('book')	Т т	тэ	t ('tide')
В в	вэ	v ('vine')	У у	у	oo ('hoot')
Г г	гэ	g ('gone')	Ф ф	эф	f ('find')
Д д	дэ	d ('date')	Х х	ха	ch ('och' Scots)
Е е	е	ye ('yes')			
Ё ё	ё	yo ('yob')	Ц ц	цэ	ts ('tsetse')
Ж ж	жэ	s ('leisure')	Ч ч	че	ch ('chest')
З з	зэ	z ('fez')	Ш ш	ша	sh ('shore')
И и	и	ee ('feel')	Щ щ	ща	shch ('posh china')
Й й	и краткое	y ('toy')	ъ	твёрдый знак	'hard sign'*
К к	ка	ck ('rack')	ы	еры	i ('rip')
Л л	эль	l ('lamp')	ь	мягкий знак	'soft sign'*
М м	эм	m ('mile')			
Н н	эн	n ('nice')	Э э	э оборо́тное	e ('get')
О о	о	o ('sore')			
П п	пэ	p ('pour')	Ю ю	ю	yu ('Yule')
Р р	эр	r ('rubber')	Я я	я	ya ('yarn')

* For an explanation of the use of these two letters, see under 'Hard and Soft'.

N.B. The English words given in brackets are only intended as a rough guide to the correct pronunciation. It cannot be too firmly stressed that one cannot learn pronunciation from a book. Take every opportunity to listen to Russian spoken by natives—on tape, radio, television etc., unless, of course, you happen to have access to any visiting Russians.

And now we can consider briefly some of the more obvious examples of differences between Russian and English pronunciation.

(1) ы. This vowel has no real English equivalent. The lips are spread as for 'и' but the back of the tongue rises towards the roof of the mouth. Try practising the sound with a pencil clenched between the teeth.

(2) The Russian 'p' is 'rolled' (i.e. the tip of the tongue vibrates against the upper gums.) It is fairly close to the Scottish 'r'.

(3) д, т and н in Russian are 'dental' consonants (i.e. the tip of the tongue is pressed against the upper teeth.)

Hard and Soft

You will see from the alphabet that Russian has ten letters denoting vowels:

Hard а э ы о у
Soft я е и ё ю

On the face of it, this would seem to complicate matters at the outset; in fact the opposite is true. The existence of these five extra letters helps the student of Russian from the start and prevents him from many mispronunciations of the type so common with foreigners learning English, who are baffled by our spelling. The spelling of English acts as a hindrance to correct pronunciation .(consider the well-known English monster 'ough', as it is pronounced in 'cough', 'through', 'though', 'rough', 'drought' etc.). Admittedly the 'ough' syndrome is bizarre, even by English standards, but nobody can dispute that it is often impossible to tell how an English word is pronounced, merely by looking at how it is spelt.

The function of the soft vowels in Russian is to 'soften' the preceding consonants—that is, to palatalise them. Palatalised consonants are pronounced by arching the back of the tongue up to the soft 'palate' (roof of the mouth). This has the effect of producing a sound rather like that signified by the letter 'y' in English at the beginning of a word (*y*et). It will thus be seen that 'hard' and 'soft' are not peculiarly Russian. Compare the hard and soft vowels in the following:

	Hard	*Soft*
b	ta*b*oo	*b*eautiful
d	*d*uck	*d*uke
f	*f*ool	*f*uel
k (c)	*c*oot	*c*ute
l	*l*udo	inter*l*ude
m	*m*oo	*m*ew
n	*n*oodle	*n*ude
p	*p*oodle	*p*ew
s	*S*ue	*S*ioux
t	s*t*oop	s*t*upid

(Americans sometimes pronounce certain consonants hard, which would normally be soft in standard English, e.g. duke—dook; stupid—stoopid.)

The soft sign (ь) has the same effect on preceding consonants as the soft vowels.

Thus: ля is the Russian way of writing ль+а
      ле ,, ,, ,, ,, ,, ,, ль+э
      лё ,, ,, ,, ,, ,, ,, ль+о
      лю ,, ,, ,, ,, ,, ,, ль+у

N.B. A consonant preceding 'и' must be palatalised, but the 'y' sound does not occur.

Practise pronouncing the following:

| б | ба | бэ | бы | бо | бу | ба́ба, бал,* быт, был,* бор, бу́ря |
| бь | бя | бе | би | бе | бю | бег, бес, бил,* бюро́ |

| д | да | дэ | ды | до | ду | дам, ды́ня, дым, дом, дул* |
| дь | дя | де | ди | де | дю | ведь, дя́дя, де́ти, дик, дёшево, дю́на |

| л | ла | лэ | лы | ло | лу | лад, бе́лый, лоб, лук |
| ль | ля | ле | ли | ле | лю | мель, О́ля, лес, лил, лёг, люк, лю́ди |

| т | та | тэ | ты | то | ту | так, тыл, тот, туг |
| ть | тя | те | ти | те | тю | бить, Ми́тя, тень, тип, утёс, тюк |

Note 1. The soft sign (ь) and hard sign (ъ) are sometimes used between a consonant and a following soft vowel. In such cases these letters have a separating function; consonant and vowel are pronounced separately.

e.g. *Hard*—объясни́ть; съе́здить   *Soft*—воскресе́нье

Note 2. The consonants ж, ш and ц are *always* hard. Thus, although the vowels e, ё and и can be written after them, they are pronounced э, о, ы.

Written	*Pronounced*
уже́	ужэ
жёны	жоны
жить	жыть
шесть	шэсть
шёл	шол
шить	шыть
отце́	отцэ
цирк	цырк

Conversely, the consonants ч and щ are *always* soft. Thus 'hard' vowels after them are pronounced soft.

Written	*Pronounced*
ча́сто	чясто
чу́дный	чюдный
щу́ка	щюка

* The hard Russian 'л' is very distinctive. It is similar to the 'l' in 'bottle'. The tip of the tongue should push against the upper teeth and the back of the tongue should have no contact with the roof of the mouth.

The letter 'й'

With very few exceptions, the letter 'й' is used with vowels to form diphthongs, rather in the way that English uses 'y'.
Thus:

> ай is pronounced rather like the vowel sound in 'bye-bye' (бай-бай)
> эй   like the vowel sound in 'bay'
> ой   like the vowel sound in 'boy'

й can be combined with all ten Russian vowels, although some combinations are very uncommon.

N.B. The distinction between $\frac{\text{ий and и}}{\text{ый and ы}}$ is too slight to worry about. These combinations are very common, being the masculine endings for most adjectives.

й can only be found without a preceding vowel very rarely in foreign words.

> e.g. Йорк Йémeн

Variations

By and large Russian can rightly be considered a phonetic language; certainly the relationship between the spoken and written language is not as wayward as it is in English.

However, regard must be paid to the following:

(1) *Stress*. However many syllables a word contains, only one of them carries the stress. This is probably the most formidable obstacle for a foreigner trying to master Russian speech habits. The beginner must always make sure he knows where the stress falls on the new words he is learning and learn them with the correct stress. Even having achieved this, however, he will soon find that stress is frequently not fixed in Russian, and changes from stem to ending etc. in the various cases of nouns, parts of verbs etc. There are few rules to guide him on this; frequent listening to native

speakers is again the only way of establishing the correct speech habits. By way of encouragement, it should be said that in time the student with a good ear does develop a feel for Russian stress, and even when confronted with a totally unfamiliar word, can make an intelligent (or intuitive?) guess at the position of the stress.

The position of the stress has an effect on the pronunciation of the word. The main effect is on the vowels in the *unstressed* syllables. If you think of standard English pronunciation of a word like 'abóut', and compare its pronunciation with a word like 'ábbot', you will see that the unstressed 'a' in 'abóut' has nothing like the same value as the stressed 'a' in 'ábbot'.

Some vowels are more obviously affected than others by being unstressed, and it is difficult to give a precise description of their sounds. However, the following should offer some guidance.

1. Unstressed 'o'. The effect of being unstressed is most clearly seen in this vowel.

(a) If it occurs in the 'pretonic' position (i.e. immediately preceding the stressed syllable) it approximates to a short, rather faint 'a' sound, which is virtually identical to unstressed 'a'.

(b) In other unstressed syllables it is close to unstressed English 'u', as in the first syllable of 'suffuse'.

Thus in the word хорошó the three 'o' sounds are all represented.

хо-	khu (as in 'suffuse')
ро-	ra
шо	sho ('o' as in 'hot')

Practise· хорошó; плóхо; теплó; Москвá; парохóд; понимáть; покупáтель; домá; дóма; скóлько; гóрод; городá.

2. Unstressed 'e' and 'я' are reduced to a sound not very different from unstressed 'и'. Note that unstressed 'e' and 'я' in positions other than pretonic are even further reduced, become even fainter and shorter.

Practise: по́ле; тебе́; меня́; объясня́ть; бе́рег; по́езд; Со́ня; теа́тр; зна́ет; е́дет.

N.B. Stress is marked in the reading passages with an acute accent (хорошо́). The letter ё is always stressed. In actual Russian texts ё is printed without its accent. Thus a word like ещё is written еще. To give you practice at reading a Russian text as it would appear in Russia, the reading passages at the end of the book have no stresses marked.

(2) *Voiced and Unvoiced.* As in other languages, many of the Russian consonants can be grouped in pairs. The 'voiced' consonant (б etc.) is produced with the vocal chords vibrating; its unvoiced counterpart (п etc.) is produced in the identical way, except that the vocal chords do not come into play.

In Russian we have the following pairs:

Voiced	б	в	г	д	ж	з
Unvoiced	п	ф	к/х	т	ш	с

The following tendencies should be noted with regard to voiced and unvoiced consonants:

1. Voiced consonants are usually pronounced unvoiced at the end of words.

Thus:	*Written*	*Pronounced*
	хлеб	хлеп
	Ивано́в	Ивано́ф
	Бог	Бох
	грудь	груть
	муж	муш
	че́рез	черес etc.

2. In groups of consonants, all are voiced if the last is voiced; unvoiced if the last is unvoiced.

Thus:

Written	*Pronounced*
во́дка́	вотка
ло́вкий	лофкий
сбить	збить etc.

N.B. This frequent variation between spelling and pronunciation is in one case resolved by a change of spelling to match the pronunciation:

The prefixes ending in -з (из-; воз-; вз-; без-; раз-) change the 'з' to 'с' before unvoiced consonants.

e.g. воз: восхо́д; воскресе́нье; восста́ние
без- беспла́тно; бессо́нница etc., etc.

Recognition practice

Here are some 'handy phrases for Soviet tourists abroad' extracted from a Russian phrase book, with the English transcribed into the Cyrillic alphabet. Obviously the compiler makes various assumptions about English pronunciation, but you should be able to recognise the English if you have now learnt the alphabet and read the notes on pronunciation. (The actual English versions are below.)

1. ду ю андастэнд ми?
2. ду ю смоук? йес ай ду.
3. хау эба́ут э сигарэ́т?
4. айм нот сабджикт ту эа-сыкнэс.
5. ай шэл би вэйтин фо ю ин зэ кэбин.
6. ай хэв кам уыз эн эгрикалчарэл дэлигэйшн.
7. ту зэ фрэншип ов зэ пиплз ов грэйт бритэн энд зэ соувьет юньен!
8. из зыс эн эйншэнт чэч? ви шюд лайк ту мит зэ прист.
9. вэариз зэ бэриал-волт ов зэ грэйт мэн ов инглэнд?
10. даз зэ чадж фо зэ рум инклюд зэ кост ов наришмент?

11. ван жэли-фиш фо ми!!!
12. трай сам скотч виски.
13. плиз интрадьюс ми ту йо шот-вэйв эматэз.
14. вот даз май блад энэлисис шоу? маст ай андрэс?
15. ай вонт ту си э лэйдиз вустыд-найлон свымин-сьют.
16. ай тэйк интэрэст ин зэ эктивитыз ов иншуарэнс кампаниз.
17. плиз икстэнд ауа кангрэтьюлэйшнз ту зэ хиароу ов зэ дэй.
18. ви шюд лайк ту эквэйнт ауасэлвз уыз зэ пэзэнтс лайф.

Key to English phrases in Cyrillic:

1. Do you understand me?
2. Do you smoke? Yes I do.
3. How about a cigarette?
4. I'm not subject to air-sickness.
5. I shall be waiting for you in the cabin.
6. I have come with an agricultural delegation.
7. To the friendship of the peoples of Great Britain and the Soviet Union!
8. Is this an ancient church? We should like to meet the priest.
9. Where is the burial-vault of the great men of England?
10. Does the charge for the room include the cost of nourishment?
11. One jellyfish for me. (A strange request, but the Russians love fish in aspic!)
12. Try some Scotch whisky.
13. Please introduce me to your short-wave amateurs.
14. What does my blood analysis show? Must I undress?
15. I want to see a lady's worsted-nylon swimming-suit.
16. I take interest in the activities of insurance companies.
17. Please extend our congratulations to the hero of the day.
18. We should like to acquaint ourselves with the peasants' life.

It must be admitted that some of these confections are hair-raising. If you try to write down Russian phrases in the Latin alphabet we all know so well, the results are equally barbaric. If nothing else, this exercise should at least achieve some recognition on the part of the reader that the Cyrillic alphabet at least has the advantage of making Russian easier to learn, not harder!

Pronunciation practice

Here are some everyday expressions. Try to pronounce them and then compare your version with the same phrases transliterated into the approximate equivalent in our own alphabet (see below).

1. Да. — Yes.
2. Нет. — No.
3. Доброе утро! — Good morning.
4. Добрый вечер! — Good evening.
5. Добрый день! — Good day.
6. Здравствуйте! — Hello.
7. Пожалуйста. — Please.
8. Спасибо. — Thank you.
9. С удовольствием. — With pleasure.
10. Извините, пожалуйста. — Excuse me, please.
11. До свидания. — Goodbye.
12. Как вы поживаете? — How are you?
13. Как дела? — How are things?
14. Как вы доехали? — Did you have a good journey?
15. Что вы хотите? — What do you want?
16. Я хочу пойти в театр. — I want to go to the theatre.
17. Мы хотим осмотреть город. — We want to have a look round the town.

18. Как нам попа́сть на вокза́л?	How do we get to the station?
19. Я англича́нин.	I am English. (man)
20. Я англича́нка.	I am English. (woman)
21. Я америка́нец.	I am American. (man)
22. Я америка́нка.	I am American. (woman)
23. Прошу́ вас помо́чь мне.	Can you help me please.
24. Повтори́те, пожа́луйста.	Could you repeat that please.
25. Говори́те ме́дленнее, пожа́луйста.	Please speak more slowly.
26. Напиши́те э́то, пожа́луйста.	Please write it down.
27. Вы говори́те по-англи́йски?	Do you speak English?
28. Я ма́ло говорю́ по-ру́сски.	I don't speak much Russian.
29. Что он сказа́л?	What did he say?
30. Ско́лько сто́ит?	How much does it cost?

1. Da.
2. Nyet.
3. Dobraye ootra.
4. Dobree vyechir.
5. Dobree dyen.
6. Zdrahstvooite.
7. Pazhahlsta.
8. Spaseeba.
9. Soodavolstveeyem.
10. Eezveeneete, pazhahlsta.
11. Dasveedahnya.
12. Kak vy pazhyvahyete?
13. Kak dyela?
14. Kak vy dayekhalee?
15. Shto vy khateete?
16. Ya khachoo paitee fteahtr.

17. My khateem asmatret gorat.
18. Kak nahm papast navagzahl?
19. Ya angleechaneen.
20. Ya angleechanka.
21. Ya amyereekanyets.
22. Ya amyereekanka.
23. Prashoo vas pamoch mnye.
24. Paftareete, pazhahlsta.
25. Gavareete myedlyeneye.
26. Napeesheete eta, pazhahlsta.
27. Vy gavareete pa-angleeskee?
28. Ya mala gavaryoo pa-rooskee.
29. Shto on skazahl?
30. Skolka stoeet?

Writing Russian

Printed	Written	Printed	Written
Аа	*Аа*	Пп	*Пп*
Бб	*Бб*	Рр	*Рр*
Вв	*Вв*	Сс	*Сс*
Гг	*Гг*	Тт	*Тт*
Дд	*Дд*	Уу	*Уу*
Ее	*Ее*	Фф	*Фф*
Ёё	*Ёё*	Хх	*Хх*
Жж	*Жж*	Цц	*Цц*
Зз	*Зз*	Чч	*Чч*
Ии	*Ии*	Шш	*Шш*
й	*й*	Щщ	*Щщ*
Кк	*Кк*	ъ	*ъ*
Лл	*Лл*	ы	*ы*
Мм	*Мм*	ь	*ь*
Нн	*Нн*	Ээ	*Ээ*
Оо	*Оо*	Юю	*Юю*
		Яя	*Яя*

Note 1. The letters л, м and я must always begin with a little hook, wherever they occur in a word.

Note 2. т is often written with a stroke above it ($\overline{m}$).

ш „   „   „ with a stroke below it ($\underline{u}$).

Without these strokes, words can become illegible when these two letters are combined with a letter like и.

Note 3. Russian italic, which is used both in the table of contents at the beginning of the book and in some of the language notes, is modelled closely on the *written* alphabet. Whereas most italic letters are very similar to the normal printed ones, care should be taken with the five letters:

Printed	Italic	Printed	Italic	Printed	Italic
в	*в*	и	*и*	т	*m*
д	*д*	й	*й*		

Note 4. б and в are the only two small letters which extend any distance above the line.

To practise the joining of letters into words, try writing out the first part of Lesson 12 up to the beginning of the dialogue. Then compare your writing with the text as it is written out on pages 16–18. Compare in particular the relative size of the letters.

Specimen of written Russian

Товарищ Орлов и мистер Грант

Товарищ   Орлов   и   мистер   Грант

вышли из автобуса на следующей оста-

вышли   из   автобуса   на   следующей   оста-

новке и скоро дошли до перехода для

новке   и   скоро   дошли   до   перехода   для

пешеходов, но перед ними горело красное

пешеходов,   но   перед   ними   горело   красное

табло со словом „Стойте". На мос-

табло   со   словом   «СТОЙТЕ».   На   мос-

ковских улицах во время часов-пик

ковских   улицах   во   время   часов-пик

иногда кажется, что поток машин

никогда не пройдет. Движение, однако,

наконец остановилось, появилось

слово «ИДИТЕ», и они перешли на другую

сторону улицы. Там они прошли

мимо длинного ряда магазинов.

Орлов вдруг остановился перед

гастрономом, попросил мистера

Гранта подождать минуточку и быстро

зашел в магазин. Полчаса спустя —

так, по крайней мере, показалось

мистеру Гранту — Орлов вышел из гаст-

ронома с большой бутылкой

Зубровки в руке. «На обед», — объяс-
Зубровки   в руке.   «На обед», — объяс-

нил он мистеру Гранту, и они
нил   он   мистеру   Гранту,   и они

пошли дальше. Через несколько
пошли   дальше.   Через   несколько

минут они повернули за угол
минут   они   повернули   за   угол

и вошли в большой дом.
и   вошли   в   большой   дом.

LESSON 1

Policeman on busy Moscow street. Tourists approach him
with various queries:

Турѝст:	Здра́вствуйте, това́рищ милиционе́р.
Милиционе́р:	Здра́вствуйте, граждани́н.
Турѝст:	Скажѝте, пожа́луйста, где банк?
Милиционе́р:	Банк здесь. Сле́ва.
Турѝст:	А по́чта?
Милиционе́р:	По́чта там напро́тив.
Турѝст:	А что это здесь?
Милиционе́р:	Это гости́ница.
Турѝст:	Ах да, коне́чно. Спаси́бо.
Милиционе́р:	Пожа́луйста.
Турѝст:	До свида́ния.
Милиционе́р:	До свида́ния.

*   *   *

Турѝст:	Скажѝте, пожа́луйста, это универма́г?
Милиционе́р:	Нет, не универма́г, а гастроно́м.

Турист: А где универма́г?
Милиционе́р: Вон там, пря́мо.
Тури́ст: Спаси́бо.
Милиционе́р: Пожа́луйста.

*   *   *

Тури́ст: Това́рищ милиционе́р, скажи́те, это ста́н-
ция метро́?
Милиционе́р: Нет, это вокза́л.
Тури́ст: А где же метро́?
Милиционе́р: Там спра́ва библиоте́ка, так?
Тури́ст: Так.
Милиционе́р: Ну, а метро́ напро́тив.
Тури́ст: Ах да. Спаси́бо.
Милиционе́р: Пожа́луйста.

*   *   *

Пе́рвый тури́ст: Скажи́те, пожа́луйста, что это там
напро́тив?
Второ́й тури́ст: Это по́чта.
Пе́рвый тури́ст: Хорошо́. А телефо́н-автома́т есть?
Второ́й тури́ст: Не зна́ю.
Милиционе́р: Телефо́н-автома́т? Есть. Вон там сле́ва.
Пе́рвый тури́ст: Спаси́бо.

Vocabulary

тури́ст	tourist	а	but; and (note (5))
здра́вствуйте	how do you do?	по́чта	post office
това́рищ	comrade	там	there
милиционе́р	policeman	напро́тив	opposite
граждани́н	citizen	что?	what?
скажи́те	tell me	это	this, that (is)
пожа́луйста	please; not at all	гости́ница	hotel
где?	where?	ах	oh
банк	bank	да	yes
здесь	here	коне́чно	of course
сле́ва	on the left	спаси́бо	thank you

до свида́ния	goodbye	спра́ва	on the right
универма́г	department store	библиоте́ка	library
нет	no	так?	isn't it? etc.
не	not	так	yes, it is
гастроно́м	food shop	ну	well then
вон там	over there (pointing)	пе́рвый	first
		второ́й	second
пря́мо	straight ahead	хорошо́	good
ста́нция метро́	underground station	телефо́н-автома́т	public call-box
вокза́л	station (large) (see note (4))	есть	there is, there are
же		зна́ю	I know

Background Information

Това́рищ ('comrade') is the regular form of address used by Soviet citizens to each other (not to foreigners).

Граждани́н ('citizen') is more formal and would be used by an official.

Language notes

(1) *Gender*. Russian has three genders:

> Masculine   банк, вокзал
> Neuter   метро
> Feminine   библиотека, почта
> Nouns ending in a consonant are masculine.
> Nouns ending in 'o' are neuter.
> Nouns ending in 'a' are feminine.

These are the most common noun endings. In fact the principle involved in these endings does not only concern nouns. You will find the same endings at a later stage in the case of certain pronouns, adjectives and the past tense of verbs.

Gender is a phenomenon of grammar rather than biology. Thus, although most nouns referring to males are masculine and those referring to females, feminine, it is not always so. For example the nouns for 'grandfather' (дедушка) and 'uncle' (дядя) have a feminine form. Note also in this connection that abstract and inanimate nouns may belong to any of the three genders.

(2) *Articles.* Russian has neither the definite nor the indefinite article.

Thus Это банк can mean 'This is *a* bank' or 'This is *the* bank'.

(3) *The verb* 'to be'.

(a) The present tense of the verb 'to be' has virtually disappeared in Russian.

Где банк?	Where (is) the bank?
Это гостиница.	That (is) an hotel.

(b) есть. This is the only form of the present tense of the verb 'to be' still in common use. It can be used to mean 'there is' or 'there are'.

Есть телефон-автомат — *There is* a public call-box.

(4) же *is an emphatic particle.*

Где метро?	Where is the Underground?
Где же метро?	Where is the Underground then?

(5) *The conjunction* а.

(a) It expresses contrast and can frequently be translated as 'and', sometimes as a rather mild 'but'.

Метро слева, а вокзал справа. — The Underground station is on the left and the mainline station is on the right.

(b) 'a' after a negative roughly corresponds to English 'but', but is often not translated.

Это не универмаг, а гастроном.	That's not a department store, it's a food shop.

(see also note (22))

(6) *Pronunciation.*

здравствуйте	The first 'в' is not pronounced.
пожалуйста	The 'уй' is not pronounced.
что, конечно	The 'ч' is pronounced as 'ш'.

(7) *Intonation.*

(a) In a statement the pitch of the voice falls on the stressed syllable of the last word.

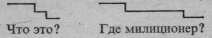

Там метро.   Это универмаг.

(b) In a question starting with an interrogative word (где, что etc.) the pitch is highest on that word.

Что это?   Где милиционер?

(c) In all other questions the pitch rises steeply on the stressed syllable of the last word.

Это библиотека?

In fact the intonation is the only indication you have that this type of question is in fact a question, and not a statement.

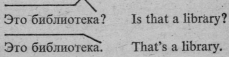

Это библиотека?	Is that a library?
Это библиотека.	That's a library.

(d) In sentences with ...не ..., а ..., the pitch is raised on the stressed syllable of the word before 'a'.

Exercises

(1) Say in Russian:

1. Hello. 2. Please tell me where the post office is.
3. Is that a policeman across the way?
4. I don't know. 5. That's not a bank, it's a library.
6. What's that on the left? 7. It's an hotel.
8. There's a call-box there on the right.
9. Good. Thankyou. 10. Where is the station then?
11. There's the station across the way. 12. Thank you.
13. Don't mention it. 14. Goodbye.

(2) Write in Russian:

1. Where is the department store? There on the right.
2. Please tell me, is that the post office? No, it's not the post office, it's a bank. The post office is across the way.
3. The railway station is on the left and the food shop is on the right.
4. Where is the policeman? There, straight ahead.
5. What is that? It's a call-box.

(3) Read your answers to the last exercise aloud and concentrate on using the correct intonation pattern.

LESSON 2

Мать: Доброе у́тро, Ма́ша.
Дочь: Доброе у́тро, ма́ма. Не зна́ю, где мой шарф. Ты не зна́ешь, где он?
Мать: Твой шарф? Коне́чно, зна́ю. Он там на сту́ле.
Дочь: Ах да, коне́чно. Спаси́бо, ма́ма.

* * *

Сестра́: До́брый ве́чер, Ва́ня.

Брат: До́брый ве́чер, Та́ня. Ты не зна́ешь, где моя́ шля́па?

Сестра́: Твоя́ шля́па? Коне́чно, зна́ю. Она́ здесь на ве́шалке.

Брат: А пальто́? Где же моё пальто́?

Сестра́: Твоё пальто́? Оно́ там на дива́не.

Брат: Спаси́бо. О́чень хорошо́. То́лько не зна́ю, где мой зо́нтик.

Сестра́: Он на столе́.

Брат: Ах да, пра́вда. Ну, Та́ня, до свида́ния.

Сестра́: До свида́ния, Ва́ня… Наконе́ц!

*   *   *

Бори́с: Ва́ря, ты не зна́ешь, где Ми́ша?

Ва́ря: Коне́чно зна́ю. Он сейча́с в Ленингра́де.

Бори́с: А Влади́мир? Он здесь?

Ва́ря: Нет. Он в библиоте́ке.

Бори́с: Гм! А где О́льга?

Ва́ря: Она́ на конце́рте.

Бори́с: А Ла́ра?

Ва́ря: Она́ на по́чте.

Бори́с: Чёрт возьми́! Ну Ва́ря, мо́жет быть, ты…

Ва́ря: С удово́льствием! Пойдём!

*   *   *

Vocabulary

мать (f.)	mother	твой/оё/оя́	your
дочь (f.)	daughter	на (prep.)	on, at
до́брый/ое/ая	kind, good	стул	chair
до́брое у́тро	good morning	сестра́	sister
у́тро	morning	брат	brother
ма́ма	mummy	ве́чер	evening
мой/моё/моя́	my	до́брый ве́чер	good evening
шарф	scarf	шля́па	hat
ты	you (familiar)	она́	she, it (f.)
он	he, it (m.)	ве́шалка	peg, hook

пальто	overcoat	в (prep.)	in, at
оно́	it (n.)	концéрт	concert
дивáн	sofa	Чёрт возьми́!	damn!
óчень	very	мóжет быть	maybe
тóлько	only	с удовóль-	
зóнтик	umbrella	ствием	with pleasure
прáвда	truth; you're right	пойдём	let's go
наконéц	at last		
сейчáс	at present, at the moment		

Language notes

(8) The 3rd person singular personal pronouns in Russian are:

Masculine   он
Neuter   оно
Feminine   она

Here again, the consonant ending is used for the masculine, 'o' for the neuter and 'a' for the feminine.

он   means 'he', referring to a person, 'it', referring to a masculine object;

оно   means 'it' and can only refer to a neuter object;

она   means 'she', referring to a person, 'it', referring to a feminine object.

Thus masculine	Где Иван? Он там.	Where is Ivan? He's there.
	Где зонтик? Он там.	Where is the umbrella? It's there.
feminine	Где Таня? Она там.	Where is Tanya? She's there.
	Где почта? Она там.	Where is the post office? It's there.
but neuter	Где пальто? Оно там.	Where is the coat? It's there.

(9) *Possessive adjectives* 'my' *and* 'your'. 'my' is мой (masculine); моё (neuter); моя (feminine). 'your' (твой) changes in the same way.

мой шарф	my scarf	твой шарф	your scarf
моё пальто	my coat	твоё пальто	your coat
моя шляпа	my hat	твоя шляпа	your hat

The possessive adjectives answer the question чей? (whose?) See Note (155).

(10) *Prepositional case.* All nouns in Lesson 1 were in the nominative case—the case used for the subject of the sentence and the complement of the verb 'to be'

e.g.   Стул (subject) там.
        Это стул. (complement)

Nouns listed in the vocabulary and in dictionaries are given in their nominative form. They must often have a change of ending or add an ending when not acting as a subject or complement.

Russian has six cases, including the nominative, but here we are concerned only with the prepositional case. As its name suggests, the prepositional is always used with a preposition. The commonest are в and на, both of which occur in this lesson.

The basic distinction between these prepositions is that в means 'in(side)' and на means 'on'.

Стол в библиотеке.	The table is in the library.
Зонтик на столе.	The umbrella is on the table.

The case of a noun is shown by its ending. With the nouns so far encountered the prepositional ending is -e, which is added to the stem.

The -o and -a endings of neuter and feminine nouns in

the nominative are case endings, and are dropped in the prepositional and other cases.

| *Nominative* | *Prepositional* |
| библиотек*а* | в библиотек*е* |

Note that в will often translate English 'at':

| в банке | at the bank *or* in the bank |
| в театре | at the theatre *or* in the theatre |

Certain nouns require на although there is no connotation of 'on':

e.g.	на концерте	at the concert
	на почте	at the post office
	на вокзале	at the station

You will find a list of these nouns in Part I of the Appendix (*Nouns*).

Neuter nouns such as метро and пальто, which are imports from other languages, are invariable, whatever case they are in.

| e.g. | на метро | on the Underground |
| | в пальто | in a coat |

(11) знать, 'to know'. Most verbs fall into one of two main categories or 'conjugations' (see next lesson for '1a' verbs).

The infinitive form (*to* know) with very few exceptions ends in -ть.

The 1st and 2nd person singular of verbs like знать are as follows:

| я знаю | I know |
| ты знаешь | you know |

Note 1. In conversation the pronoun is frequently omitted. Thus a Russian will often just say 'Знаю', meaning 'I know'.

Note 2. The verb is made negative by the use of не (not).

я не знаю   I don't know

Note 3. Ты не знаешь, где . .? is a formula, rather like the English 'I suppose you don't happen to know . .?

Note 4. ты. This pronoun is the equivalent of French 'tu' and is used when addressing a member of the family, a close friend or a child.

(12) *Diminutive forms of first names* are often used of people you address as ты.

e.g.	*Full name*	*Diminutive*
	Михаи́л	Ми́ша
	Дми́трий	Ми́тя
	Ива́н	Ва́ня

Note that they have a feminine form, although all the above diminutives are in fact formed from boys' names. A list of these can be found in Part 2 of the Appendix.

(13) *Pronunciation.* Short prepositions such as в and с are elided with the following word.

в Ленингра́де   с удово́льствием

Exercises

(1) Answer the following questions. Use the word там in each answer and substitute the correct pronoun for the noun Model: Где Ми́ша?   [Он там.]

   1. Где библиоте́ка?   2. Где метро́?   3. Где Ла́ра?
   4. Где дива́н?   5. Где милиционе́р?   6. Где пальто́?

(2) Use the correct form of мой or твой to translate into Russian:

   1. My scarf. 2. Your hat. 3. Your bank. 4. My

umbrella. 5. Your mother. 6. My chair. 7. My coat. 8. My table.

(3) Answer the following, using the nouns in brackets, in each case replacing the noun in question with a pronoun:

1. Где твой зонтик? (диван) 2. Где твоя мама? (Ленинград) 3. Где Миша? (концерт) 4. Где твоя шляпа? (вешалка) 5. Где концерт? (Киев) 6. Где милиционер? (гостиница) 8. Где твой товарищ? (гастроном)

(4) Give the Russian for:

1. 'I don't know where my hotel is.' 'It's there on the right.'
2. At present, Ivan is in Leningrad and Varya is in Kiev.
3. 'Is your comrade in the food shop?' 'No, he's in the post office.'
4. 'Is there a call-box in the hotel?' 'Yes, of course there is.'
5. Your coat is on the peg and your hat is on the chair.
6. 'Mitya, do you know where my umbrella is?' 'No, I don't. Maybe it's in the library.'

LESSON 3

(a)

Наташа: Ах, Ирина Петровна, какая прекрасная комната! Какой красивый букет! И картина на стене замечательная. Что вы здесь делаете?

Ирина: Работаю. Это мой кабинет. Знаете, я студентка.

Наташа: Теперь понимаю. Это ваш письменный стол, да?

Ирина: Правда. А там в углу мой книжный шкаф.

Ната́ша: Что вы сейча́с чита́ете?

Ири́на: Чита́ю рома́н «А́нна Каре́нина».

Ната́ша: «А́нна Каре́нина»? Ах, это прекра́сная кни́га. Толсто́й мой люби́мый а́втор, а «А́нна Каре́нина» моя́ люби́мая кни́га.

Ири́на: Да, э́то чу́дный рома́н. Кста́ти, где же он?

Ната́ша: Мо́жет быть, в шкафу́?

Ири́на: Нет... Ах, вот он на полу́. Како́й здесь беспоря́док!

*   *   *

(b)

Пётр: Извини́те, Серге́й Петро́вич до́ма?

Со́ня: Сейча́с он на дворе́.

Пётр: Ах да, вот он. Там в саду́ гуля́ет. Большо́е спаси́бо.

Со́ня: Пожа́луйста.

Пётр: Серге́й Петро́вич! Как вы пожива́ете?

Серге́й: Хорошо́, спаси́бо. А вы, Пётр Андре́евич?

Пётр: Непло́хо. А скажи́те, Серге́й Петро́вич, вы ча́сто отдыха́ете в Крыму́?

Серге́й: Да, коне́чно. Ведь это на́ша да́ча. Иногда́ мы отдыха́ем на се́вере, но обы́чно предпочита́ем отдыха́ть здесь на ю́ге. Мы рабо́таем в Я́лте, понима́ете?

Пётр: Понима́ю. Это о́чень краси́вое ме́сто, не пра́вда ли?

Серге́й: Да, в Крыму́ всё есть — да́ча и сад, вку́сная пи́ща. Кли́мат тёплый. Не́бо я́сное.

Пётр: Да, пого́да прекра́сная. А где О́льга и Воло́дя?

Серге́й: Они́ сейча́с купа́ются в мо́ре.

Пётр: Ах да, вот они́. Воло́дя купа́ется, а О́льга загора́ет на берегу́.

Серге́й: Да, они́ ка́ждое у́тро там игра́ют — купа́ются, загора́ют, ката́ются на ло́дке...

Пётр: А Со́ня? Она́ то́же отдыха́ет?
Серге́й: Со́ня? Зна́ете, она́ замеча́тельная же́нщина.
          Ка́ждое у́тро на да́че рабо́тает.
Пётр: Бе́дная Со́ня!

Vocabulary

(a)

како́й/о́е/а́я	what a . . !; what . . ?	ваш/е/а пи́сьменный	your
прекра́сный/ ое/ая	excellent	стол	desk
ко́мната	room	у́гол (в углу́)	corner
краси́вый/ ое/ая	beautiful	шкаф (в шкафу́)	cupboard
буке́т	bunch of flowers	кни́жный	
и	and	шкаф	bookcase
карти́на	picture	чита́ть	to read
стена́	wall	рома́н	novel
замеча́тель- ный/ое/ая	splendid	кни́га	book
вы	you (polite form)	люби́мый/ ое/ая	favourite
де́лать	to do; make	а́втор	author
рабо́тать	to work	чу́дный/ое/ая	marvellous
кабине́т	study	кста́ти	by the way
студе́нтка	(girl) student	вот	here (is)
тепе́рь	now	пол (на полу́)	floor
понима́ть	to understand	беспоря́док	disorder, mess

(b)

извини́те	excuse me	Крым (в Крыму́)	Crimea
до́ма	at home	ведь	after all
на дворе́	outside	наш/е/а	our
сад (в саду́)	garden	да́ча	'dacha', summer villa
гуля́ть	to walk (for pleasure)	иногда́	sometimes
большо́й/ о́е/а́я	big	се́вер	north
большо́е спаси́бо	thank you very much	обы́чно	usually
как вы пожи- ва́ете?	how are you?	предпочи- та́ть	to prefer
(не)пло́хо	(not) bad	юг	south
		ме́сто	place

не пра́вда ли?	didn't yóu, isn't it, etc.	мо́ре (n.)	sea (see Lesson 4)
всё	everything	загора́ть	to sunbathe
вку́сный/ое/ая	tasty	бе́рег (на берегу́)	shore
пи́ща	food	ка́ждый/ое/ая	every
кли́мат	climate	игра́ть	to play
тёплый	warm	ката́ться на ло́дке	to go boating
не́бо	sky	ло́дка	boat (small)
я́сный/ое/ая	clear	то́же	also, too
погóда	weather	же́нщина	woman
купа́ться	to bathe	бе́дный/ое/ая	poor
ча́сто	often		
отдыха́ть	to be on holiday; to rest		

Language notes

(14) *Verbs of conjugation 1a.* Previously you have met я
знаю (I know) and ты знаешь (you know) from the verb
знать. All the verbs in this lesson are of the same type and
the full present tense is conjugated as follows:

Singular		*Plural*	
я знаю	I know	мы знаем	we know
ты знаешь	you know (familiar)	вы знаете	you know (polite)
он ⎫ она ⎭ знает	he ⎫ she ⎭ knows	они знают	they know

The *stem* of this type of verb is found by removing the
infinitive ending—зна(ть). All that remains is to add the
appropriate ending to the stem.

e.g.
я играю	I play
ты понимаешь	you understand
он загорает	he is sunbathing
мы читаем	we are reading

вы работаете   you are working
они делают   they are doing   etc.

Note 1. Russian has only one form of the present tense, whereas English has three.

он работает = { he works
               he is working
               he does work (very common in questions)

Note 2.

Он часто отдыхает в Ялте.	He often takes his holiday in Yalta.
Он часто отдыхает в Ялте?	Does he often take his holiday in Yalta?

Questions which do not begin with a question word usually have the same form as statements. The addition of a question mark or (in speech) a change in intonation (see note (7)) changes a statement into a question.

Note 3. A very common feature of this conjugation is that the stem ends in -a. However some verbs have -я (я гуляю—I am taking a walk); others have -e (none so far).

(15) *Reflexive verbs.* The letters -ся joined to the end of a verb, either in the infinitive or elsewhere, denote that the verb is reflexive (ся=myself, yourself, oneself, etc.). Compare English 'to hurt oneself', but note that many verbs in English, although reflexive in meaning, dispense with the reflexive pronoun (-self) e.g. to wash, dress, shave (i.e. oneself). The two examples in this lesson are купаться (to bathe) and кататься. Кататься literally means 'to roll oneself', and is used of going in a boat, on skis, on a bicycle etc.—always for pleasure.

(16) *Adjectives. Declension in nominative singular.* Adjectives must agree in gender (and case) with the nouns they

accompany. After this lesson, when consulting the vocabulary, you will find them listed in their masculine form—прекрасный. As with the verb, the adjective can be split into stem (красив-) and ending (-ый)

The endings are:

Masculine	Neuter	Feminine
-ый	-ое	-ая

мой люби́мый автор   my favourite author
красивое место   a beautiful spot
вкусная пища   tasty food

N.B. A small group of adjectives are stressed on the ending and take the ending -ой in the masculine form.

> большо́й   big
> како́й   what a . . !

(17) какой. Note that какой can be used either in a question or an exclamation.

какая книга?   what book?
какая прекрасная книга!   what a wonderful book!

If это is used, it must come between какой and the noun.

Какая *это* красивая   What a beautiful room
     комната!   *this is*!

(18) *Possessive adjectives* наш, ваш. Наш and ваш have the stress on the stem, unlike мой and твой.

	Masculine	Neuter	Feminine
	наш	на́ше	на́ша
	ваш	ва́ше	ва́ша
Compare	мой	моё	моя́

(19) *Prepositional in* -ý. A group of masculine nouns take the ending -y, instead of the usual -e. The prepositional ending in -ý is always stressed.

Among them are:

шкаф	(cupboard)	в шкафу́	in the cupboard
пол	(floor)	на полу́	on the floor
угол	(corner)	в углу́	in the corner (see note (22))
берег	(shore, bank)	на берегу́	on the shore
Крым	(the Crimea)	в Крыму́	in the Crimea

(For a fuller list of these nouns see Appendix Part I, *Nouns* (7).)

(20) на *with the prepositional*. We have already encountered several nouns which use the preposition на instead of в for English 'at' or 'in' (see note (10)).

The points of the compass belong to this group.

север	(north)	на севере	in the north
юг	(south)	на юге	in the south
восток	(east)	на востоке	in the east
запад	(west)	на западе	in the west

(21) *The conjunctions* а, и, но. The conjunction 'a' has already been discussed in note (5). Now compare 'a' with 'и'. Both of them can be translated by English 'and'.

Миша играет, *а* Катя работает.	Misha is playing and Katya is working.
Миша играет *и* Катя (тоже) играет.	Misha is playing and Katya is playing (also).

Thus it will be seen that 'a' tends to be used where some contrast is involved. Otherwise 'and' will usually be translated by 'и'.

In the second example above the meaning is really the same as in 'Misha and Katya are both playing', where 'and' must be translated by 'и'.

The conjunction 'но' indicates a stronger contrast than

that suggested by 'a' and is always translated by 'but'. If 'however' can be substituted for 'but' in English, then the Russian will be 'но'.

Она сейчас купается, *но* предпочитает загорать на берегу.	She is bathing at the moment, but she prefers to sunbathe on the shore.

(22) *'Fleeting' vowels* 'o' *and* 'e' ('ё' *when stressed*). The vowels 'o' and 'e' are sometimes not an integral part of the word in which they appear. Under the influence of various case inflexions (endings) they can be inserted into certain words, or omitted from them, usually to facilitate pronunciation.

e.g. угол (a corner)   prepositional—в углу́

Here the fleeting vowel is 'o' and it is omitted in the prepositional (and all other cases except the nominative singular). Perhaps it would be more accurate to say that it is inserted in the nominative, as the pronunciation of угл is virtually impossible without supplying 'o'.

Exercises

(1) In the following sentences the verbs are given in the infinitive.

Supply the correct parts of the verbs:

1. Они (отдыхать) на даче. 2. Борис обычно (работать) дома. 3. Мы часто (гулять) в саду. 4. Я (понимать) это. 5. Что вы (делать) здесь? 6. Ваня и Сергей (читать) в библиотеке. 7. Ольга (купаться) в море. 8. Мы (предпочитать) отдыхать на юге. 9. Ты часто (играть) на концерте? 10. «Где Иван?» «Он (загорать) на дворе.»

(2) Make the possessive adjectives on the left agree with the nouns.

1. мой   — мама; стол; шляпа; пальто
2. твой   — место; лодка; зонтик
3. наш   — диван; пища; климат
4. ваш   — комната; метро; кабинет; гостиница

(3) Give the Russian for:

1. A marvellous climate.   2. A poor girl student.
3. A clear morning.   4. Your beautiful hat.   5. Every bookcase.   6. A warm coat.   7. What a wonderful novel!   8. Our favourite hotel.

(4) Use the nouns in brackets to answer the following questions. Where appropriate, use the pronouns он, оно or она in your answers.

e.g. Где телефон-автомат? (почта) — Он на почте.
1. Скажите пожалуйста, где моя книга? (шкаф)
2. Вы не знаете, где лодка? (берег)   3. Где Крым? (юг)   4. Таня, ты не знаешь, где мой зонтик? (угол)
5. Скажите, где вы обычно отдыхаете? (дача)
6. Вы знаете, где Владивосток? (восток)   7. Где же моё пальто? (вешалка)   8. Где Маша и Варя играют? (сад)   9. Вы знаете, где Ялта? (Крым)   10. Где твоя мама? (концерт)

(5) Give the Russian for:

1. 'How do you do, Sergei Antonovich. How are you?' 'Not bad, thanks.'
2. By the way, where are you working at present?
3. I am taking a holiday in an hotel in Leningrad. The food is marvellous.
4. Excuse me, do you know where Ivan Petrovich is?
5. Yes, I do. He is at home reading in the library.

6. Sonya is a wonderful woman. Boris is sunbathing outside and she is working in the study.
7. Richter is playing at a concert in Yalta. Let's go!
8. They are holidaying in the Crimea. The climate there is very good.

LESSON 4

Больной историк

Па́вел: Скажи́те, Серге́й Петро́вич, кто э́тот челове́к там в углу́?

Серге́й: Како́й челове́к? Стари́к в чёрном пальто́, да?

Па́вел: Нет, не тот, а его́ сосе́д в си́нем пиджаке́.

Серге́й: Бо́же мой! Ра́зве вы не зна́ете, кто он? Это Алекса́ндр Ива́нович Жу́ков, наш люби́мый преподава́тель.

Па́вел: Зна́чит, он ещё преподаёт в ва́шем институ́те?

Серге́й: Да. Како́й э́то прекра́сный преподава́тель!

Па́вел: А како́й предме́т он преподаёт?

Серге́й: Исто́рию.* Его́ специа́льность — дре́вняя исто́рия, но он мно́го зна́ет и о сре́дней исто́рии. Сейча́с он пи́шет о дома́шней жи́зни в Кремле́ при Ца́ре Ива́не Гро́зном.

Па́вел: Гм... О́чень интере́сный челове́к.

Серге́й: Кто? Ива́н Гро́зный и́ли Жу́ков?

Па́вел: Жу́ков, коне́чно.

Серге́й: Ах да. Бе́дный Жу́ков. К сожале́нию э́то его́ после́дняя неде́ля в институ́те. Он ча́сто боле́ет.

Па́вел: Ну, Серге́й Петро́вич уже́ по́здно. Пора́ домо́й. Дождь уже́ переста́л.

Серге́й: Вот и наш трамва́й.

---

* Accusative of исто́рия. See Lesson 6.

Vocabulary

больно́й	ill	сре́дняя	
исто́рик	historian	исто́рия	medieval history
э́тот/э́то/э́та	this	писа́ть	to write
челове́к	person	он пи́шет	he is writing
стари́к	old man	дома́шний	domestic, home (adj.)
чёрный	black		
тот/то/та	that	жизнь (f.)	life
его́	his	Кремль (m.)	Kremlin
сосе́д	neighbour	при (prep.)	at the time of, in the reign of; in the presence of
си́ний	blue		
пиджа́к	jacket		
Бо́же мой!	good God!	царь (m.)	tsar
ра́зве	see note	Ива́н Гро́з-	
кто?	who?	ный	Ivan the Terrible
преподава́-		интере́сный	interesting
тель (m.)	teacher	и́ли	or
зна́чит	so, then (collo- quial)	сожале́ние	regret
		к сожале́нию	unfortunately
ещё	still	после́дний	last
преподава́ть	to teach	неде́ля	week
институ́т	institute, college	боле́ть	to be ill
предме́т	subject (in school, college)	уже́ по́здно	it is getting late
		пора́	it is time
исто́рия	history; story	домо́й	home(wards)
специа́ль-	special subject, speciality	пора́ домо́й	it is time to go home
ность (f.)			
дре́вний	ancient	дождь (m.)	rain
мно́го	much, many	уже́	already
и	also	переста́л	it has stopped
о (prep.)	about, concerning	трамва́й	tram
сре́дний	middle; average		

Language notes

(23) *Soft nouns.* This lesson includes the first nouns you have met with *soft* endings. (For an explanation of 'hard' and 'soft' see the section on Pronunciation.) As with hard nouns, the gender is again easy to determine, with the exception of nouns ending in a 'soft sign'.

Masculine endings   1) -ь   2) -й

Neuter endings   1) -e   2) -ие
Feminine endings   1) -ь   2) -я   3) -ия

Thus: Masculine   царь, трамвай
        Neuter   море, сожаление
        Feminine   жизнь, неделя, история

Nouns ending in a 'soft sign' are sometimes masculine sometimes feminine:

Masculine   дождь, Кремль, преподаватель, царь
Feminine   жизнь, специальность

The gender of nouns ending in a 'soft sign' will be indicated in the vocabularies.

(24) *Soft nouns in the Prepositional case*. Most soft nouns take the prepositional ending -e (like hard nouns).

Masculine	Кремль	(Kremlin)	в Кремле	(in the Kremlin)
	трамвай	(tram)	в трамвае	(in the tram)
Neuter	море	(sea)	в море	(in the sea)
Feminine	неделя	(week)	о неделе	(about the week)

All other soft nouns take the prepositional ending -и,

i.e. Neuter nouns in -ие, like сожаление (regret)
    prepositional — (о) сожалении
  Feminine nouns in -ь, like жизнь (life)
    prepositional — (в) жизни
  Feminine nouns in -ия, like история (history)
    prepositional — (в) истории

Note 1. Nouns ending in a soft sign lose the soft sign in declension.

Note 2. Nouns ending in -ие and -ия retain the 'и' of the nominative ending. The double -ии ending which results (в исто*рии*) is pronounced as a long и, not as two separate vowels.

(25) *The prepositions* о *and* при. These two prepositions take the propositional case.

(a) о=about, concerning.

Он знает всё о Ленинграде.   He knows everything about
                               Leningrad.

N.B. Nouns requiring the prepositional ending -у after в and на take the normal -е ending after о.

e.g. Он отдыхает в Крыму.   He is holidaying in the
                              Crimea.
     Он пишет о Крыме.   He is writing about the
                              Crimea.

(b) при=at the time of; in the presence of.

e.g. При Иване Грозном.   In the reign of Ivan the
                              Terrible.

(26) *Soft adjectives*. Adjective declensions are also affected by the distinction between hard and soft endings. However the number of soft adjectives is very limited.

Compare a hard adjective (чёрный—black) with a soft one (синий—blue).

Masculine	*Neuter*	*Feminine*
чёрный зонтик	чёрное пальто	чёрная шляпа
синий зонтик	синее пальто	синяя шляпа

In each case the adjective ending consists of two vowels, the first of which determines whether it is hard or soft.

It will be remembered that и is the soft equivalent of ы,
                              я is the soft equivalent of а.

That 'e' is often used as the soft equivalent of 'o' has already been established in the case of neuter nouns.

i.e. *Hard*　пальто
　　Soft　　море

Note that many soft adjectives have their stem ending in -н (домашн-ий).

(27) *Prepositional singular of adjectives.*

Hard adjectives have the endings -ом (masculine and neuter) and -ой (feminine).

Soft adjectives have the endings -ем (masculine and neuter) and -ей (feminine).

Hard	человек в чёрном пальто	a person in a black coat
	человек в чёрной шляпе	a person in a black hat
Soft	о средней истории	about medieval history
	о домашней жизни	about domestic life
	в синем пиджаке	in a blue jacket

(28) *Prepositional singular of possessive adjectives.*

Masculine and Neuter		Feminine	
Nominative	Prepositional	Nominative	Prepositional
мой/моё	моём	моя́	мое́й
твой/твоё	твоём	твоя́	твое́й
наш/на́ше	на́шем	на́ша	на́шей
ваш/ва́ше	ва́шем	ва́ша	ва́шей

(29) *Verbs of conjugation 1b.* In this lesson we meet the verbs он пи́шет (писать) он преподаёт (преподавать).

These verbs differ in some respects from those we have met so far. However they have much in common with знать etc. and thus can be considered to belong, broadly speaking, to the same class of verb—i.e. first conjugation.

For the sake of convenience we shall call знать etc. a 1a verb, and the new verbs 1b.

1a

знать

я зна́ю	мы зна́ем
ты зна́ешь	вы зна́ете
он/она зна́ет	они зна́ют

1b

писать

я пишу́	мы пи́шем
ты пи́шешь	вы пи́шете
он/она пи́шет	они пи́шут

Definition of a 1a verb: it retains the vowel of the infinitive ('а' in знать, 'я' in гулять and 'e' in болеть) and takes the endings -ю, -ешь, -ет, -ем, -ете, -ют.

Definition of a 1b verb: it does not usually retain the vowel of the infinitive and frequently modifies the infinitive stem. This happens in various ways, the most common of which is a change of consonant, e.g. с > ш.

The endings are the same as for 1a verbs with the exception that the ю of the 1st person singular and 3rd person plural changes to у (иду/идут) whenever it follows directly on a consonant. As the present tense stem of 1b verbs most frequently does end in a consonant, the endings -у and -ут are much the most common. The exceptions are the verbs where modification of the infinitive involves the removal of the consonant, as in the verb преподавать, to teach (and all verbs in -авать), where the syllable -ва- disappears in the present tense (я преподаю/они преподают).

The 1st conjugation is sometimes called the -e conjugation as its main distinguishing feature is the *e* in all endings apart from 1st person singular and 3rd person plural.

N.B. In their inflexions of verbs, nouns etc. Russians consider 'e' and 'ё' as two versions of the same letter, which are only distinguished from each other by 'ё' always carrying the stress. This can be seen by comparing two 1b verbs:

писать

я пишу́	мы пи́шем
ты пи́шешь	вы пи́шете
он/она пи́шет	они пи́шут

преподавать

я преподаю́	мы преподаём
ты преподаёшь	вы преподаёте
он/она преподаёт	они преподаю́т

N.B. Many 1b verbs like писать have a stressed ending in the 1st person singular, whereas all other endings are unstressed.

As 1b verbs present so many variations, we shall indicate the present tense along with the infinitive in the vocabularies.

(30) этот/это/эта. This is the demonstrative adjective for 'this'. Do not confuse with the pronoun это,

e.g. Это гастроном.   This is a grocer's shop.
    Этот гастроном.   This grocer's shop.

Note that этот can be translated by both 'this' and 'that'. Тот/то/та means 'that' and is used when 'that' is contrasted with 'this', or when 'that' is very emphatic.

(31) *Third person possessive adjectives*. The 3rd person possessive adjectives are invariable, regardless of the gender or case of the noun they stand with.

They are его (his, its); её (her, its); их (their).

Thus его шарф   his scarf
    её пальто   her coat

его шляпа   his hat
в их кабинете   in their study

его is used for 'its', when the noun it refers back to is
    masculine or neuter.
её   is used for 'its', when the noun is feminine.

N.B. его is pronounced ево.

(32) разве. разве is an interrogative particle meaning
roughly 'Can it possibly be that...'

Thus Разве вы не знаете, Can it possibly be that you
           кто он?   don't know who he is?
                         (i.e. Surely you know who
                         he is?)

      Разве это ваш препо- Surely that isn't your
           даватель?   teacher?

Exercises

(1) Give the Russian for:

    1. This interesting woman.   2. My sick friend.   3. This
large study. 4. The warm sea.   5. His last morning
in Leningrad. 6. The blue sky. 7. Domestic life.
8. This wonderful story. 9. His black jacket. 10. The
ancient Kremlin. 11. Their marvellous picture.
12. This ancient wall.

(2) Put the phrases in brackets into the prepositional case.

    1. Этот историк пишет о (наш последний царь).
    2. Мы знаем всё о (его последняя неделя) в (ваш
      институт).
    3. Вы много знаете о (древняя история)?
    4. В (какая библиотека) вы читаете о (Крым)?
    5. Кто эта красивая женщина в (твоя синяя шляпа)?

6. Соня купается в (море), а Борис загорает на (берег).

7. «Анна Каренина» не на (мой письменный стол), а в (книжный шкаф).

8. Что она знает о (наша жизнь) в (Ялта)?

(3) Give the correct forms of the verbs in brackets.

1. Мой товарищ (болеть). 2. Мы (предпочитать) это. 3. Они (гулять) на берегу. 4. Иванов (преподавать) в институте. 5. Что вы (писать)? 6. Моя сестра (кататься) на лодке. 7. Где ты (отдыхать)? 8. Этот студент (писать) роман. 9. Я не (понимать). 10. Что они (преподавать)?

(4) Choose an appropriate adjective from the following list and use it in the correct form with each of the nouns. Where appropriate, combine the phrases you have formed with the correct form of one of the following: мой, твой, наш, ваш, этот.

тёплый	красивый
большой	синий
домашний	бедный
Чёрный	последний
любимый	вкусный
1. ... комната	6. ... старик
2. ... неделя	7. ... погода
3. ... букет	8. ... жизнь
4. ... пища	9. ... автор
5. ... море	10. ... небо

(5) Translate into Russian:

1. Who is that poor woman outside? Her coat is not very warm and the rain still hasn't stopped. What weather!

2. That is our teacher in the corner. He knows a lot

about Tsar Ivan the Terrible. His special interest is
medieval history.
3. What an amazing person! He's an old man, but he
swims every morning in the sea.
4. I don't often take my holidays in the north. I prefer
the Crimea. After all, the climate there is wonderful.
5. This is our last week in Yalta. Our neighbour Kolya
is also still on holiday.

LESSON 5

Рýсская семья́.

Отéц: У нас мáленькая кварти́ра на ти́хой ýлице в
цéнтре гóрода. Мы живём на вторóм этажé, а
мой стáрший сын и егó женá живýт в кварти́ре
внизý. Жизнь у нас в кварти́ре óчень хорóшая.

У меня́ прекрáсный кабинéт, где я чáсто пишý
и читáю. Но здесь я не тóлько рабóтаю. Знáете,
я óчень музыкáльный человéк. У меня́ в кабинéте
есть рáдио. Кáждый день я слýшаю рáдио.
Кáждый день у нас в кварти́ре раздаётся пре-
крáсная мýзыка. Это óчень хорóшее развлечéние.
Кáждое ýтро, как тóлько я встаю́, срáзу включáю
рáдио и начинáю пить кóфе. У нас в кварти́ре
мýзыка — вездé. Вот почемý у нас в кварти́ре
жизнь такáя хорóшая.

Сын: У нас хорóшая кварти́ра в цéнтре гóрода. Мы
живём на пéрвом этажé, а отéц и мать живýт в
кварти́ре наверхý. Моя́ женá не рýсская, а
украи́нка. Чýдная она жéнщина. Жизнь у нас в
кварти́ре чáсто óчень хорóшая — осóбенно, когдá
у отцá óтпуск. (Кáждый год он отдыхáет в дóме
óтдыха в Крымý и слýшает рáдио на берегý

мо́ря.) Он хоро́ший челове́к, но у него́, зна́ете, сла́бость — слу́шать ра́дио. Потоло́к кварти́ры дово́льно то́нкий. Ка́ждый день оте́ц слу́шает ра́дио. Ка́ждый день мы все слу́шаем ра́дио. Това́рищ Жу́ков то́же слу́шает ра́дио отца́. Он живёт напро́тив. На четвёртом этаже́. Он глухо́й. Наверху́ раздаётся му́зыка. Внизу́ раздаётся му́зыка. Гро́мкая му́зыка. Му́зыка — везде́.

Вот почему́ мы не слу́шаем ра́дио, когда́ оте́ц отдыха́ет в Крыму́!

Vocabulary

оте́ц (gen. отца́)	father
у меня́/у нас	see note (38)
ма́ленький	small
кварти́ра	flat
ти́хий	quiet
у́лица	street
центр	centre
го́род	town
жить (живу́/ живёшь)	to live
второ́й	second
эта́ж	storey
ста́рший	elder
сын	son
жена́	wife
внизу́	downstairs
хоро́ший	good
музыка́льный	musical
ра́дио	radio
день (m.)	day
раздава́ться	to resound
му́зыка раздаётся	music can be heard
му́зыка	music
развлече́ние	entertainment
как то́лько	as soon as

встава́ть (встаю́/ встаёшь)	to get up; to stand up
сра́зу	immediately
включа́ть	to switch on
начина́ть	to begin
пить	to drink
ко́фе (m.)	coffee
везде́	everywhere
вот почему́	that's why
тако́й	such a; so
пе́рвый	first
наверху́	upstairs
ру́сский	Russian; a Russian
ру́сская	a Russian woman
украи́нка	a Ukrainian woman
осо́бенно	particularly
о́тпуск	holidays, leave
год	year
дом о́тдыха	'holiday home'
слу́шать	to listen to
бе́рег (prep. берегу́)	shore, bank (river)
сла́бость (f.)	weakness, foible
потоло́к (gen. потолка́)	ceiling

довóльно	fairly	глухóй	deaf
тóнкий	thin	грóмкий	loud
все (plural)	all, everyone	когдá	when
четвёртый	fourth		

Language notes

(33) *Spelling rule.* There are certain rules concerning the spelling of Russian, one of which it is vital to learn at this stage.

It concerns the guttural consonants — г, к, х.
and the sibilant consonants — ж, ш, щ, ч.

These seven consonants can never be followed by the hard vowel ы or the soft vowels я or ю. After these consonants—

ы is replaced by its soft equivalent и
я is replaced by its hard equivalent а
ю is replaced by its hard equivalent у

This rule has a considerable effect on Russian declensions and conjugations.

(34) *Mixed adjectives.* Many adjectives have a stem ending in a guttural or sibilant consonant. Because of the spelling rule some of their endings do not seem to conform to the normal declension pattern and they are thus sometimes known as 'mixed' adjectives—i.e. partly hard and partly soft. However it is better to think of the adjectives with guttural stems as *hard* (e.g. русский, маленький) and those with sibilant stems as *soft* (e.g. хороший, старший).

The declension of these adjectives will be like this:

	Masculine	*Neuter*	*Feminine*
Hard	русский (SR)*	русское	русская
Soft	хороший	хорошее	хорошая (SR)*

* SR = spelling rule.

The neuter is the only nominative where there is any choice, as the masculine and feminine endings are the only ones possible (because of the SR). In the prepositional, русский etc. will take the hard endings ом; ой and хоро-ший etc. the soft endings ем; ей:

| в русском городе | in a Russian town |
| о старшем сыне | about the elder son |

All adjectives with stressed endings (-ой) take hard endings.

e.g.   большо́й,   большо́е,   больша́я.

(35) *Adjectival nouns*.

русская a Russian woman   русский a Russian man

Note that certain adjectives can be used as nouns. (The noun which is understood determines the gender of the adjective.) Русский is the only adjective of nationality which can also be used for the noun denoting the citizen of the country. Compare украинка—a Ukrainian woman.

(36) *Genitive case*. The nominative and prepositional cases are the only ones whose use is limited to certain basic concepts. For instance the nominative is virtually confined to

(a) Subject.   *Преподаватель* читает.
(b) Complement of verb 'to be'.   Он — *преподаватель*.

The other four cases all have one major function and numerous minor ones. The major function of the genitive is to signify possession and all the other categories which in English require 'of' or the apostrophe 's.

e.g. квартира *Ивана*	Ivan's flat
директор *института*	the principal of the institute
студент *истории*	a student of history
улица *Герцена*	Herzen Street (literally 'street of Herzen')

The other uses of the genitive will be found in separate notes as they arise.

(37) *Genitive of singular nouns*. The hard declension of nouns is as follows:

	Masculine	Neuter	Feminine
nominative	стол	ме́сто	кварти́ра
genitive	стола́	ме́ста	кварти́ры

Thus -а is the hard genitive ending for masculine and neuter, -ы for the feminine.

As is frequently the case, the soft endings can be deduced from the hard, if one remembers the Russian vowel system (see Introduction). Thus the corresponding soft nouns will take the endings -я (masculine and neuter) and -и (feminine).

	Nominative	Genitive
masculine	трамва́й	трамва́я
	Кремль	Кремля́
neuter	мо́ре	мо́ря
	развлече́ние	развлече́ния
feminine	неде́ля	неде́ли
	жизнь	жи́зни
	исто́рия	исто́рии

Endings can, of course, be affected by the Spelling Rule.

му́зыка   — му́зыки   (-ы not possible)
украи́нка — украи́нки   (-ы not possible)

Note. Both дочь and мать take the normal genitive ending for soft feminine nouns.

But they add the syllable -ер- to the stem.

Nominative	дочь	мать
Genitive	до́чЕРи	ма́тЕРи

N.B. The extra syllable is retained in every case except nominative and accusative singular.

(38) *The preposition* y. The preposition 'y' governs the genitive case and has many uses. It can mean 'at', 'near', 'at the house of', 'in the possession of'.

у Ивана	at Ivan's
у сына	at my son's house
у дивана	by the sofa, near the sofa

However probably its commonest use is to compensate for the lack of an all-purpose verb 'to have' in Russian.

When you want to say that a person has something, you use the following construction with 'y'.

Ivan has a flat.	У Ивана квартира.
Sergei has a marvellous wife.	У Сергея чудная жена.

(39) *The genitive of the personal pronouns.*

Nominative	*Genitive*
я	меня́
ты	тебя́
он/оно́	(н)его́ (pronounced ево)
она́	(н)её
мы	нас
вы	вас
они́	(н)их

Note. 3rd person pronouns always have the extra н after prepositions. However the possessive adjectives его, её, их (his, her, their) never have this extra н.

Thus	У *него* сын.	He has a son.
But	У *его сына* квартира.	His son has a flat.

У меня, у тебя are frequently used instead of the possessive adjectives мой, твой etc. in expressions such as:

У меня в кабинете	
письменный стол.	There is a desk in *my* study.

In other words у меня в кабинете is probably the commonest way of saying 'in my study'.

Exercises

(1) Copy out the sentences, replacing the adjective краси-вый in each case by the appropriate forms of the adjectives given on the right.

1. У нас красивая квартира. — большой, маленький, хороший, прекрасный.

2. У неё красивое пальто. — синий, русский, тонкий, хороший.

3. Его красивая жена в Ялте. — украинский, больной, глухой, первый.

4. Это красивая музыка. — интересный, громкий, такой чудный, древний, хороший, русский.

5. Он живёт в красивом городе. — большой, русский, маленький, хороший.

(2) Change the infinitives in brackets into the correct forms of the verbs.

1. Когда она (вставать), она (включать) радио.
2. «Где вы (жить)?» «Я (жить) в Ленинграде.
3. На улице (раздаваться) музыка.
4. «Где ты (работать)?» «Я (писать) в кабинете, а (читать) в библиотеке.»
5. Они (преподавать) в институте.
6. Никита (болеть).
7. Мы (писать) о Москве.

(3) Copy out the sentences, replacing the italicised nouns in the genitive by the appropriate forms of the nouns given on the right.

1. Это зонтик *соседа*. — отец, жена, украинка, дочь, сын, Сергей.

2. Где отец *милиционера*? — семья, Соня, преподаватель.
3. Кто автор *истории*? — книга, роман, трагедия.
4. Цвет *шарфа* прекрасный. — небо, море, пальто, шляпа.

(4) Put the words in brackets into the correct case.

1. У (Иван) чёрный пиджак.
2. У (он) интересная жизнь.
3. У (преподаватель) глухой сын.
4. У (я) в кабинете радио.
5. У (они) хорошая квартира.
6. У (Сергей) чёрный зонтик.
7. У (семья) украинская дача.
8. У его (жена) интересная специальность.

(5) Give the Russian for:

1. Everyone is listening to the radio. Olga has a particularly good set.
2. Why don't you switch on the wireless? The wall is fairly thin and we usually listen to our(—do not translate) neighbour's wireless. That's why.
3. They often spend their holiday at the seaside (=shore of the sea). Life in the Crimea is very good. When they are on holiday they live in a small dacha.
4. His elder son is an historian. He is an interesting author, especially when he writes about the tsar's family and life in the Kremlin.
5. Everywhere one can hear music. Upstairs, downstairs, even in Comrade Zhukov's flat across the street. Unfortunately I'm not a very musical person.
6. 'Who's that over there in the corner?' 'That's our history teacher.' 'He has a flat on Herzen Street, doesn't he?' 'That's right. A little flat on the fourth floor.'

LESSON 6

Семейное счастье

В гости́ной в удо́бном кре́сле сиди́т муж и смо́трит телеви́зор. Сего́дня воскресе́нье. Как он лю́бит выходно́й день! Как прия́тно сиде́ть в кре́сле; чита́ть люби́мую газе́ту; кури́ть ру́сскую папиро́су; смотре́ть интере́сную переда́чу. На дворе́ хо́лодно, но здесь так тепло́! Жизнь в са́мом де́ле прекра́сная! Пра́вда, его́ жена́ рабо́тает наверху́ в спа́льне. Шуми́т пылесо́с; ка́жется, она́ убира́ет спа́льню. Ну, ничего́! Шум не о́чень гро́мкий.

Но вдруг он слы́шит гро́мкий, серди́тый го́лос. Кто э́то кричи́т? Бо́же, э́то го́лос жены́!

Ива́н: Со́нечка, почему́ ты так кричи́шь? В чём де́ло? Не понима́ю.

Со́ня: Почему́ я кричу́! Бо́же мой! Кричу́, потому́ что э́то после́дняя ка́пля! Я всё у́тро рабо́таю — гото́влю за́втрак, пока́ ты лежи́шь в посте́ли, убира́ю кварти́ру, гото́влю обе́д. А что ты де́лаешь? Ро́вно ничего́. Сиди́шь там удо́бно в кре́сле и спишь.

Ива́н: Со́нечка, э́то не пра́вда. Я не сплю. Смотрю́ вот э́ту интере́сную переда́чу о жи́зни в Сиби́ри.

Со́ня: Что ты говори́шь! Это же футбо́льная переда́ча. Ну, коне́чно, э́то стадио́н «Дина́мо» в Москве́. Пока́зывают не фильм о Сиби́ри, а футбо́льный матч!

Ива́н: Со́ня! Голу́бка! Почему́ ты так гро́зно де́ржишь пылесо́с? (*Бац! Бац!*) Ой! Бо́льно!

Да — так быва́ет у них ка́ждое воскресе́нье. Жена́ убира́ет кварти́ру, а муж спит в кре́сле. Жена́ всегда́ застаёт му́жа на ме́сте преступле́ния. Да — ка́ждую неде́лю она́ бьёт Ива́на. Она́ всегда́ забыва́ет, что Ива́н то́лько мужчи́на, и поэ́тому не уме́ет де́лать дома́шнюю рабо́ту. Бе́дный Ива́н!

Vocabulary

семе́йный	family (adj.)	слы́шать	
сча́стье	happiness	(2nd)	to hear
гости́ная (see		серди́тый	angry
note (35))	living room	го́лос	voice
удо́бный	comfortable	крича́ть (2nd)	to shout
кре́сло	armchair	почему́?	why?
сиде́ть (сижу́,		в чём де́ло?	what's the matter?
сиди́шь)	to sit	потому́ что	because
муж	husband	после́дний	last
смотре́ть		ка́пля	drop
(2nd)	to look at, watch	после́дняя	
телеви́зор	television set	ка́пля	the last straw
сего́дня	today	гото́вить	
воскресе́нье	Sunday	(гото́влю,	
люби́ть		гото́вишь)	to cook, prepare
(люблю́,		за́втрак	breakfast
лю́бишь)	to love	пока́	while
выходно́й		лежа́ть (2nd)	to lie
день	day off	посте́ль (f.)	bed
прия́тный	pleasant	обе́д	dinner
газе́та	newspaper	ро́вно	
кури́ть	to smoke	ничего́*	precisely nothing
папиро́са	cigarette (Russian)	спать (сплю,	
переда́ча	broadcast	спишь)	to sleep
на дворе́	outside (the	Сиби́рь (f.)	Siberia
	house)	говори́ть	to speak, talk
холо́дный	cold	футбо́л	
тёплый	warm	(ьный)	football
в са́мом де́ле	really	стадио́н (на	
спа́льня	bedroom	стадио́не)	stadium (at the
шуме́ть			stadium)
шумлю́,		пока́зывать	to show
шуми́шь)	to make a noise	фильм	film
пылесо́с	vacuum cleaner	матч	match (football
каза́ться			etc.)
(see note)	to seem	голу́бка	darling
убира́ть	to tidy, clean up	гро́зный	threatening
ничего́*	nothing; never	держа́ть	
	mind	(2nd)	to hold
шум	noise	бац!	bang!
вдруг	suddenly	ой!	ouch!

* г pronounced as в.

бо́льно!	it hurts!	бить (бью,	
быва́ть	to be (frequently)	бьёшь)	to hit, beat
так быва́ет	it's like that	забыва́ть	to forget
всегда́	always	мужчи́на	man
застава́ть	to find (someone)	поэ́тому	therefore
преступле́ние	crime	уме́ть (1a)	to be able, to
застава́ть на			know how
ме́сте пре-	to catch red-	рабо́та	work
ступле́ния	handed		

Language notes

(40) *Second conjugation verbs.* Apart from a few highly
irregular verbs, all verbs not of types 1a or 1b belong to
the second conjugation. Just as 'e' was the characteristic
vowel for 1st conjugation endings, the 2nd conjugation has
'и' (frequently also in the infinitive).

e.g.   говори́ть—to speak

я говор-ю́	мы говор-и́м
ты говор-и́шь	вы говор-и́те
он/она́ говор-и́т	они́ говор-я́т

The infinitive is not always a reliable guide to a verb's
conjugation.

The 2nd conjugation includes

many verbs in -ить   — говори́ть, люби́ть
    some in -ать   — держа́ть, крича́ть, спать
    some in -еть   — смотре́ть, шуме́ть

A great number of 2nd conjugation verbs have some
change in the stem of the 1st person singular, but *only* there
(unlike 1b verbs where changes affect the whole present
tense).

e.g. (a) Those with stem ending in -б/-в/-п take an
    extra л.

люби́ть — люблю́, лю́бишь, лю́бит
гото́вить — гото́влю, гото́вишь, гото́вит
спать — сплю, спишь, спит

(b) Those with stem in -д change д to ж.

сидéть — сижу́, сиди́шь, сиди́т

As you meet more 2nd conjugation verbs, you will find that there are other similar consonant changes which occur regularly (see Appendix Part I Verbs).

(41) пить, бить. A small group of monosyllabic infinitives in -ить are 1st conjugation verbs and take a soft sign throughout the present tense.

	пить		бить
я пью	мы пьём	я бью	мы бьём
ты пьёшь	вы пьёте	ты бьёшь	вы бьёте
он/она пьёт	они пьют	он/она бьёт	они бьют

(42) *Accusative case.* The direct object of the sentence or clause must be in the accusative case. In many instances this involves no change from the nominative:

Иван (nom.) читает роман (acc.). Ivan is reading a novel.

But see notes (43), (44), (45).

(43) *Accusative case of nouns.* Masculine nouns (except those referring to people and animals—see note (44)) and neuter nouns have the same endings in nominative and accusative. Hard feminine nouns change *a* to *y*, soft ones *я* to *ю*.

nominative	жена́	неде́ля
accusative	жену́	неде́лю

Он любит жену. He loves his wife.

(44) '*Animate*' *accusative.* The accusative case of masculine 'animate' nouns—i.e. those referring to people or animals

(and their accompanying adjectives)—is the same as the genitive.

nominative	отéц	муж	истóрик	Ивáн
accusative	отцá	мýжа	истóрика	Ивáна

nominative	преподавáтель	Сергéй
accusative	преподавáтеля	Сергéя

Note. Those with feminine form (мужчина, Миша, Ваня etc.) take normal feminine accusative endings.

(45) *Accusative of adjectives.* The rules for nouns also hold good for adjectives in the accusative. Apart from the masculine 'animate' (see genitive adjectives, note (97)), the feminine adjectives are the only ones which differ from the nominative forms. Here again the rule is:

а — у   я — ю

Thus:

nominative	чудная	синяя	хорошая
accusative	чудную	синюю	хорошую

nominative	русская	большая
accusative	русскую	большую

This is also true of possessive adjectives and эта:

nominative	моя синяя шляпа,
accusative	мою синюю шляпу,

nominative	наша любимая книга,
accusative	нашу любимую книгу,

nominative	эта громкая музыка.
accusative	эту громкую музыку.

(46) *Accusative of personal pronouns*. The accusative and genitive of personal pronouns are identical. (See note (39).)

e.g.   Я люблю *вас*.   Она любит *его*.   Они понимают *нас*.   Мы любим *их*.

(47) *Accusative of time*. Many expressions of time (including all with каждый—every) are in the accusative:

каждую неделю   every week

(48) что *that* (*conjunction*). что serves both as the interrogative pronoun 'what?' (Что это?) and the conjunction for 'that' (Я знаю, что он в Москве).

(49) *Third person plural without subject*.

Показывают футбольный   They are showing a football
матч.   match.

This construction is used for generalised statements of this type, where it is not specified who 'they' are. English often uses the passive:

Говорят, что...   It is said that . . .

(50) ка́жется *it seems*, *apparently*. This reflexive verb (каза́ться—1b) is more often than not used in parenthesis.

e.g. Кажется, он интерес-   It seems he is an interesting
ный человек.   person.

In English we are more likely to say, 'He seems an interesting person'.

(51) *Adverbs*. Most Russian adverbs end in -o. They are formed from the adjective stem.

Thus: хоро́ший (good),   хорош + о = хорошо́ (well)

(52) *Impersonal adjectives.* (It is cold, it is pleasant, etc.)
These are identical in form to adverbs. Thus хорошо́ can
also mean 'it is good'.

Similarly бо́льно it is sore (i.e. it hurts.)

Note that the stress can change its position in this form.

холо́дный / хо́лодно

This will sometimes result in a change from ё to e.

тёплый / тепло́

Exercises

(1) Replace the verbs in brackets with the correct form of
the present tense.

1. Я (сидеть) в углу и (смотреть) телевизор.
2. Они громко (кричать). (*Remember the spelling rule!*)
3. Иван (курить) папиросу.
4. Где вы (спать)? Я (спать) в этой постели.
5. Газета (лежать) на полу.
6. Ах, как я (любить) Ленинград!
7. Кто (готовить) обед? Это не я. Я (готовить) завтрак.
8. Почему ты (лежать) на диване?
9. (Говорить), что в Крыму климат (бывать) очень
   хороший.
10. Почему ваш сын так (шуметь)?

(2) Copy out the sentences, replacing the italicised nouns
by the appropriate form of the nouns given on the right.

1. Вы слышите *шум*?   музыка, Иван, отец, море,
                           Ольга, преподаватель

2. Мы читаем *роман.*   книга, история, Диккенс,
                           газета

3. Она очень любит   Ялта, сын, мать, семья,
   Москву.   воскресенье, муж

(3) Supply the correct endings.

1. Она хорошо готовит русск— пищ—.
2. Мать убирает наш— гостин—.
3. Кто читает эт— интересн— книг—?
4. Я знаю эт— громк— голос.
5. Борис любит Чёрн—море, а я предпочитаю Москв—.

(4) Translate into Russian:

1. Ivan is sitting comfortably in an armchair. Apparently he is asleep. No, he's watching television.
2. Who is that shouting? It's Sonya. She's cleaning the flat and her husband is downstairs reading the newspaper and smoking a cigarette. It's often like that in a family. The wife is always working while the husband relaxes.
3. This man speaks very interestingly about Siberia. Yes, I know. And he has a very pleasant voice.
4. Irina has a large flat in Leningrad, but her family lives in Moscow. Every week when she has her day off, she just stays at home and reads a book.
5. I love a comfortable bed. But when everybody is at home I sleep on the floor in the living room. Really, that's the last straw!

LESSON 7

Куда вы?

(a) Сегодня понедельник. Сейчас Варя Сергеевна идёт обедать в ресторан «Европа». Она живёт недалеко от ресторана и идёт туда пешком.

*　　　*　　　*

Анна Петровна работает в ресторане «Европа». Она официантка. Она тоже живёт недалеко от ресторана.

Áнна Петрóвна кáждый день хóдит в ресторáн. Онá хорошó знáет, как здесь готóвят. Обéдает онá дóма.

(b) Сегóдня втóрник. Вот Вúктор Денúсович éдет на автóбусе в кинотеáтр «Астóрия». Сегóдня в кинó покáзывают извéстный фильм Эйзенштéйна «Броненóсец Потёмкин».

*   *   *

Вáря Борúсовна рабóтает в кинотеáтре «Астóрия». Онá билетёрша. Вáря Борúсовна кáждый день éздит на автóбусе в кинотеáтр. Кáждый день она бесплáтно смóтрит фильм. Когдá у неё выходнóй день, онá смóтрит нóвый фильм в кинó «Метропóль».

(c) Сегóдня средá. Константúн Владúмирович сейчáс на самолёте «ТУ ·114». Он летúт в Одéссу, а потóм в Ялту. Егó семья ужé отдыхáет в Ялте.

*   *   *

Илья Ивáнович рабóтает в «Аэрофлóте». Он лётчик. На маршрýте Москвá—Иркýтск. Кáждый день он летáет из Москвы в Иркýтск и обрáтно. Он хорошó знáет этот маршрýт.

(d) Сегóдня четвéрг. Юрий Пáвлович садúтся на теплохóд «Михаúл Калúнин». Сегóдня он плывёт на теплохóде из Ленингрáда в Ригу. Там он бýдет рáбóтать. У негó нóвое мéсто на завóде в Рúге.

*   *   *

Ивáн Тихóнович Брюсов — капитáн парохóда «Полтáва». Этот парохóд плáвает кáждую недéлю из Ленингрáда в Копенгáген и обрáтно. Капитáн Брюсов хорошó знáет дáтскую столúцу. Кáждую пятницу в Копенгáгене óчень вéсело, когдá он встречáет товáрища

Эриксона. Ка́ждую суббо́ту он плывёт* обра́тно в Ленингра́д.

* See (53) note 3.

Vocabulary

(a)

идти́ (see note)	to go (on foot), walk	туда́	(to) there
обе́дать	to have dinner	пешко́м	on foot
в + асс.	into, to	официа́нтка	waitress
рестора́н	restaurant	ходи́ть (see note)	to go (on foot), walk
Евро́па	Europe	как	how
недалеко́ от + gen.	not far from		

(b)

е́хать (see note)	to go (not on foot), drive	билетёрша	usherette
авто́бус	bus	е́здить (see note)	to go (not on foot), drive
кино́(-теа́тр)	cinema	беспла́тно	free, without paying
изве́стный	famous, well-known	но́вый	new
бронено́сец	battleship		

(c)

самолёт	aeroplane	маршру́т	route, 'run'
лете́ть (see note)	to fly	лета́ть (see note)	to fly
пото́м	then, after that	из + gen.	from, out of
лётчик	pilot	обра́тно	back

(d)

сади́ться	to get on; sit down	капита́н	captain
теплохо́д	motor vessel	парохо́д	steamer
плыть (see note)	to sail; swim	пла́вать (see note)	to sail; swim
бу́дет рабо́тать	will work	да́тский	Danish
ме́сто	job	столи́ца	capital
заво́д (на заво́де)	factory, plant (at the factory)	весёлый	merry
		встреча́ть	to meet

Days of the week

понедѣльник	Monday
вто́рник	Tuesday
среда́	Wednesday
четве́рг	Thursday
пя́тница	Friday
суббо́та	Saturday
воскресе́нье	Sunday

Language notes

(53) *Verbs of motion.*

Group 1   Specific verbs.

идти́	е́хать	лете́ть	плыть
я иду́	я е́ду	я лечу́	я плыву́
ты идёшь	ты е́дешь	ты лети́шь	ты плывёшь
он идёт	он е́дет	он лети́т	он плывёт
мы идём	мы е́дем	мы лети́м	мы плывём
вы идёте	вы е́дете	вы лети́те	вы плывёте
они иду́т	они е́дут	они летя́т	они плыву́т

Group 2   General verbs.

ходи́ть	е́здить	лета́ть	пла́вать
я хожу́	я е́зжу	я лета́ю	я пла́ваю
ты хо́дишь	ты е́здишь	ты лета́ешь	ты пла́ваешь
он хо́дит	он е́здит	он лета́ет	он пла́вает
мы хо́дим	мы е́здим	мы лета́ем	мы пла́ваем
вы хо́дите	вы е́здите	вы лета́ете	вы пла́ваете
они хо́дят	они е́здят	они лета́ют	они пла́вают

Russian has one group of verbs which describe movements in *one specific direction* and another group of verbs which describe the same movements from a general non-specific point of view. For many types of movement Russian thus has two distinct verbs, some of which are not even derived from the same root. It is convenient to think of these verbs in pairs, one coming from the first group and the other from the second (see above).

This lesson includes four such pairs of verbs. Anything said about any one of these pairs of verbs is, by and large, equally true of the others. Let us take, by way of example, the pair идти/ходить to go (on foot), to walk.

1. идти is the specific verb.

e.g.   Вот Виктор. Он идёт в институт. «Здравствуйте, Виктор. Куда вы идёте?» «Иду на почту.»   There's Viktor. He's going to the college. 'Hello, Viktor. Where are you going?' 'To the post office.'

2. ходить is the general verb.

e.g.   Виктор каждый день ходит в институт.   Viktor goes to college every day. (implying that he also comes back—therefore more than one direction)

Его сын Ваня ещё не ходит.   His son Vanya isn't walking yet. (no specific direction involved)

Note 1. The general (ходить) type of verb is frequently modified by adverbs such as часто, обычно, каждую неделю etc., as they usually imply that not only one direction is involved.

Compare, for example:

(a) Он часто ходит в театр.   i.e. he frequently makes the two-way journey (home → theatre/theatre → home)

(b) Он идёт сегодня в театр.   i.e. the interest is centred only on his going to the theatre (home → theatre)

Note 2. In English we frequently distinguish between the specific and the general verb by contrasting 'He is going' (specific) with 'He goes' (general).

e.g. 1. Он идёт сегодня в   He *is going* to the theatre
театр.   today.
2. Он ходит каждую   He *goes* to the theatre every
неделю в театр.   week.

Note 3. The major consideration when using the specific verb is that it relates to only *one* direction. Thus occasionally идти etc. can be found being used with frequentative sense.

Каждое утро я иду пешком   I walk to work every morn-
на работу.   ing.
                      (Here the speaker, by using
                      идти is stressing that he
                      walks to work, but does
                      not necessarily return
                      home on foot.

Note 4. идти/ходить is the usual verb used to describe the movement of a vehicle itself.

Идёт автобус.   A bus is coming.

Note 5. In the above example the verb идти was translated by 'to come'. From this it will be seen that these verbs of motion merely describe a particular *type* of movement and do not differentiate between movement away from the speaker and movement towards him.

The other three pairs of motion verbs in this lesson are:

Specific	*General*	
ехать	ездить	to go (by vehicle), to travel, to drive
лететь	летать	to fly
плыть	плавать	to sail; to swim

As already stated, the same principles which apply to the use of идти/ходить also hold good here.

ехать/ездить is also frequently used of the vehicle itself with машина (car), мотоцикл (motorbike), грузовик (lorry). With most other vehicles идти/ходить is used as above (note (4)).

лететь/летать is also used of the aircraft itself.

Самолёт летит в Нью Йорк.	The plane is flying to New York.

плыть/плавать is also used of the ship itself.

Пароход плывёт в Ленин- град.	The steamer is sailing to Leningrad.

(54) в and на + *accusative* (куда?). The prepositions в and на are followed by the accusative case when movement to a place is involved.

в + accusative means 'into' or 'to'.
на + accusative means 'onto' or 'to'.

When followed by an accusative these prepositions answer the question куда? = where to, whither? (answer— туда = (to) there).

When followed by a prepositional they answer the question где? = where? (answer—там = there).

Compare:

1. «Куда вы идёте?»	'Where are you going?'
«В институт/на почту.»	'To the college/to the post office.'
Они едут на юг.	They are travelling south (to the south).
на стол	onto the table

2. «Где вы живёте?»　　　'Where do you live?'
　«В Москве/в Ленин-
　　граде.»　　　　　　　'In Moscow/in Leningrad.'
　Они работают на
　　севере.　　　　　　　They work in the north.
　на столе　　　　　　　on the table

(55) *Prepositions governing the genitive*. We have already met the preposition 'у' followed by the genitive. A further two genitive prepositions occur in this lesson: из and от.

　из means 'from' or 'out of', and indicates the opposite direction to в + accusative.

из квартиры　　　　　　out of the flat
из Ленинграда в Москву　from Leningrad to Moscow

　от also means 'from'. (The whole question of the prepositions used in Russian to translate English 'from' and 'to' is dealt with in note (99).)
　In this lesson the use of от is confined to the expression недалеко от = not far from.

Он живёт недалеко от　　He lives not far from
　Лондона.　　　　　　　London.

(56) *Present tense of reflexive verbs*. In note (15) the reflexive suffix -ся was introduced. Note that this is changed to -сь when the verb ends in a vowel.
　Thus the present tense of a reflexive verb is as follows:

　садиться—to get onto (a vehicle), to board; to sit down

я сажусь	мы садимся
ты садишься	вы садитесь
он садится	они садятся

(57) *Patronymics*. All Russians have three names, of which the middle one is always derived from the name of the father (patronymic—отчество).

(a) If the name of the father ends in a hard consonant, add -ович (for males) and -овна (for females).

e.g. Father—Бори́с—Бори́сович/Бори́совна
Thus his son could be Па́вел Бори́сович,
and his daughter Светла́на Бори́совна.

(b) If the name of the father ends in -й, the -й is dropped and -евич (male) or -евна (female) added.

e.g. Father—Серге́й—Серге́евич/Серге́евна
son   Ива́н Серге́евич,
daughter   О́льга Серге́евна.

(c) If the name of the father ends in -a or -я, these endings are dropped and -ич (male) or -ична (female) added.

e.g. Father—Ники́та—Ники́тич/Ники́тична
son   Влади́мир Ники́тич,
daughter   Мари́я Ники́тична.

Note. The first name and patronymic in conjunction are often used by people who know each other fairly well, but are not particularly intimate friends.

Exercises

(1) Answer the following questions, using the words on the right.

1. Куда едет Иван
   Иванович?

Ялта; Киев; Москва;
   Сибирь; центр города;
   датская столица; работа.

2. Куда вы идёте?

гостиная; стадион
   «Динамо»; почта; новая
   квартира.

3. Где Сергей?

моя квартира; Европа;
   вокзал; Крым.

(2) In the following sentences choose the correct infinitive and give the correct form of the verb.

1. Мы часто (лететь/летать) на юг.
2. Когда мы отдыхаем в Крыму, мы (плыть/плавать) в Чёрном море.
3. Вот он (идти/ходить).
4. Очень приятно (лететь/летать) на самолёте.
5. Сейчас они (ехать/ездить) в Иркутск.
6. Сегодня Игорь и Соня (плыть/плавать) в море.
7. Вы обычно (идти/ходить) на работу пешком?
8. Да, обычно пешком. Но сегодня я (ехать/ездить) на автобусе.
9. Каждую среду он (лететь/летать) в Киев.
10. Я не понимаю, почему наша маленькая дочь ещё не (идти/ходить).

(3) How would you address the following people, using first name and patronymic?

1. Она — Ольга, а отец — Владимир.
2. Он — Иван, а отец — Никита.
3. Он — Степан, а отец — Алексей.
4. Она — Лизавета, а отец — Борис.
5. Он — Илья, а отец Александр.
6. Он — Владимир, а отец — Илья. (Кто это?)

(4) Translate into Russian:

1. 'He is travelling today from Moscow to Yalta.' 'Is he flying there?' 'Yes. He says it is very pleasant flying on a TU 114.'
2. 'Apparently Katya lives not far from the Metropole restaurant.' 'Yes, that's true, but she doesn't dine there very often. She says that (her) husband cooks very well, so she usually dines at home.'

3. 'Irina is working in the Spartak cinema, but unfortunately the work isn't very interesting. She's an usherette.'
   'I don't understand that. After all she sees a film every
   day without paying.'
4. Every Tuesday Captain Bryusov meets (his) wife Sonya
   in the restaurant and then they go to (their) flat. His
   battleship is at present in Leningrad, but he says that he
   prefers a comfortable bed in the flat.

LESSON 8

Современная Москва

В Москве бывают резкие контрасты. С одной стороны
она крупный промышленный центр. В ней большие
заводы и фабрики. Из столицы вывозят машины, автомобили, тракторы, станки и т.д. во все концы СССР.
Везде большое уличное движение. Московские улицы
широкие и там весь день проезжают автомобили,
автобусы, троллейбусы, трамваи, грузовики. Каждую
минуту приходят поезда на московские вокзалы, прилетают самолёты в московские аэропорты. Москвичи,
конечно, живут в очень шумном городе.

С другой стороны есть в Москве и тихие места.
Москвичи много работают, но они тоже любят отдыхать. В солнечные дни туристы и отдыхающие посе-
щают городские парки и сады. Вечера театралы проводят в Большом театре, в Малом, в Кремлёвском
и т.д. Да — в Москве всё есть. В столице находятся не
только театры, но и кинотеатры, картинные галереи,
музеи. Москвичи живут в настоящей столице.

Москва — древний русский город, но как и другие
города, советская столица мало-по-малу изменяет
характер. Облик Москвы всё изменяется. Старые дома,
даже целые районы исчезают. Везде появляются новые,

многоэта́жные зда́ния. Моско́вский Кремль, одна́ко, всё ещё нахо́дится на берегу́ Москвы́-реки́.

Vocabulary

совреме́нный	modern	тролле́йбус	trolleybus
ре́зкий	sharp	грузови́к	lorry
контра́ст	contrast	мину́та	minute
сторона́	side; direction	приходи́ть	to arrive
с одно́й		по́езд	train
стороны́	on the one hand	прилета́ть	to land (plane)
с друго́й		аэропо́рт	airport
стороны́	on the other hand	Москви́ч	Muscovite
друго́й	other	шу́мный	noisy
кру́пный	large (-scale)	со́лнечный	sunny
промы́шлен-		тури́ст	tourist
ный	industrial	отдыха́ющий	holiday-maker
в нём (m. and		посеща́ть	to visit
n.)/в ней		городско́й	town, municipal
(f.)	in it	театра́л	theatre-goer
фа́брика	factory	теа́тр	theatre
вывози́ть	to export	проводи́ть	to spend (time)
маши́на	(here) machine	кремлёвский,	
автомоби́ль		adj.	from Кремль
(m.)	car	находи́ться	to be (situated)
тра́ктор	tractor	не то́лько...	
стано́к (gen.		но и...	not only ... but
станка́)	machine tool		also ...
и т.д.=и так		карти́нная	
да́лее	etc., and so on.	галере́я	art gallery
весь (m.)/		музе́й	museum
всё (n.)/		настоя́щий	real, genuine
вся (f.)/		как (и)	like, as
все (pl.)	all	сове́тский	Soviet
коне́ц (gen.		ма́ло-по-	
конца́)	end	ма́лу	little by little
СССР	USSR	изменя́ть(ся)	
у́личное		(see note	
движе́ние	traffic	(65))	to change
моско́вский	Moscow (adj.)	хара́ктер	character
широ́кий	wide, broad	о́блик	appearance, look
проезжа́ть	to pass	всё	all the time

да́же	even	многоэта́ж-	
райо́н	district, area	ный	multi-storey
це́лый	whole	зда́ние	building
исчеза́ть	to disappear	всё.ещё	still
появля́ться	to appear	река́	river
ста́рый	old		

Language notes

(58) *Nominative and accusative plural of nouns*. The nominative and accusative plural of nouns are identical, except in the case of 'animate' nouns (see note (123)).

Masculine and feminine nouns take the endings -ы (hard) and -и (soft).

Hard

вокза́л	(a station)	— вокза́лы	(stations)
у́лица	(a street)	— у́лицы	(streets)

Soft

музе́й	(a museum)	— музе́и	(museums)
автомоби́ль	(a car)	— автомоби́ли	(cars)
посте́ль	(a bed)	— посте́ли	(beds)
галере́я	(a gallery)	— галере́и	(galleries)

Neuter nouns take the endings -a (hard) and -я (soft).

Hard

ме́сто	(a place)	— места́	(places)

Soft

мо́ре	(the sea)	— моря́	(seas)
зда́ние	(a building)	— зда́ния	(buildings)

N.B. As elsewhere the spelling rule must apply here. For instance, we meet in this lesson the following nouns:

фа́брика	(a factory)	— фа́брики	(factories)
грузови́к	(a lorry)	— грузовики́	(lorries)

москви́ч (a Muscovite) — москвичи́ (Muscovites)
парк   (a park)   — па́рки   (parks)

(59) *Word stress*. Russian stress is difficult to master and this is nowhere more apparent than in the declension of nouns, where the stress is by no means always constant. Note that a difference in stress may be the only difference between e.g. genitive singular and nominative plural:

e.g. ме́ста   of the place
      места́   places

The change of stress is particularly obvious when it produces 'ё' instead of 'e'.

e.g. *Singular*   сестра́   жена́
      Plural   сёстры   жёны

(See *Stress patterns in noun declensions*, Appendix Part I.)

(60) *Irregular noun plurals in* -a. Many of the commonest Russian nouns have irregular plurals. The ones appearing in this lesson are all irregular in the same way: although masculine, their plural is formed like that of neuter nouns with the ending -á (always stressed in these nouns).

The examples here are:

Singular	*Plural*
по́езд	поезда́
ве́чер	вечера́
го́род	города́
дом	дома́

Others in previous lessons include

бе́рег	берега́
го́лос	голоса́

A more complete list is given in the Appendix Part I in the section on irregular noun declensions.

(61) *Nominative and accusative plural of adjectives.* The plural adjective does not vary according to gender.

The hard ending is -ые.
The soft ending is -ие.

Thus:

ста́рые города́	old towns
ста́рые маши́ны	old machines
ста́рые зда́ния	old buildings
хоро́шие теа́тры	good theatres
хоро́шие переда́чи	good programmes
хоро́шие места́	good places

Note 1. Remember that adjectives in -о́й (e.g. большо́й) *always* have stressed endings.

Note 2. Adjectival nouns invariably behave as adjectives.

отдыха́ющие	holiday-makers
гости́ные	living rooms

(62) *Nominative and accusative plural of possessive adjectives and* э́тот.

мой/моё/моя́ — мои́
твой/твоё/твоя́ — твои́
наш/на́ше/на́ша — на́ши
ваш/ва́ше/ва́ша — ва́ши
э́тот/э́то/э́та — э́ти

(63) *Prepositional case of personal and other pronouns.*

Nominative	Prepositional
я	(обо)* мне
ты	(о) тебе
он/оно	(о) нём
она	(о) ней
мы	(о) нас
вы	(о) вас
они́	(о) них

э́тот/э́то	(об)*	э́том
э́та	(об)*	э́той

весь/всё	(обо)*	всём
вся	(обо)*	всей
что	(о)	чём
кто	(о)	ком

(64) *Additional* -o *etc. with prepositions in certain circumstances.* Many prepositions add -o in front of certain groups of two or more consonants.

Thus: в > во — во всём   in everything
       из > изо — изо дня
          в день   from day to day

The preposition *o* changes to *об* before a vowel, and to *обо* before мн and вс:

об Иване   about Ivan
обо мне   about me

(65) изменять — изменяться. Many English transitive verbs can also be used intransitively.

e.g.   Transitive — He opens the door.   He stops the car.
     Intransitive — The door opens.   The car stops.

In intransitive sentences like these, Russian feels the need to supply an object and thus makes the verb reflexive.

Thus:

Советская столица из-   (trans.) The Soviet capital is
   меняет характер.   changing its character.
Облик Москвы   (intrans.) The appearance of
   изменяется.   Moscow is changing.

* See note (64).

Exercises

(1) Form sentences from the following elements, making the appropriate changes.

1. мой –	больной –	муж	– живёт – в	– Москва
	весёлый	мать	на	юг
	хороший	сёстры		эта квартира
	старый	товарищи		Лондон
				наш дом
				улица Герцена

2. наш –	интересный –	преподаватели – едет – в	– Ленинград
	приятный	официантка	на	столица
	датский	лётчики		Ялта
	московский			Сибирь
	прекрасный			Европа
				стадион
				почта

3. этот –	отдыхающие	– прилетает – из –	Америка
	москвич		Сибирь
	студентка		Копенгаген
	милиционеры		Одесса

(2) Select suitable adjectives from the list on the right to accompany the nouns on the left and write them down together in singular and plural.

1. центр	11. день	холодный; интересный;
2. улица	12. матч	тонкий; резкий;
3. трамвай	13. утро	крупный; русский;
4. турист	14. потолок	промышленный;
5. грузовик	15. история	футбольный; широкий;
6. контраст	16. поезд	картинный; советский;
7. голос	17. вечер	солнечный; москов-
8. книга	18. город	ский; многоэтажный;
9. кресло	19. галерея	городской; шумный;
10. здание	20. библиотека	удобный; сердитый;
		любимый; выходной

(3) Reply to the following exclamations as in the model:

Какая широкая улица!   — Да, здесь все улицы широкие.

1. Какой шумный пылесос!
2. Какое интересное место!
3. Какая удобная постель!
4. Какая весёлая официантка!
5. Какой сердитый преподаватель!
6. Какое древнее здание!
7. Какая красивая студентка!
8. Какой прекрасный вечер!

(4) Put the words in brackets in the prepositional.

1. «О (кто) вы говорите?» «О (мой любимый преподаватель).»
2. «Кто живёт в (эта прекрасная квартира)?» «В (она) живёт Борис.»
3. «О (что) вы пишете?» «О (наша советская жизнь).»
4. Он много знает о (вы), но обо (я) он ничего не знает.
5. «В (какое здание) вы работаете?» «Вот в (это). В (оно) работают и все мои товарищи.»
6. Во (вся столица) есть большое уличное движение.

(5) Answer the following questions on the passage in Russian.

1. Как мы знаем, что Москва промышленный центр?
2. Куда вывозят автомобили и т.д. из Москвы?
3. Почему Москва шумный город?
4. Когда приятно посещать московские парки и сады?
5. Какие здания любят посещать театралы?
6. Где Кремлёвский театр?
7. Как изменяется облик Москвы?
8. Где находится Кремль?

(6) Translate into Russian:

1. 'They export books from Moscow.' 'Where to?' 'All over the USSR.'
2. 'Why is it so noisy here?' 'A train from Odessa is just arriving at that station.'
3. The Kremlin is in the centre of the capital on the bank of the river Moskva.
4. In Moscow not only the inhabitants (i.e. Muscovites) but also tourists and holiday-makers love to spend (their) evenings in the Bolshoi theatre.
5. The old men love the municipal parks and gardens. When the weather is sunny they sometimes spend whole days there.
6. In Moscow everything is changing. Even the appearance of the Kremlin is gradually changing. Yes, even there new buildings are appearing.

LESSON 9

Ма́ленькая траге́дия

Ни́на: Алёша, почему́ у тебя́ телефо́н не отвеча́ет, когда́ я звоню́? Где ты был вчера́, наприме́р? Тебя́ весь день не́ было до́ма. Я звони́ла, звони́ла, но никто́ не отвеча́л.

Алёша: Ви́дишь ли, до́ма никого́ не́ было. Так что не удиви́тельно, что никто́ не отвеча́л.

Ни́на: Но вчера́ был выходно́й день! Как же никого́ не́ было до́ма? А ты где был?

Алёша: Ви́дишь ли, мне вдруг ста́ло ску́чно. Стоя́ла прекра́сная, со́лнечная пого́да, и накану́не у меня́ была́ полу́чка...

Ни́на: Ну и что?

Алёша: Ну, я и поду́мал: де́ньги у меня́ в карма́не, маши́на стои́т на стоя́нке, в кварти́ре мне остава́ться не хоте́лось. Снача́ла не знал, что де́лать, но час спустя́ я уже́ е́хал по доро́ге в Заго́рск.

Ни́на: Вот как! А у меня́ нет маши́ны и я весь день слу́шала ра́дио одна́ в кварти́ре. А скажи́, ты оди́н е́здил в Заго́рск?

Алёша: Коне́чно, оди́н. Мне уже́ давно́ хоте́лось провести́ денёк в дере́вне, на ло́не приро́ды.

Ни́на: Кака́я рома́нтика! Зна́чит, ты провёл весь день в Заго́рске, на ло́не приро́ды?

Алёша: И́менно. Всё бы́ло так ти́хо. Мне каза́лось, что совреме́нный мир далеко́-далеко́ на ю́жном горизо́нте и что я живу́ в дре́вней Руси́. Круго́м всё зелене́ло. Я сиде́л на скаме́йке на центра́льной пло́щади и до́лго-до́лго ду́мал. Я слу́шал, как пою́т пти́цы. В Успе́нском собо́ре раздава́лась чуде́сная му́зыка. Золоты́е и си́ние купола́ блесте́ли на со́лнце.

Ни́на: Алёша, ты настоя́щий поэ́т! Ты даёшь мне сло́во, что бы́ло и́менно так?

Алёша: Коне́чно. Почему́ же нет?

Ни́на: А я не ве́рю тебе́. И вот почему́. Заго́рск тепе́рь турба́за. Там совсе́м не ти́хо. К тому́ же, вчера́ в по́лдень твоя́ маши́на стоя́ла всё ещё на стоя́нке. Ты, пра́вда, сиде́л вчера́ на скаме́йке. Но э́то не́ бы́ло в Заго́рске, а в Па́рке культу́ры и о́тдыха.

Алёша: Нина — что ты говори́шь! Ах, не волну́йся, в са́мом де́ле э́то бу́ря в стака́не воды́!

Ни́на: Ну как мо́жно так поступа́ть? Как тебе́ не сты́дно! Ты сиде́л там не оди́н. Ря́дом сиде́ла — гм — не осо́бенно краси́вая де́вушка. По́мнишь? И ты так те́сно обнима́л её. Я хочу́ домо́й — к ма́ме!

Отве́та она́ не получа́ет. Пра́вда, ему́ наконе́ц в са́мом де́ле сты́дно!

Vocabulary

отвечáть	to answer	денёк	
звони́ть	to phone, call	(diminutive)	day
вчерá	yesterday	дере́вня	country; village
наприме́р	for example	приро́да	nature
никто́	nobody	на ло́не	
никого́, acc. & gen. of никто		приро́ды	in the open air
ви́деть		рома́нтика	romanticism
(ви́жу,		и́менно	exactly
ви́дишь)	to see	мир	world
ви́дишь ли	you see	далеко́	far away
так что	so that	ю́жный	southern
удиви́тель-		горизо́нт	horizon
ный	surprising	Русь (archaic)	Russia
стáло*	it became	круго́м	all around
ску́ччный	boring	зелене́ть	to be green
стоя́ть	to stand	скаме́йка	bench
стоя́ла		центра́льный	central
хоро́шая	the weather was	пло́щадь (f.)	square (town)
погода	fine	до́лго	for a long time
накану́не	the day before	ду́мать	to think
полу́чка	pay day	петь (пою́,	
ну и что?	so what?	поёшь etc.)	to sing
я и поду́мал*	I thought to my-	пти́ца	bird
	self	собо́р	cathedral
де́ньги (pl.)	money	чуде́сный	marvellous
карма́н	pocket	золото́й	golden
стоя́нка	parking place	ку́пол (pl.	
остава́ться	to stay, remain	купола́)	dome, cupola
мне хо́чется	I feel like, want to	блесте́ть	
снача́ла	at the beginning	(блещу́,	
час	hour	блести́шь)	to shine
спустя́	later	со́лнце	sun
по + dative	along (etc.)	на со́лнце	in the sun
доро́га	road	поэ́т	poet
вот как	you don't say	дава́ть (даю́,	
оди́н (m.)		даёшь etc.)	to give
однá (f.)	alone	сло́во	word
уже́ давно́	for a long time	дава́ть сло́во	to give one's
про́вести́*			word
(past про-		ве́рить +	
вёл)	to spend (time)	dative	to believe

* Perfective verb. See Lesson 10.

турба́за (на турба́зе)	tourist centre	мо́жно	it is possible
совсе́м	altogether, quite	поступа́ть	to act, behave
совсе́м не	not at all	мне сты́дно	I am ashamed
к тому́ же	in addition	как тебе́ не сты́дно	you should be ashamed
по́лдень (в по́лдень)	midday (at midday)	ря́дом	by (your) side
культу́ра	culture	де́вушка	girl (older)
о́тдых	rest; holiday	по́мнить	to remember
парк культу́ры и о́тдыха	park of culture and rest	те́сный	tight
		обнима́ть	to hug, embrace
не волну́йся	don't worry	хоте́ть (see note)	to want
бу́ря	storm	домо́й	(to) home, homewards
стака́н	glass (of water etc.)	к+dative	towards
		отве́т	answer
вода́	water	получа́ть	to get, receive
бу́ря в стака́не воды́	storm in a teacup		

Language notes

(66) *Past tense*. Russian has only one past tense which has to do duty for all the different shades of meaning conveyed by the numerous tenses available in English. Thus in various contexts я звонил can mean—I rang

I was ringing

I did ring

I have rung

I have been ringing

I had rung

I had been ringing

In order to express the distinctions between different English past tenses, Russian frequently uses adverbs of time such as ещё (still) and уже (already). In addition, and much more importantly, many different nuances result from the system of *aspects* which are introduced for the first time in the language notes in Lesson 10.

The forms of the past tense vary, not according to person as in most languages, but according to gender and number.

The past tense is formed by removing the ending of the infinitive (usually -ть) and adding the endings -л (masculine); -ло (neuter); -ла (feminine) and ли (plural).

e.g. the verb 'to ring up', звони(ть) — звони + л — звонил (masculine)

Thus we have:

	я звони́л	I rang (male subject)
	ты звони́л	you rang (,, ,,)
	он звони́л	he rang

and:

	я звони́ла	I rang (female subject)
	ты звони́ла	you rang (,, ,,)
	она звони́ла	she rang

In the plural:

	мы звони́ли	we rang
	вы звони́ли	you rang
	они звони́ли	they rang

The following examples from the text illustrate the forms of the past tense:

Masculine: никто не отвечал; я сидел на скамейке; ты обнимал её.

Neuter: никого не было дома; всё было так тихо; всё зеленело.

Feminine: стояла прекрасная погода; я слушала радио; машина стояла.

Plural: купола блестели на солнце.

Past tense of reflexive verbs. It has already been noted that the reflexive ending is -ся except after a vowel, where it changes to -сь. In accordance with this it follows that -ся is the masculine ending in the past tense, but -сь is the ending for all other forms.

Thus: он купался he bathed; она купалась she bathed; они купались they bathed.

(67) нет/не было + *genitive*. Apart from meaning 'no', нет has another important function. It means 'there is not' or 'there are not' (не + есть) and is followed by the genitive.

e.g. Нет пищи.	There is no food.
Ответа нет.	There is no reply.

нет is also used in such cases as:

(a) Ивана нет дома.	Ivan is not at home. (Compare Иван дома Ivan is at home)

i.e.—it often has a strong association with *place*, in fact so much so, that the word for 'here' is understood in such expressions as:

Почему Ивана сегодня нет?	Why is Ivan not here today?

(b) У Нины *нет машины*. (Compare У Алёши машина.	Nina doesn't have a car. Alyosha has a car.)

i.e.—it *must* be used in the negative form of 'to have' in expressions using 'y'.

In the past tense нет becomes не́ было (быть = to be).

e.g. Ответа не́ было.	There was no reply.
Нины не́ было.	Nina wasn't there.
Места не́ было.	There was no room.
У меня не́ было газеты.	I didn't have a newspaper.

Note that было is always in the neuter form, regardless of the gender of the noun and whether it is singular or plural. The reason for this is that all such expressions are *impersonal*. The nouns are thus *not* the subjects of the verbs as they are in English. (Impersonal adjectives also take neuter endings—see note (52)).

N.B. не and было are pronounced as one word with the stress falling on нé.

(68) *Object of negative verb in the genitive.* The association of negative and genitive is not confined to нет/не было. The object of a negative verb will frequently be found in the genitive, especially if the object is abstract.

e.g. Она не получает
      ответа.   She doesn't get an answer.

The accusative rather than genitive is normally used with feminine animate nouns.

e.g. Я не вижу Ваню.   I don't see Vanya.
      Я не вижу Ирину.   I don't see Irina.

(69) *Negative words with* не. Negative words such as никто/никого (nobody), ничего (nothing), никогда (never) are used in conjunction with не when negating verbs.

The form никого is used in both accusative and genitive:

Accusative: Я никого не вижу.   I don't see anyone.
Genitive: Никого не было дома. There was nobody
                                   at home.

(70) *Uses of the dative.*

(a) Indirect object. The dative case is used for the indirect object of the sentence and is usually translated in English by 'to me', 'to you' etc.

Он даёт *товарищу*   He gives a cigarette *to his*
папиросу.   *friend*.
Он показывает *жене*   He shows the book *to his*
книгу.   *wife*.

Note that the identity of the indirect object is sometimes concealed in English, e.g. He told *me*; he gives *his friend* a cigarette; he shows *his wife* a book. In all these English sentences the word 'to' is understood and the italicised phrases must all go in the dative in Russian. Some verbs such as верить (to believe) take a dative object although it is not an indirect object in English.*

(b) Impersonal expressions. The dative is used with impersonal expressions to relate them to a specific person.

e.g. Скучно.	It is boring.
Ивану скучно.	Ivan is bored.
Холодно.	It is cold.
Мне очень холодно.	I am very cold.

As stated, impersonal adjectives are always neuter, and in the past tense these expressions take the neuter past tense of быть (to be).

e.g. Было скучно.	It was boring.
Ивану было скучно.	Ivan was bored.
Мне было очень	
холодно.	I was very cold. etc.

(c) With the prepositions по and к.
The prepositions по and к govern the dative. По has many uses. In this lesson it means 'along' or 'all over', 'round about':

по дороге	along the road
по улице	along the street
по городу	round about the town, throughout the town

к means 'towards'.

к Загорску	towards Zagorsk

* List of verbs with Dative in Appendix Part I.

With a person it often means 'to', or 'to the house of':

к Ивану	to Ivan's house, to Ivan
к милиционеру	to the policeman
к жене	to his wife

But be careful to distinguish this use of к with the dative from the pure dative in the indirect object construction. К can only be used where motion is involved.

Он даёт *отцу* газету.	He gives the newspaper to his father.
Он идёт *к отцу*.	He is going to his father.

(71) *Dative case—hard noun declension.*
Masculines and Neuters take -y.
Feminines take -e. (For dative declension of soft nouns see Lesson 10.)

Masculine:	Иван — Ивану; дом — дому; отец — отцу.
Neuter:	место — месту; утро — утру.
Feminine:	жена — жене; мама — маме; сестра — сестре.

(72) *Dative case—personal pronouns and* кто; никто; что; ничего.

Nominative	*Dative*
я	мне
ты	тебе
он/оно	ему (нему after preposition)
она	ей (ней after preposition)
мы	нам
вы	вам
они	им (ним after preposition)
кто	кому
никто	никому
что	чему
ничего	ничему

(73) *Impersonal verbs.* Russian has many verbs which are used impersonally.

становиться to become. Мне становится холодно. I am getting cold. (lit. it is becoming cold to me).

(N.B. стало is the past tense of the *perfective* form of this verb.)

казаться (1b) to seem.

> Мне кажется, что... It seems to me that...
> Мне казалось, что... It seemed to me that...

From these examples it will be seen that impersonal verbs:

1. are always used in the 3rd person singular;
2. take the neuter form in the past tense;
3. take the dative of the person or object.

(74) давно *for a long time, for ages.*

Я их уже давно знаю. I have known them for a
long time. (i.e. up to and
including the present)

Note 1. Давно involves a continuity from past to present.

Note 2. It must not be confused with долго where no link with the present exists.

Я долго сидел на скамейке. I sat on the bench for a long
time. (i.e. I am no longer
sitting there).

Note 3. Care must be taken with the tense when using давно. Russian, unlike English, tends to use the present, the logic being that the action lasts into the present.

Я их уже давно *знаю.* I *have known* them for a long
time.

Я их уже давно *знал* means   'I *had known* them for some time.' (i.e. at some time in the past.)

(75) *Sequence of tenses.*

Мне казалось, что живу в древней Руси.   I felt that I was living in old Russia.

Я слушал, как поют птицы.   (literally—I listened how the birds *are* singing.) i.e. I listened to the birds singing.

With certain Russian verbs the English sequence of tenses is not followed, e.g. with казаться, видеть etc. and many other verbs of thinking, perception and speech. Russian here has a more immediate effect and reports what was thought, perceived, said etc. in the present.

Notice particularly in indirect speech:

He said he *didn't know*.   Он сказал, что не знает.

(76) *Irregular verbs.* Note the present tense of: давáть, хотéть, петь.

(a) давать (Compare вставать, раздаваться and other verbs in -авать)

я даю́	мы даём
ты даёшь	вы даёте
он/она дает	они даю́т

(b) хотéть*   (c) петь

я хочу́	мы хоти́м	я пою́	мы поём
ты хо́чешь	вы хоти́те	ты поёшь	вы поёте
он/она хо́чет	они хотя́т	он/она поёт	они пою́т

* There is only a marginal difference between я хочу and мне хочется. Sometimes the impersonal expression suggests more spontaneity—I feel like . . .

Exercises

(1) Replace the subjects in the following sentences with the nouns/pronouns given in brackets and rewrite, changing the verb if necessary.

1. Ольга сидела в парке. (Пётр, отдыхающие, капитан, Ольга и Маша, мать)
2. Справа находился ресторан. (фабрика, телефон-автоматы, кафе, Красная площадь)
3. Он летел по маршруту Москва—Иркутск. (лётчики, моя жена, они, вы, товарищ)
4. Облик города мало-по-малу изменялся. (эти районы, всё место, мы, погода)

(2) Rewrite in the past tense. Remember that the past is formed from the infinitive, i.e. the form of the present tense may deceive you.

1. Они читают газету.
2. Иван Ильич часто даёт товарищу папиросы.
3. Мне так скучно дома.
4. Я лежу на скамейке и сплю на солнце.
5. Мария часто пишет домой?
6. Мы живём в большой московской квартире.
7. Этот милиционер никогда не застаёт преступника на месте преступления.
8. Мне так хочется спать.
9. Самолёт летит на юг.
10. Кто это кричит?

(3) Give the opposite of:

1. Борис Павлович в ресторане.
2. Анна Павловна всё понимает.
3. Все здесь смотрят телевизор.
4. Мы всегда забываем убирать квартиру.
5. У него в гостиной был телевизор.

6. Они любят работу на заводе.
7. Он любит Машу.

(4) Supply давно or долго as appropriate.

1. Мы (давно/долго) знаем Максима.
2. Обычно студенты (давно/долго) читают в библиотеке.
3. Вот Саша и Маша. Они уже (давно/долго) сидят на
скамейке.
4. Мне (давно/долго) хотелось видеть Москву.
5. Петровы (давно/долго) живут в Магнитогорске.

(5) Using the past tense, explain who was phoning whom
in the following phone calls.

Model: «Алло. Говорит Никита. Это Маша?»
        Никита звонил Маше.
1. «Алло. Говорит Сергей. Это Иван?»
2. «Алло. Говорит Ольга. Это мама?»
3. «Алло. Говорит Антон Константинович Майский.
Это товарищ Брюсов?»
4. «Алло. Говорит Ваня. Это Татьяна?»

(6) Use impersonal expressions with the dative according
to the model:

Борис говорит: Здесь хорошо. — Борису здесь хорошо.
1. Она говорит: У меня дома так приятно.
2. Иван Петрович говорит: Кажется, погода изменяется.
3. Елена Сергеевна говорит: Мне было так стыдно.
4. Они говорят: Пить хочется.
5. Мы говорим: Пора спать.
6. Он говорит: В Москве так холодно.
7. Кто говорит: Вчера было так скучно?

(7) Replace these sentences by impersonal ones.

(a) using хотеться instead of хотеть:

1. Я так хочу курить!
2. Борис и Сергей хотели играть.
3. Она хочет гулять в парке.
4. Мы хотим читать.
5. Володя хочет слушать музыку.

(b) using казаться instead of думать:

1. Иван думает, что этот район очень красивый.
2. Они думали, что облик города изменяется.
3. Она думает, что мы хорошие товарищи.
4. Почему вы думали, что пылесос не работает?
5. Сергей думает, что это я сидел на скамейке.

(8) Translate into Russian:

1. When they were travelling along the road to Murmansk the sea was gleaming in the sunshine.
2. It is not surprising that there was no reply. Didn't you know that Vladimir always spends his day off in the country?
3. For a long time I had wanted to go to Zagorsk but I didn't have a car and I'm not very fond of travelling by (=on) bus.
4. At first we found it very pleasant in the country, but yesterday we became bored.
5. Varvara always used to tell us that she knew Shostakovich but I never believed her. Her husband says that she never tells the truth.

LESSON 10

Всё хорошо, что хорошо кончается

Ва́ня о́чень люби́л чита́ть — рома́ны, пье́сы, стихи́, нау́чную фанта́стику, что попа́ло. В кни́гах, в у́тренних

газе́тах, в вече́рних газе́тах, в литерату́рных журна́лах.
Когда́ конча́л чита́ть одну́ кни́гу, сра́зу же начина́л
чита́ть другу́ю. Слова́ гипнотизи́ровали его́. Он почти́
ка́ждый день брал кни́ги в библиоте́ке, бы́стро их чита́л
и возвраща́л на друго́й день. Чита́л он не то́лько у себя́
в кварти́ре и в моско́вских библиоте́ках, но и в метро́,
в трамва́ях, в тролле́йбусах, в авто́бусах, да́же на ходу́.
Когда́ това́рищ встреча́л его́ на у́лице и говори́л:
Здра́вствуй, Ва́ня!, он ча́сто отвеча́л: Спаси́бо — не-
пло́хо! и продолжа́л чита́ть. Когда́ он обе́дал в реста-
ра́нах и почему́-либо у него́ не́ было кни́ги, он чита́л
ярлычки́ на буты́лках вина́. Когда́ он находи́лся в
телефо́н-автома́тах и ему́ на́до бы́ло звони́ть това́рищу
— да́же о́чень ми́лому това́рищу — он чита́л телефо́н-
ную кни́гу (иногда́ почти́ от нача́ла до конца́) и обы́чно
забыва́л, кому́ на́до бы́ло позвони́ть. Вот како́й Ва́ня
стра́стный чита́тель. Настоя́щий, понима́ете, чуда́к.

Почти́ ка́ждому челове́ку тру́дно встава́ть ра́но
у́тром, е́сли накану́не он по́здно лёг спать, и Ва́не,
коне́чно, бы́ло тру́дно встава́ть вообще́. Он весь ве́чер
чита́л и когда́ ложи́лся спать, чита́л да́льше в посте́ли.
Когда́ он засыпа́л, кни́га па́дала из его́ руки́, а свет всю
ночь продолжа́л горе́ть. У́тром он ре́дко слы́шал
буди́льник и обы́чно о́чень по́здно просыпа́лся. Глаза́ у
него́ боле́ли, и он никогда́ не понима́л, почему́ ещё
гори́т свет.

Разуме́ется, он всегда́ опа́здывал на рабо́ту. К сча́-
стью, нача́льник у него́ был симпати́чный, терпели́вый
челове́к, кото́рый ре́дко серди́лся и закрыва́л глаза́ на
э́то.

Но одна́жды Ва́ня опозда́л на полчаса́. Ему́ показа́-
лось, что э́того никто́ не заме́тил. и он напра́вился к
своему́ обы́чному ме́сту. В э́тот день на́шему геро́ю не
повезло́. Он уви́дел, что на его́ ме́сте сиди́т незнако́мый
челове́к, кото́рый приста́льно смо́трит на него́. Незна-

кóмец очевѝдно замéтил егó. Вáня обратѝлся к красѝвой дéвушке, котóрая сидéла рýдом, и спросѝл:

— Óля, кто э́то сидѝт там?

— Это наш нóвый начáльник, Соколóв — сказáла дéвушка.

Бедá!

Тепéрь незнакóмый Соколóв обратѝлся к нáшему стрáстному читáтелю и объяснѝл емý, что нáдо исправиться, что он ужé знáет все истóрии о будѝльниках и т.д., и т.д.

Рабóчий день кóнчился. Вáня задýмчиво напрáвился к двéри, и начáльник многозначѝтельно сказáл «До свидáния». Вáня вернýлся домóй и дáже забы́л купѝть себé вечéрнюю газéту. Он рáно поýжинал, сел в крéсло, взял бы́ло кнѝгу, но передýмал и решѝл сейчáс же лечь спать. Час спустя́ он вы́ключил свет, заснýл и крéпко спал до утрá. Он рáно проснýлся, бы́стро встал, вы́пил чáшку кóфе и поéхал на рабóту.

Да, Вáня испрáвился. Тепéрь он ужé не читáет так стрáстно; ярлычкѝ и телефóнные кнѝги бóльше не интересýют егó. Он тóлько читáет ярлычкѝ, когдá хóчет узнáть, что в буты́лке нахóдится. И глазá у негó ужé не боля́т.

Vocabulary

кончáть(ся), кóнчить(ся)	to end, to cease, to stop (doing something)	ýтренний	morning (adj.)
		вечéрний	evening (adj.)
		литератýрный	literary
всё хорошó, что хорошó кончáется	all's well that ends well	журнáл	magazine, journal
		одѝн/однó/однá	one
пьéса	play (theatre)	срáзу же	immediately
научный	scientific	начинáть,	
научная фантáстика	science fiction	начáть	to begin, to start
что попáло	any old thing	(за)гипнотизѝровать	to hypnotise

почти́	almost
брать (беру́, берёшь etc.) взять	to take
брать кни́гу в библиоте́ке	to get a book from the library
бы́стрый	fast, quick
возвраща́ть(ся), верну́ть(ся)	to return
на друго́й день	the next day
себя́	(see note) oneself
на ходу́	while walking, on the move
продолжа́ть, продолжи́ть	to continue
почему́-либо	for some reason
ярлычо́к (gen. ярлычка́)	label
буты́лка	bottle
вино́	wine
на́до	one must, it is necessary etc.
мне на́до	I must
ми́лый	dear, kind
телефо́нная кни́га	telephone directory
нача́ло	beginning
от нача́ла до конца́	from beginning to end
стра́стный	passionate
чита́тель	reader
чуда́к	an eccentric
тру́дный	difficult
ра́но	early
у́тром	in the morning
е́сли	if
накану́не	the day before
ложи́ться, лечь (past лёг, легло́,	

легла́, легли́)	to lie down
ложи́ться спать	to go to bed
вообще́	in general, altogether
да́льше	further, on (often used with verb =continue)
засыпа́ть, засну́ть	to go to sleep
па́дать, упа́сть (past упа́л)	to fall
рука́	hand; arm
свет	light
ночь (f.)	night
(с) горе́ть	to burn
ре́дко	rarely, seldom
буди́льник	alarm clock
просыпа́ться, просну́ться	to wake up (not somebody else)
глаз (pl. глаза́)	eye
боле́ть (боли́т, боля́т)	to ache, be sore
разуме́ется	of course, it goes without saying
опа́здывать, опозда́ть (на рабо́ту)	to be late (for work)
к сча́стью	fortunately, luckily
нача́льник	boss
симпати́чный	likeable, nice, 'sympathique'
терпели́вый	patient
кото́рый (see note)	which, who (relative)
(рас)серди́ться (сержу́сь)	to be angry

закрыва́ть,
закры́ть to close, shut

закрыва́ть
глаза́ на+ to turn a blind eye
accusative to

одна́жды once, on one
occasion, one
day

полчаса́ half an hour

опозда́ть на to be half an hour
полчаса́ late

показа́ться,
perfective
of каза́ться to seem

замеча́ть,
заме́тить to notice

направля́ть-
ся, к+,
dative,
напра́-
виться to make for

свой (see my, your etc. (re-
note) flexive) one's
own

геро́й hero

(мне) повезло́ (I was lucky)
(present
мне везёт)

уви́деть, perf.
of ви́деть to see

(не)знако́-
мый (un)familiar

незнако́мец stranger

очеви́дно obviously

при́стально fixedly

(смотре́ть (to stare at)
при́стально
на+асс.)

обраща́ться, to turn to some-
к+dative, body, to
обрати́ть- address
ся, к+
dative

спра́шивать,
спроси́ть to ask, enquire

сказа́ть, per-
fective of
говори́ть to say, to tell

беда́ calamity

объясня́ть,
объясни́ть to explain

исправля́ть-
ся, испра́-
виться to mend one's
ways, turn over
a new leaf

рабо́чий день working day

заду́мчивый pensive, thoughtful

дверь (f.) door

многозначи́-
тельный significant

забы́ть, per-
fective of
забыва́ть to forget

покупа́ть,
купи́ть to buy

(по)у́жинать to have supper

сесть (past
сел), per-
fective of
сади́ться to sit down; get
onto (a vehicle)

бы́ло was on the point
of (see note)

передумы́-
вать, пере-
ду́мать to change one's
mind

реша́ть,
реши́ть to decide

сейча́с же immediately

выключа́ть,
вы́ключить to switch off

кре́пкий strong

кре́пко спать to sleep soundly

до+genitive until

встать, per-
fective of
встава́ть to get up, to
stand up

вы́пить, per- fective of		бо́льше	more
пить	to drink	(за)интересо- ва́ть (инте-	
ча́шка	cup	ресу́ю,	
пое́хать, per- fective of		-у́ешь etc.)	to interest
		узна́ть, per-	
е́хать	to go, travel etc.	fective of	to find out, to
уже́ не	no longer	знать	learn, hear

Language notes

(77) *Aspects of the verb.* In previous lessons verbs in both present and past tenses and in the infinitive have been used, with very few exceptions, in the *imperfective* aspect, but in the present lesson we meet verbs in the *perfective* aspect as well. The concept of aspect has no real equivalent in English and can be said in many respects to be the Russian way of compensating for a very simple tense system. The same kind of criteria are normally applied to determine aspect whatever form of the verb is involved (there are some exceptions to this) but we shall confine ourselves at the moment to the past tense.

We shall consider the difference between the aspects under two main headings at this stage.

(a) Imperfective—an action in progress at some time, where attention is not being focussed on its beginning or end.

Perfective—an action where interest is centred on completion or successful outcome.

Consider these two examples:

1. A: Вы читали «Анну Карени́ну»?   Have you read *Anna Karenina*?
   B: Да, чита́л.   Yes, I have.
2. A: Вы прочита́ли «Анну Карени́ну»?   Have you finished reading *Anna Karenina*?

B: Да, прочитал.

Почему?   Yes I have. Why?

A: Хочу вернуть книги   I want to return the books to
в библиотеку.   the library.

In the first example, A wants to have the fact confirmed that B has read Tolstoy's novel. The conversation might well develop into a discussion of the book. In other words A is interested in the very fact of B's having read it. Thus the verbs читали (in the question) and читал (in the answer) are imperfective.

In the second example A's question is more specific—he wants to know if B has *finished* reading the book, as he wants to return it to the library. Where interest is centred on the completion of an action, the perfective verb (прочитали) is used.

In both cases the book has been read from beginning to end. But what is relevant here is not an actual difference in what happened in each case, but the attitude of the speaker, the *aspect* of what happened that concerns him.

Thus we see the first criterion to be used in deciding on the correct aspect. The imperfective establishes the fact of an action taking place ('action' being used in its broadest sense to cover many different types of verb). The perfective draws attention to the completion of the action.

(b) Imperfective—When actions occur with any degree of frequency (every Saturday, twice a month, usually etc.) the imperfective aspect is used. This accounts for the use of the imperfective in the first two paragraphs of the text.

Perfective—When an action occurs only once, the perfective aspect is used whenever either completion (see (a)) is emphasised or single actions of short duration are involved.

Consider these two examples from the text:

1. Он всегда *опаздывал* на работу.   (Imperfective)
He was always late for work.

2. Однажды Ваня *опоздал* на полчаса. (Perfective)
   One day Vanya was half an hour late.

In these two examples the difference between the frequent occurrence in 1. and the single occasion in 2. is brought ont by the use of the different aspects.

Other examples of the use of the perfective to describe a single action of short duration occur in the text:

Он *направился* к своему обычному месту.
Ваня *обратился* к Ольге.
Рабочий день *кончился*.
Он *сел* в кресло.
Он *выключил* свет, etc.

Sometimes other words in a sentence can give one a clue as to aspect. Thus e.g. adverbs of time such as долго (emphasising length of time), часто, всегда (emphasising repetition) and often adverbs of manner (emphasising process rather that result) will tend to be found with imperfective verbs. Words like сразу же, вдруг (emphasising suddenness and short duration) will tend to be used with the perfective.

N.B. It is as well to point out at this stage that the problem of aspect is a complex one and that there are many cases where the distinction between the aspects will be slight and subtle. These are guide-lines rather than rules, and do not cover many specific instances of aspectival usage which go beyond the scope of the present book. However, some of these instances will be considered later.

78) *Aspects of the verb. Various ways of forming perfective verbs.* From now on new verbs will be listed in both their imperfective and perfective forms* (apart from a few verbs

---

* In the vocabularies the verbs are listed in pairs, the imperfective preceding the perfective. In the case of verbs which form their perfective by adding a prefix, the perfective prefix is given in brackets.

which do not have both aspects). Normally some definite family resemblance can be seen between the two aspects.

The main ways in which perfective infinitives differ from imperfective ones are:

(a) The addition of a prefix:

Imperfective			*Perfective*	
пить	(prefix — вы-*)	вы́пить	to drink
е́хать	(prefix — по-)	пое́хать	to drive
знать	(prefix — у-)	узна́ть	to know
серди́ться	(prefix — рас-)	рассерди́ться	to be angry
у́жинать	(prefix — по-)	поу́жинать	to have supper
ви́деть	(prefix — у-)	уви́деть	to see

(b) Changing from 1st to 2nd conjugation:

конча́ть(ся)	ко́нчить(ся)	to finish
объясня́ть	объясни́ть	to explain
реша́ть	реши́ть	to decide
выключа́ть	вы́ключить*	to switch off
покупа́ть	купи́ть	to buy

(the only verb in Russian which *loses* a prefix in the perfective).

Sometimes there is a change in stem as well as in conjugation. (This type of modification has been already noted with regard to the 1st person singular of many 2nd conjugation verbs—see note (40).)

исправля́ться	испра́виться	to turn over a new leaf
направля́ться	напра́виться	to make for
замеча́ть	заме́тить	to notice
обраща́ться	обрати́ться	to turn to, address
спра́шивать	спроси́ть	to ask

* Perfective verbs in вы- are always stressed on the prefix.

(c) Changing the stem (usually more radically than in (b) and not involving a change to 2nd conjugation):

опа́здывать	опозда́ть	to be late
встава́ть	встать	to get up, stand up
просыпа́ться	просну́ться	to wake up
засыпа́ть	засну́ть	to go to sleep
начина́ть	нача́ть	to begin

(d) Modifying the suffix:

забыва́ть	забы́ть	to forget
переду́мывать	переду́мать	to change one's mind
закрыва́ть	закры́ть	to close

(e) Changing the word completely. A small group of verbs, including some very common ones, form their aspects from unconnected, or sometimes tenuously connected roots.

возвраща́ть(ся)	верну́ть(ся)	to return
говори́ть	сказа́ть	to speak, say
ложи́ться*	лечь	to lie down
сади́ться*	сесть	to sit down; get on
брать	взять	to take

(79) *Modification of meaning in perfective*. Some verbs in their perfective aspect undergo a modification of meaning with the result that the two aspects may be rendered by different verbs in English.

(a) говорить   to talk, to speak
    сказать   to say (often with conversation quoted)

---

* A small group of verbs is reflexive in imperfective, non-reflexive in perfective.

Он говорил громко.   He was talking loudly.
Он сказал «Здравствуйте!»   He said 'Hello'.

(b) видеть   to see
    увидеть   to catch sight of

Мы давно не видели его.   We hadn't seen him for a
                              long time.
Я увидел его вчера на   I caught sight of him yester-
    вокзале.   day at the station.

(Similarly слышать/услышать to hear)

(c) знать   to know
    узнать   to get to know, i.e. to learn, hear, find out

Я не знал, что он русский.   I didn't know that he was
                              Russian.
Я узнал вчера, что он в   I heard yesterday that he
    Владивостоке.   was in Vladivostok.

(d) ехать   to go, drive
    поехать   to set off, to leave

Мы ехали быстро.   We drove fast.
Мы поехали рано утром.   We left early in the morning.

(Similarly with all verbs of motion, the prefix по- frequently
indicates the beginning rather than the completion of the
journey.)

(80) *Imperfective infinitive after certain verbs.*
   The verbs начинать/начать to begin; кончать/кончить
to finish; and продолжать/продолжить to continue, are
never followed by the perfective infinitive.

Он начал читать.   He began to read.
Он продолжал читать.   He continued reading.
Он кончил читать.   He finished reading.

(81) *Dative case of soft nouns.* In the previous lesson the dative singular of hard nouns was given.
The soft declension is as follows:

Soft masculine and neuter -ю: читателю, морю
soft feminine in -ь and -ия -и: ночи, истории
Soft feminine in -я -е: Соне

Thus the dative singular can be tabulated like this:

	Masculine			Neuter	
Nominative:	стул	герой	читатель	место	счастье
Dative:	стулу	герою	читателю	месту	счастью

	Feminine			
Nominative:	Ольга	Таня	ночь	история
Dative:	Ольге	Тане	ночи	истории

(82) *Dative case of adjectives.*

Hard masculine and neuter:

ending — ому   милому; большому; русскому

Soft masculine and neuter:

ending — ему   синему; вечернему; хорошему

Hard feminine:

ending — ой   милой; большой; русской

Soft feminine:

ending — ей   синей; вечерней; хорошей

Possessive adjectives in dative. As in all the oblique cases the endings are soft.

Masculine and neuter: моему твоему нашему вашему
Feminine: моей   твоей   нашей   вашей

Note the difference in stress (which occurs throughout their declension) between мой/твой and наш/ваш

(83) *Dative case of* весь *and* этот.

	Nominative	*Dative*	*Nominative*	*Dative*
Masculine:	весь		э́тот	
Neuter:	всё	всему́	э́то	э́тому
Feminine:	вся	всей	э́та	э́той

(84) *Reflexives.* себя́ and свой.

(a) себя́. The full form of the reflexive verb ending -ся is the pronoun себя (oneself, myself, himself etc.). The reflexive pronoun always *refers* to the subject of a clause, thus cannot itself be a subject. Себя́ is the form in accusative and genitive; it declines in all cases like тебя.
e.g. in the dative—себе́.

Он забыл купить себе газету.	He forgot to buy *himself* a newspaper.

Consider the phrase: Он читал у себя в квартире.
He read in his flat.

The two cardinal points to note are:

1. If the sentence read Он читал у него в квартире—the subject of the sentence—он—could not be the owner of the flat.

i.e.   He (e.g. Ivan) was reading in his (e.g. Vladimir's) flat.

2. The meaning of себя will always depend on the subject of the clause.

e.g.   Я смотрел телевизор у *себя* в комнате.
I was watching television in *my* room.
Они сказали *себе*, что надо совсем забыть об этом.
They told *themselves* that they must forget all about it.

(b) свой. The reflexive possessive adjective is свой (declined like твой).

Он направился к *своему* обычному месту.
He made for his usual place.

As with себя, the meaning of свой will depend on the subject.

cf.   Я направился к *своему* обычному месту.
I made for *my* usual place.

N.B. Possessive adjectives, whether мой/твой etc. or свой are frequently omitted except where possession is particularly stressed or where ambiguity would arise from its omission.

Он встречает товарища.   He is meeting his friend.

The use of свой is obligatory in the 3rd person singular and plural, if a possessive adjective is used. Его, её and их will always refer to someone other than the subject.

(85) *Expressions of time with* весь. Expressions of time with parts of весь go in the accusative as with каждый (see note (47))—всю ночь.

весь день   all day
всё утро   all morning etc.

The nominative and accusative cases of весь are as follows:

Nominative: masc. весь neuter всё fem. вся pl. все
Accusative: весь   всё   всю   все

(86) *Relative pronouns.* The relative pronoun is кото́рый (which, who etc.). It declines like a normal adjective and must agree in gender and number with its antecedent.

девушка, которая...   the girl who ...
девушки, которые...   the girls who ...

However, as in all inflected languages, its case will depend on its function in its own clause.

cf. text Ваня обратился к красивой *девушке, которая* сидела рядом.

Vanya turned to an attractive girl (antecedent—dative), who (subject of clause—nominative) was sitting nearby.

(87) *Prepositional plural.*

Nouns   Hard nouns take the ending -ах
            Soft nouns take the ending -ях
Hard: в рестора́нах; в авто́бусах; о буди́льниках; на вокза́лах
Soft: в трамва́ях; о геро́ях; на днях

N.B. Remember the spelling rule: e.g. ночь — о но́чах

Adjectives   Hard adjectives take the ending -ых
                 Soft adjectives take the ending -их
Hard: краси́вых; больны́х; чёрных
Soft: си́них; хоро́ших; у́тренних

Possessive adjectives   soft endings

мой — мои́х, на́ши — на́ших,
твой — твои́х, ва́ши — ва́ших.

Pronouns все and эти

все — всех
э́ти — э́тих

(88) *Prepositions with means of transport.*

на—the emphasis is on the particular means of transport and is used primarily with ехать/ездить

— Как вы ехали? — На
   авто́бусе.   How did you travel? By bus.

в—the emphasis here is on something incidentally taking place on a bus, tram etc.

| Студенты пели в автобусе. | The students were singing on the bus. |

(89) смотреть. The verb is used transitively with телевизор, фильм etc.

| Ивановы смотрят телевизор. | The Ivanovs are watching television. |

Otherwise it is used with на + Accusative.

| Почему вы так смотрите на меня? | Why are you looking at me like that? |

(90). было. This word is used with past perfective verbs to indicate that a projected course of action was not in fact carried out.

| Ваня взял было книгу, но передумал. | Vanya was going to take up his book but changed his mind. |

(91) *Verbs in* -овать/-евать. Many of these verbs are imports from other languages, as will easily be seen from the verbs интересовать (to interest); гипнотизировать (to hypnotise). Some may not be immediately recognisable such as нокаутировать (to knock out).

The past tense of these verbs is formed regularly from the infinitive:

интересовал; интересовало; интересовала; интересовали.

However in the present tense the -ова- or -ева- changes to у.

я интересую	мы интересуем
ты интересуешь	вы интересуете
он интересует	они интересуют

Exercises

(1) Rewrite the following sentences in the past tense, replacing the imperfective verbs with perfective ones wherever possible.

1. Серёжа объясняет отцу, что Володя едет в Новосибирск.
2. Виктор покупает газету в магазине напротив.
3. Лизавета поздно возвращается домой.
4. Мои товарищи пьют кофе.
5. Что она говорит, когда отец выключает радио?
6. Я часто вижу Антона в институте.
7. Когда вы начинаете ужинать?
8. Каждый день он встаёт рано утром.
9. Я не замечаю, что они делают там.
10. Мы все знаем, что он уже поехал в Тбилиси.

(2) Choose the appropriate aspect in the following and give the correct form of the past tense.

1. Она (обращаться/обратиться) к студенту и (спрашивать/спросить) его, почему он (опаздывать/опоздать).
2. Вчера мы (знать/узнать), что Ваня (покупать/купить) себе новую машину.
3. Наши товарищи уже (ложиться/лечь) спать.
4. «Почему вы не (видеть/увидеть) Игоря в Сочи?» «Знаете, он уже (ехать/поехать) домой.»
5. Маргарита всегда (закрывать/закрыть) глаза в полдень и (засыпать/заснуть) на полчаса.
6. Варвара (садиться/сесть) было в кресло, но (передумывать/передумать) и (решать/решить) лечь на диван.
7. Он (пить/выпить) водку с удовольствием.
8. Вчера мы долго (ужинать/поужинать), а потом (начинать/начать) читать вечерние газеты.

(3) Substitute the words on the right for the italicised word in each sentence.

1. *Ивану* сегодня повезло. Маша; наш преподаватель; Игорь Петрович; мой московский товарищ; эта бедная девушка; они

2. Петя направлялся к *Ленинграду*. Ялта; своё любимое место; Чёрное море; Русский музей; картинная галерея; синяя дверь; парк культуры и отдыха

3. Туристы часто ездят по *городу*. эта широкая дорога; советская столица; южная Сибирь; весь район; этот маршрут

(4) Use the prepositional plural of appropriate nouns to answer these questions (obviously more than one answer is possible):

1. Где вы читаете книги?
2. Где вы обедаете?
3. Где показывают пьесы?
4. Где показывают картины?
5. Где вы слушаете музыку?
6. Где работают студенты?
7. Где мы спим?
8. Как москвичи ездят в центр столицы?

(5) Supply the correct form of the relative pronoun in the following:

1. Это мой отец, котор... так громко говорит.

2. Катя работает на заводе, котор... вывозит зонтики в Манчестер.
3. Это человек, котор... никто не верит.
4. Вот дорога, по котор... она ехала.
5. Всё утро мы не замечали человека, котор... стоял там в углу.

(6) Answer the following questions on the text in Russian:

1. Ваня читал, когда ходил по городу?
2. Когда обычно отвечаешь: «Спасибо — неплохо!»?
3. Почему Ваня часто забывал, кому надо позвонить?
4. Почему Ване часто было трудно вставать?
5. Что у Вани болело, когда он просыпался?
6. Какой был его начальник?
7. Когда Ване не повезло?
8. Кто был незнакомец, который сидел на месте Вани?
9. Это был симпатичный, терпеливый человек?
10. Как наконец изменилась жизнь Вани?

(7) Translate into Russian:

1. The day before he read the whole book from beginning to end, so that it's not surprising that his eyes are so sore.
2. Poor Vanya! He found it very difficult (impersonal) to explain to his new boss why he was always late for work. Unfortunately Sokolov is not a very patient person. And yesterday Vanya was half an hour late. Sokolov was very angry.
3. The programme didn't interest her. She turned off the television, went to bed and slept soundly till the morning.
4. Igor turned to his neighbour and asked him who the stranger was, who was sitting nearby. (Care! Tense?)
5. Muscovites travel around their beautiful capital city on trams, buses, trolleybuses and on the underground.

LESSON 11

Мистер Грант едет автобусом

Алекса́ндр Константи́нович Орло́в рабо́тает инжене́ром на одно́м моско́вском автозаво́де. Неда́вно посети́ла заво́д небольша́я делега́ция из А́нглии. Орло́ву осо́бенно понра́вился оди́н молодо́й англича́нин; но все чле́ны делега́ции бы́ли специали́сты и они́ весь день задава́ли техни́ческие вопро́сы и обсужда́ли совреме́нную сове́т-скую промы́шленность, так что нельзя́ бы́ло позна-ко́миться с ним на заво́де. Ми́стер Грант — так зову́т э́того молодо́го англича́нина — всё вре́мя слу́шал внима́тельно и писа́л карандашо́м. Во вре́мя обе́денного переры́ва, одна́ко, мо́жно бы́ло поговори́ть с ним и пригласи́ть его́ домо́й в го́сти. Англича́нин с удово́льствием при́нял приглаше́ние.

И вот ве́чером на друго́й день они́ с англича́нином стоя́т на авто́бусной остано́вке пе́ред автозаво́дом и ждут авто́буса.

Грант: Скажи́те, господи́н Орло́в, вы с рабо́ты всегда́ е́дете домо́й авто́бусом?

Орло́в: Ну, иногда́ трамва́ем, но обы́чно авто́бусом, да. Ви́дите, э́то для меня́ о́чень удо́бно, так как есть остано́вка совсе́м недалеко́ от моего́ до́ма. К тому́ же, мо́жно и на метро́, то́лько с переса́д-кой.

Грант: Вот и авто́бус идёт. Там за пло́щадью.

Орло́в: То́лько не наш. Нам ну́жен тре́тий. Ну, ничего́. Авто́бусы по э́тому маршру́ту хо́дят с интер-ва́лом в три мину́ты.

Грант: Да, вот тре́тий уже́ идёт.

Орло́в: Хорошо́. У вас пятачо́к есть?

Грант: У меня́ ка́жется, совсе́м нет ме́лочи.

Орло́в: Ничего́. У меня́ есть. Вот вам.

Грант: Спаси́бо. То́лько не ви́жу на́шего конду́ктора.

Орло́в: Тепе́рь все моско́вские авто́бусы рабо́тают без конду́ктора. На́до про́сто опусти́ть моне́ту в ка́ссу и поверну́ть ру́чку. Вот ваш биле́т.

Грант: Спаси́бо. О́чень хорошо́. А ра́зве все пассажи́ры покупа́ют биле́ты? Зна́чит, е́сли нет конду́ктора…

Орло́в: Быва́ют, коне́чно, ра́зные несозна́тельные лю́ди, кото́рые е́здят без биле́та. Кста́ти, зна́ю одного́ тако́го за́йца. Жил он как раз над на́шей кварти́рой.

Грант (смеётся): Я то́же зна́ю одного́ ру́сского за́йца, но э́то бы́ло у Крыло́ва. Не понима́ю вас.

Орло́в: О, прости́те. Мы так называ́ем челове́ка, кото́рый е́дет без биле́та. Ну, насчёт э́того за́йца. Э́то был его́ постоя́нный маршру́т. Како́й-то пассажи́р заме́тил, что он не купи́л биле́та. Его́ оштрафова́л контролёр и все пассажи́ры закрича́ли на него́. С тех пор он бои́тся сади́ться на авто́бус.

Грант (смеётся): Ка́жется, не так уж про́сто быть ме́лким престу́пником в Сове́тском Сою́зе! Кста́ти, вы ещё не купи́ли себе́ биле́т.

Орло́в: Ви́дите, я ка́ждый день е́зжу авто́бусом. В нача́ле ка́ждого ме́сяца покупа́ю ме́сячную ка́рточку. Вот она́. Нет, Ми́стер Грант, я не за́яц! (смеётся) Ну, прие́хали. Нам выходи́ть на сле́дующей остано́вке. Наш дом как раз за угло́м.

Vocabulary

инжене́р	engineer	посеща́ть,	
оди́н	a certain	посети́ть	to visit
автозаво́д	motor car factory	небольшо́й	small(ish)
неда́вно	recently	делега́ция	delegation

Áнглия — England

(по)нра́вить- ся (нравлю́сь, нра́вишь- ся)+dative — to please, see note (100)

молодо́й — young

англича́нин — Englishman

член — member

специали́ст — specialist

обсужда́ть, обсуди́ть — to discuss

задава́ть вопро́с, зада́ть вопро́с — to ask a question

техни́ческий — technical

вопро́с — question

сове́тский — Soviet

промы́шлен- ность (f.) — industry

нельзя́ (im- personal with dative) — it is impossible; one must not

(по)знако́- миться (знако́м- люсь etc.) c+inst. — to meet, make the acquaintance of

c+instru- mental — with

(по)зва́ть (зову́, зовёшь) — to call

вре́мя (n.) — time

внима́тель- ный — attentive

каранда́ш — pencil

во вре́мя+ genitive — during

одна́ко — however

(обе́денный) переры́в — (lunch) break

поговори́ть (perfective) — to have a chat

приглаша́ть, пригласи́ть — to invite

гость (m.) — guest

приглаша́ть в го́сти — to invite to one's house

принима́ть, приня́ть — to accept

приглаше́ние — invitation

авто́бусная остано́вка (на+pre- positional =at) — bus stop

пе́ред +instru- mental — in front of

(подо)жда́ть (жду, ждёшь) +genitive — to wait for (see Lesson 18, note (197))

господи́н — Mister (see note at foot of vocabu- lary)

c+genitive — off, from (see note (99))

для+genitive — for

удо́бный — comfortable; convenient

так как — as

переса́дка — change (of train, bus etc.)

де́лать переса́дку — to change (train, bus etc.)

за+instru- mental — behind; beyond

ну́жен/ ну́жно/ нужна́/ нужны́ — necessary, to need (see note (102))

тре́тий — third

интерва́л — interval

с интер- ва́лом в 3 мину́ты	every three minutes
пятачо́к	5 kopeck piece
ме́лочь (f.)	small change
конду́ктор (pl. кон- дуктора́)	conductor
рабо́тать	to operate (of bus, lift etc.)
без + genitive	without
опуска́ть, опусти́ть	to drop (inten- tionally)
моне́та	coin
ка́сса	till, cash box; ticket office
повора́чи- вать, поверну́ть	to turn (a handle etc.)
ру́чка	handle
биле́т	ticket
пассажи́р	passenger
ра́зный	various
несозна́тель- ный	irresponsible, falling down on social responsi- bilities
лю́ди (plural of челове́к)	people
за́яц (gen. за́йца)	hare; person travelling with- out ticket
как раз	just, immediately
над + instru- mental	above
(за)смея́ться (смею́сь, смеёшься)	to laugh
у + genitive	in (the writings of)

прости́те	sorry, I beg your pardon
называ́ть, назва́ть	to call (see note)
насчёт + genitive	as regards, con- cerning
постоя́нный	regular, invariable constant
како́й-то (о)штрафо- ва́ть	some . . . or other to fine
контролёр	ticket collector
(за)крича́ть (кричу́, кричи́шь) на + acc.	to shout at
с тех пор	since then
боя́ться (бою́сь, бои́шься) + gen.	to be afraid of
не так уж про́сто	it's not all that simple
ме́лкий	petty, small time, small
престу́пник	criminal
Сове́тский Сою́з	Soviet Union
ещё не	not yet
ме́сяц	month
ме́сячный	monthly
ме́сячная ка́рточка	season ticket (for month)
приезжа́ть, прие́хать	to arrive (by vehicle)
выходи́ть, вы́йти	to go out, to get off
сле́дующий	next, following
за угло́м	round the corner

господи́н—Pre-1917 form of address, superseded by това́рищ, now
only used between Russians and foreigners.

Крыло́в was the Russian La Fontaine. He lived from 1768 to 1844.

Many of his fables have passed into the language as proverbs. Most Russians know many of them by heart. The fable about the hare relates how the hare claims to have played a leading part in a joint undertaking by all the animals to kill the bear. As a reward he is given a tuft of the bear's ear which he now wears as a tail. Moral—boasters who have done nothing to help often get a reward when the spoils are shared out.

Language notes

(92) *Instrumental case—uses.* As with the other cases, the instrumental has various functions, some of which occur in this lesson.

(a) It can denote the *instrument* or agent of an action.

Он писал *карандашóм*.	He wrote in (literally 'with') pencil.

(b) It can denote means of transport.

Он едет *автóбусом/трамвáем*.	He is going by bus/by tram.
Он летит *самолётом*.	He is going by plane.

Note that these are alternatives to на автобусе/на трамвае/на самолёте.

(c) It can denote the capacity in which someone is working.

Он рабóтает *инженéром*.	He is working as (=in the capacity of) an engineer.

(d) It can denote time with certain nouns, notably:

ночь	— нóчью	at night
ýтро	— ýтром	in the morning
день	— днём	during the day

ве́чер	— ве́чером	in the evening
зима́	— зимо́й	in winter
весна́	— весно́й	in spring
ле́то	— ле́том	in summer
о́сень	— о́сенью	in autumn

(e) It is the usual complement of the verb 'to be'

быть *ме́лким престу́пни-*
    ком   to be a petty criminal

Note that the instrumental can only be used when part of the verb быть is present. Thus in the present tense:

Он ме́лкий престу́пник.   (nominative) He is a petty
                             criminal.

(For a comparison of nominative and instrumental with the *past tense* of быть, see note (131)).

(f) It is used with a small number of prepositions. Those encountered here are:

с—*with.*

Мы познако́мились с ним.   We became acquainted with
                             him.
Он идёт в кино́ с сестро́й.   He is going to the cinema
                             with his sister.

N.B. This usage must not be confused with the construction with pure instrumental.

cf. Он пи́шет каран-   He is writing in pencil.
        дашо́м.   (using as an instrument)
     Он идёт с бра́том.   He is going with his brother.
                             (accompanied by)

перед—*in front of*

перед автозаводом   in front of the motor car
                                        factory

перед can also mean 'just before':

перед завтраком   just before lunch

   за—*behind, beyond*

за домом   behind the house
за площадью   beyond the square
за углом   round the corner

   над—*over, above*

над рекой   above the river

Note that prepositions are notoriously difficult to pin down; exact English equivalents are not always possible. They also have many uses not covered by the above which will be encountered later.

(93) *Nouns in the instrumental singular.*

   Hard masculine and neuter -ом

вéчер — вéчером;   лéто — лéтом.

Hard feminine -ой

пересáдка — пересáдкой.

   Soft masculine and neuter -ем (-ём if stressed)

трамвай — трамвáем;   день — днём;   мóре — мóрем.

   Soft feminine in -ь -ью

плóщадь — плóщадью.

   Soft feminine in -я -ей (-ёй if stressed)

семья́ — семьёй;   Сóня — Сóней.

Thus we have the table:

	Masculine			Neuter	
Nominative:	стул	герóй	день	лéто	мóре
Instrumental:	стýлом	герóем	днём	лéтом	мóрем

	Feminine		
Nominative:	ночь	Сóня	семья́
Instrumental:	нóчью	Сóней	семьёй

(94) *Adjectives and possessive adjectives in the instrumental singular.*

Adjectives

Hard masculine and neuter	-ым	краси́вый/краси́вое — краси́вым
Soft masculine and neuter	-им	си́ний/си́нее — си́ним
Hard feminine	-ой	краси́вая — краси́вой
Soft feminine	-ей	си́няя — си́ней

N.B. The spelling rule must be remembered in the masculine/neuter instrumental:

мелким преступником

Possessive adjectives

| Masculine and neuter: | мои́м | твои́м | на́шим | ва́шим |
| Feminine: | мое́й | твое́й | на́шей | ва́шей |

(95) *Pronouns in the instrumental.*

Personal pronouns		*Other pronouns*	
я	мной	кто**	кем
ты	тобóй	что**	чем

** Similarly никтó and ничегó.

Personal pronouns		*Other pronouns*	
он/оно	(н)им*	весь	
она	(н)ей*	всё	} всем
мы	на́ми	вся	всей
вы	ва́ми	э́тот	
они	(н)и́ми*	э́то	} э́тим
		э́та	э́той
		оди́н	
		одно́	} одни́м
		одна́	одно́й

(96) *Они́* с англичанином. Russian frequently uses this construction, whereby the English (singular) pronoun becomes plural in Russian by including the second person involved. The verb is therefore also plural.

Similarly   Мы с Та́ней   Tanya and I
            Мы с тобо́й   you and I   etc.

Note 'Он и англичанин' would also be correct.

(97) *Adjectives and possessive adjectives in the genitive singular.*

Adjectives

Hard masculine and neuter -ого (N.B. pronounced ово):
краси́вый — краси́вого;   молодо́й — молодо́го.

Soft masculine and neuter -его (N.B. pronounced ево, cf. сего́дня, его́):

си́ний — си́него;   хоро́ший — хоро́шего.

Hard feminine -ой:

краси́вая — краси́вой;   молода́я — молодо́й.

* See note (39).

Soft feminine -ей:

си́няя — си́ней; хоро́шая — хоро́шей.

Possessive adjectives

Masculine and neuter: моего́ твоего́ на́шего ва́шего
Feminine: моей твоей на́шей ва́шей

(98) *Pronouns in the genitive singular.* (Genitive of personal pronouns see note (39).)

кто*	кого́
что*	чего́
весь⎫ всё⎬	всего́
вся	всей
э́тот⎫ э́то⎬	э́того
э́та	э́той
оди́н⎫ одно́⎬	одного́
одна́	одно́й

(99) *Prepositions with the genitive.* So far we have met y; до; от; из. In this lesson there also occur:

во время—*during* (*literally in the time of*)
во время обеденного перерыва during the lunch break

   (N.B. время is one of a small group of nouns ending in -мя which are all neuter.)

   для—*for*

для него   for him
для её мужа   for her husband

   * Similarly никто́ and ничего́.

без—*without*

без билета	without a ticket
без кондуктора	without a conductor

насчёт—*as regards, concerning*

насчёт нашего товарища	as regards our friend

с—*from, off* (N.B. Do not confuse with с + instrumental = with)

с пола	off the floor (на пол onto the floor)
с юга	from the south (на юг to the south)

Note. The choice of preposition for *from*, *out of*, *off* will always depend on which preposition is used for *to* and *at*. This can be tabulated as follows:

куда (where to)	где (where)	откуда (where from)
в + *accusative*	в + *prepositional*	из + *genitive*
в комнату	в комнате	из комнаты
в город	в городе	из города
в театр	в театре	из театра
на + *accusative*	на + *prepositional*	с + *genitive*
на стул	на стуле	со стула*
на концерт	на концерте	с концерта
на почту	на почте	с почты
на север	на севере	с севера
к + *dative*	у + *genitive*	от + *genitive*
к двери	у двери	от двери
к Ивану	у Ивана	от Ивана
ко мне*	у меня	от меня

(100) нра́виться. This verb literally means 'to be pleasing' and governs the dative. It is normally translated 'to like'.

* See note (64).

Note that the object of the English sentence (I like *him*) becomes the *subject* of the Russian (Он нравится мне.)

Орлову понравился молодой англичанин.	Orlov liked the young Englishman. (literally 'To Orlov the young Englishman was pleasing'.)

Note 1. Нравиться always implies a less intense emotion than любить, which can never be used of a spontaneous reaction to something previously unknown.

Note 2. Нравиться can also be used impersonally with an infinitive.

Ей нравится кататься на лодке.	She likes boating.

Note 3. In the past tense use the perfective aspect.

Как вам понравилась пьеса?	How did you enjoy the play?

The imperfective past has the implication that you enjoyed it at the time but have since changed your mind.

Сначала она мне нравилась, но теперь не понимаю почему.
I liked her at first, but now I can't understand why I did.

There are a few other verbs which share this distinction between the aspects.

Note 4. Like all verbs of the 2nd conjugation with stem ending in -в, нравиться takes an extra л in the 1st person singular of the present tense:

Я нравлюсь ей.	She likes me.

(101) мо́жно; нельзя́. These are impersonal words and

thus are typically used with infinitives, often with dative objects.

мо́жно—*it is possible*; *it is permitted*

| Как мо́жно так говори́ть? | How can one speak like that? (literally—How is it possible to speak like that?) |
| Нам мо́жно идти́? | May we go? (literally—Is it permitted for us to go?) |

Going verbs may be omitted colloquially.

e.g.   Мо́жно к вам?   May I come and see you?

нельзя́ is the exact opposite of мо́жно in both meanings.

| Этот вопро́с нельзя́ так реши́ть. | It is impossible to solve this this question like that. |
| Нельзя́ кури́ть в кино́. | No smoking in the cinema. |

In the second sense (one must not), нельзя́ is followed by the imperfective infinitive.

The past tense of these constructions is мо́жно бы́ло; нельзя́ бы́ло (neuter ending in impersonal constructions).

It is typical of Russian that it frequently uses constructions like these instead of the English modal verbs (I can, may, ought to, want to etc.).

(102) *To need.* ну́жен (masculine), ну́жно (neuter), нужна́ (feminine), нужны́ (plural)

This is the 'short' from of the adjective ну́жный (necessary), (short adjectives are explained in note (115)) and provides another illustration of how Russian can dispense with a verb.

| Нам ну́жен тре́тий (авто́бус). | (literally) A no. 3 (bus) is necessary to us. i.e. We need a number 3. |

The adjective, of course, agrees in gender and number with the noun.

Мне нужен новый пиджак.	I need a new jacket.
Вам нужна симпатичная жена.	You need a nice wife.
Ирине нужно удобное кресло.	Irina needs a comfortable armchair.
Ему нужны были папиросы.	He needed cigarettes.

(cf. the frequent «Что вам нужно?» of Russian shop-assistants.)

Note. The neuter form нужно is an alternative to надо.
Мне нужно (надо) спать.   I need some sleep.
Sometimes нужно or надо is omitted colloquially e.g. in the text:

Нам выходить на следующей остановке.

(103) *Perfective verbs with prefix* по- *having limiting force*. The 'true' perfective of говорить is сказать, but some verbs have a perfective form using the prefix по-. Although these verbs are perfective in form, they do not focus attention on the completion of the action. The prefix по- has a limiting function and can often be translated 'a little'.

Thus: поговорить   to have a little chat
поработать   to do a little work
посидеть   — to 'have a little sit down'
почитать   to read for a little

However, be careful not to confuse this type of verb with those where по- is used as a true perfective prefix, such as пообедать to have dinner. (There is no suggestion that it is a small one!)

(104) это *with the past tense of* быть.

Это *был* его постоянный маршрут.

At first sight it would seem that был should be in the neuter form after это. However Russian considers это to be a secondary subject and the real subject to be the noun or pronoun after the verb.

Thus: Это *был* Иван.   It was Ivan.
       Это *была* Ольга.   It was Olga.
       Это *было* только
          начало.   This was only the beginning.
       Это *были её сёстры*.   They were her sisters.

N.B. The stress on the past tense of быть moves to the ending in the feminine.

(105) *Passive*. The passive is less common in Russian than in English. One way of rendering the passive is to invert subject and object so that the word order becomes object—verb—subject, as in the example:

Его оштрафовал кон-   He was fined by the ticket
   тролёр.   collector.

For other ways of forming the passive, see note (212).

(106) *To call; to be called.*
   звать is only used with the names of people or animals.

Как его зовут?   What is he called? (literally,
                               How do they call him?)
Меня зовут Джон.   I'm called John.

   называть/назвать 'to call' or 'to name' except when giving the name of a person or animal.

Как называют такого   What do you call a person
   человека?   like that?

The perfective назвать can only be used with people in the sense of 'to give a name to', 'to christen'. The name goes in the instrumental.

Они назвали сына Влади-миром. (Теперь его зовут Влади-мир.)	They called their son Vladi-mir.

The reflexive form называться is used when giving the name of something other than a person or animal—e.g. countries, towns, films, plays, buildings etc., etc.

Эта книга называется «Анна Каренина».	This book is called *Anna Karenina*.

Exercises

(1) Change into the instrumental:
Чёрное море; этот небольшой театр; моя месячная карточка; один карандаш; эта вечерняя газета; наш старый автомобиль; эта широкая площадь; другой маршрут; твой любимый герой; вся деревня.

(2) Using the preposition без give the opposite of:

1. Он приехал с молодым англичанином.
2. Они делали это с большим удовольствием.
3. Варя гуляла по городу со своим синим зонтиком.
4. Они поехали на концерт с этой советской студенткой.
5. Почему вы играете с нашим маленьким сыном?

(3) Supply the correct endings for the words and phrases in brackets.

1. «Где (мы) выходить из (трамвай)?» «На (следующая остановка). Как раз перед (Русский музей).»
2. Они с (Оля) сейчас летят (самолёт) с (север) на (юг).

3. «Не вижу (наш кондуктор).» «Разве вы не знаете, что в (Советский Союз) автобусы часто работают без (кондуктор)?»

4. Мы купили (утренняя газета) для (ваш товарищ) из (Иркутск). Он сидит сейчас на (скамейка) в (городской сад) и читает (она).

5. Во время (выходной день) (он) было так скучно, что он решил вернуться на (фабрика).

6. Сергей работает (преподаватель), и (он) всегда нужно быть (терпеливый).

(4) Answer the three questions:

1. Куда он едет/идёт? 2. Где он? 3. Откуда он едет/ идёт?

Use the following nouns in your answers (i.e. three answers for each noun). Remember to use the correct prepositions!

Example: Москва—1. Он едет в Москву. 2. Он в Москве. 3. Он едет из Москвы.

спальня; вокзал; работа; сосед; Советский Союз; дверь; Красная площадь; вечерний концерт; эта турбаза; Кремлёвский театр; Борис Павлович.

(5) Translate the following into Russian:

1. I like her. 2. She doesn't like me. 3. We like them. 4. Do you like him? 5. How do you like this novel? 6. We liked the Moscow underground very much. 7. Why did they like 'The Battleship Potemkin'? 8. She doesn't like anybody.

(6) Answer these questions on the text in Russian:

1. Кем работает Орлов?
2. Откуда был молодой человек, который так понравился Орлову?

3. Почему Орлову было так трудно познакомиться с ним на заводе?
4. Где они ждали автобуса на другой день?
5. Как Орлов обычно возвращается домой?
6. Почему это очень удобно?
7. Почему не так удобно на метро?
8. Какую монету нужно было опустить в кассу?
9. Почему нет кондуктора?
10. Какие люди ездят без билета?
11. Зайцы — крупные преступники?
12. Почему у Орлова нет билета?
13. Когда он покупает такие карточки?

(7) Translate into Russian:

1. 'What did you do yesterday evening (=in the evening)?' 'We read a little and then went to bed.'
2. 'I haven't got a bus ticket. What have I got to do?' 'You only have to drop a 5 kopeck piece in the box, turn the handle, and a ticket appears. It's very simple.'
3. Various people were coming out of the hotel and I asked a guest where one could have dinner. He said you could have dinner in the hotel. However he couldn't recommend the food and you had to wait half an hour. (to recommend рекомендовать; food кухня)
4. The next tram is a no. 3 and the tram stop is just round the corner.
5. Sometimes it's not all that easy being a passenger on a Moscow bus, if you haven't got any small change. And if you don't buy a ticket they fine you.
6. I invited the young Englishman to the concert and he accepted with pleasure. Apparently he loves the music of Tchaikovsky (Чайковский).
7. It wasn't very convenient for him to take the tube as he had to change trains.
8. I like Varya's little son. He asks me constant questions

and looks so thoughtfully at me when I reply. Unfortunately I seldom understand his questions and he seldom understands my answers.

LESSON 12

Вéчер у Орлóвых

Товáрищ Орлóв и Мúстер Грант вúшли из автóбуса на слéдующей останóвке и скóро дошлú до перехóда для пешехóдов, но пéред нúми горéло крáсное таблó со слóвом «СТÓЙТЕ». На москóвских ýлицах во врéмя часóв-пик иногдá кáжется, что потóк машúн никогдá не пройдёт. Движéние, однáко, наконéц остановúлось, появúлось слóво «ИДÚТЕ», и онú перешлú на другýю стóрону ýлицы. Там онú прошлú мúмо длúнного рáда магазúнов. Орлóв вдруг остановúлся пéред Гастронóмом, попросúл Мúстера Грáнта подождáть минýточку и бúстро зашёл в магазúн. Полчасá спустá — так, по крáйней мéре, показáлось Мúстеру Грáнту — Орлóв вúшел из Гастронóма с большóй бутúлкой Зубрóвки в рукé. «На обéд» объяснúл он Мúстеру Грáнту, и онú пошлú дáльше. Чéрез нескóлько минýт онú повернýли зá угол и вошлú в большóй дом.

Орлóв: Вот мы и пришлú.

Грант: На какóм этажé вы живёте?

Орлóв: На десáтом. Знáчит, óчень высокó. Но не пáдайте дýхом. Мóжно поднáться на лúфте. (*смеётся*) Он обúчно рабóтает. (*Они поднимáются на лúфте. Орлóв звонúт в дверь. Дверь открывáется.*) Óля, это мы.

Женá: Здрáвствуй, Сáша. Что вас задержáло? Ожидáла вас полчасá назáд.

Орлóв: Встрéтил однý блондúнку, вúдишь, и никáк не мог оторвáться.

Жена: Брось, Са́ша! (*смеётся*) Како́й ты некульту́рный.

Орло́в: Извини́, ми́лая. Де́ло в том, что я покупа́л буты́лку Зубро́вки и на́до бы́ло стоя́ть в о́череди. Тепе́рь о́череди в любо́м гастроно́ме. Ну, ничего́. Мы не о́чень опозда́ли.

Жена: Са́ша, како́й ты плохо́й хозя́ин. Что же ты не предста́вишь мне на́шего го́стя. (*Гра́нту*) Извини́те, да́же не зна́ю, как вас зову́т.

Орло́в: Ах, прости́. Совсе́м забы́л, что вы не знако́мы. Э́то моя́ жена́, О́льга Петро́вна. Ми́стер Грант.

Грант: О́чень рад с ва́ми познако́миться. В авто́бусе ваш муж мне уже́ мно́гое о вас расска́зывал.

Жена́: О́чень прия́тно. Ну, раздева́йтесь и проходи́те в гости́ную. Я в ку́хню. Че́рез мину́точку верну́сь. Са́ша, ты не забы́л купи́ть са́хару и ча́ю?

Орло́в: Бо́же! Совсе́м забы́л.

Жена́: Ви́дите, Ми́стер Грант, како́й рассе́янный мой муж, но о вине́ он никогда́ не забыва́ет! Ну, ничего́. Сади́тесь, пожа́луйста. Мы ско́ро пообе́даем.

Грант: Спаси́бо. (*Жена́ выхо́дит*) Скажи́те, господи́н Орло́в, вы уже́ давно́ живёте в э́той кварти́ре?

Орло́в: Е́сли вы не про́тив, называ́йте меня́ про́сто Са́ша.

Грант: Согла́сен. А меня́ вы мо́жете называ́ть Дави́д.

Орло́в: С удово́льствием. У вас, зна́чит, соверше́нно ру́сское и́мя.

Грант (*смеётся*): Ду́маю, и́мя Дави́д встреча́ется во всех стра́нах.

Орло́в: Ну, вы спроси́ли, ско́лько лет мы живём здесь. Пять лет, ка́жется. Я не уве́рен. По кра́йней ме́ре четы́ре го́да.

Жена (*вхо́дит*): Ну вот. Обе́д гото́в. Прошу́ к столу́. Проходи́те, пожа́луйста, в столо́вую. А Са́ша, откро́й же буты́лку.

Орло́в: Сейча́с, е́сли смогу́ то́лько найти́ што́пор.

Жена́: Он не в пра́вом я́щике, а в ле́вом, под окно́м,
как и всегда́. (*Гра́нту*) Бе́дный Са́ша. Ка́ждый
ве́чер и́щет што́пор.

Орло́в: Вот нашёл.

Жена́: А тепе́рь, Ми́стер Грант, сади́тесь. Чу́вствуйте
себя́ как до́ма.

Орло́в: О́ля, мы с Дави́дом уже́ согласи́лись не цере-
мо́ниться.

Жена́: О́чень хорошо́. Прия́тного аппети́та, Дави́д.

Грант: Спаси́бо, О́ля. Зна́ете, вы про́сто тала́нт.
Винегре́т прекра́сный. Придётся записа́ть ре-
це́пт для жены́. Она́ о́чень интересу́ется ру́сской
ку́хней.

Жена́: Са́ша, ты слы́шишь? Дави́д уже́ оцени́л мои́
досто́инства. (*Гра́нту*) Са́ша обы́чно говори́т,
что гото́влю не так, как его́ мать.

Vocabulary

доходи́ть,
    дойти́, до
    + genitive
	to reach, go as far
	    as

перехо́д	crossing
пешехо́д	pedestrian
кра́сный	red
табло́	indicator board
СТО́ЙТЕ	WAIT
часы́-пик	rush hour
пото́к	stream

проходи́ть,
    пройти́,
    ми́мо
    + genitive
	to pass, go past

проходи́ть в
    + accusative
	to go through
	    (into a room)

остана́вли-
    ваться,
    остано-
    ви́ться
	—

(остано-
    влю́сь,
    остано́-
    вишься)
	to stop

переходи́ть,
    перейти́,
    че́рез
    + accusative
	to cross, to go
	    across

ми́мо + genitive	past
дли́нный	long
ряд (prep. ряду́)	row; series

(по)проси́ть
    (прошу́,
    про́сишь)
	to ask, request

мину́точка
    dim. of
    мину́та
	a minute

заходи́ть, зайти́, в +accusative	to call in, pop in, go in (for a short time)
по кра́йней ме́ре	at least
Зубро́вка	Zubrovka (kind of vodka)
на обе́д (etc.)	for dinner (etc.)
че́рез +accusative	across; in (a certain length of time)
не́сколько +genitive	a few
повора́чивать, поверну́ть (поверну́, повернёшь)	to turn (intransitive)
приходи́ть, прийти́	to arrive, to come
деся́тый	tenth
высо́кий	high
дух	spirit
не па́дайте ду́хом	keep your spirits up
поднима́ться, подня́ться (подниму́сь, подни́мешься)	to go up
лифт (на ли́фте)	lift (in the lift)
звони́ть в дверь	to ring the front-door bell
открыва́ть(ся), откры́ть(ся) (откро́ю, откро́ешь)	to open
заде́рживать, задержа́ть	to delay (transitive), keep (e.g. What kept you?)
ожида́ть	to expect
наза́д	ago
блонди́нка	a blonde (woman)
ника́к	in no way
(с)мочь (see note for conjugation)	to be able
отрыва́ться, оторва́ться (оторву́сь, оторвёшься)	to tear oneself away
броса́ть, бро́сить (бро́шу, бро́сишь)	to throw
брось(те)	stop it!
некульту́рный	vulgar
де́ло в том, что…	the thing is that …
о́чередь (f.)	queue
стоя́ть в о́череди	to queue
любо́й	any (you care to mention)
плохо́й	bad
хозя́ин	host
что	why (colloquial)
представля́ть, предста́вить (предста́влю, предста́вишь)	to introduce
рад, ра́да	glad
мно́гое	many things
расска́зывать, рассказа́ть (расскажу́, расска́жешь)	to tell, relate

о́чень прия́тно	delighted (to meet you)
раздева́ть(ся), разде́ть(ся) (разде́ну, разде́нешь)	to undress; take one's outdoor clothes off
ку́хня	kitchen; cooking, cuisine
са́хар	sugar
чай	tea
рассе́янный	absent-minded
е́сли вы не про́тив	if you have no objections
согла́сен, согла́сна	agreed, I agree
соверше́нно	completely, totally
и́мя (n. cf. вре́мя)	first name
встреча́ться	to be encountered
страна́	country (Russia etc.)
год (genitive pl. лет)	year
уве́рен, уве́рена	sure, certain
четы́ре	four
пять	five
входи́ть, войти́, в + accusative	to enter
гото́в, гото́ва	ready
столо́вая	dining room
находи́ть, найти́	to find
што́пор	corkscrew
пра́вый	right
ле́вый	left
под + inst.	under, below
я́щик	drawer; box

иска́ть, (ищу́, и́щешь)	to look for, to seek
(по)чу́вство-вать себя́	to feel (happy, well etc.)
чу́вствуй(те) себя́ как до́ма	make yourself at home
соглаша́ться, согласи́ть-ся (согла-шу́сь, согласи́шь-ся)	to agree
(по)цере-мо́ниться	to stand on ceremony
прия́тного аппети́та	'bon appétit'
тала́нт	talent; gifted person
вы про́сто тала́нт	your cooking (etc.) is simply wonderful
винегре́т	Russian salad
приходи́ться, прийти́сь (imper-sonal)	to have to
запи́сывать, записа́ть (запишу́, запи́шешь)	to note down, make a note of
реце́пт	recipe
(за)интере-сова́ться + instru-mental	to be interested in
оце́нивать, оцени́ть	to appreciate
досто́инство	merit, quality

Language notes

(107) *The future perfective tense.* This tense is formed from

perfective verbs in the same way that the present tense is formed from an imperfective verb. If one takes a verb which forms its perfective aspect by adding a prefix, the principle involved will be clearly seen.

e.g.

éхать	(Imperfective)	поéхать	(Perfective)
я éду	I am going	я поéду	I shall go
ты éдешь	you are going	ты поéдешь	you will go
он éдет	he is going	он поéдет	he will go
мы éдем	we are going	мы поéдем	we shall go
вы éдете	you are going	вы поéдете	you will go
онй éдут	they are going	онй поéдут	they will go

N.B. In many cases where the perfective is formed in other ways the conjugation of the future perfective will have to be learnt in the same way as the present tense of imperfective verbs. However the same three basic types of conjugation (1a, 1b and 2) are found in both present and future perfective.

e.g.	Infinitive	Imperfective (Present)	Perfective (Future)
	поворáчивать повернýть	он поворáчивает	он повернёт
	садúться сесть	он садúтся	он сáдет

Caution. Verbs in -авать are deceptive in that the present imperfective (я встаю́) looks as if it derived from the perfective infinitive (встать). See note (76).

The conjugation of all verbs which present difficulties, whether imperfective or perfective, is given along with the infinitive in the vocabularies.

There are several examples of the future perfective in the text.

e.g. Что же ты не *представишь* мне нашего гостя? Why aren't you going to introduce our guest to me?

Мы скоро *пообедаем*.	We will soon have dinner.
Через минуточку *вернусь*.	I'll come back in a minute.
	etc., etc.

(108) *Compound verbs of motion*. In note (53) several verbs of motion with two imperfective forms were introduced. (идти́/ходи́ть etc.). These simple (i.e. non-prefixed) verbs have no other connotation than the *type* of movement involved (i.e. swimming, flying, going on foot etc.). If one wants to add some new more precise information about the movement—going *into* a room, flying *across* the Atlantic etc.—a compound (i.e. prefixed) verb is often used, and the prefix provides the extra information.

In this lesson we meet the following prefixes:*

в-	*into*	про-	*past*
вы-	*out of*	пере-	*across, through*
до-	*as far as*	при-	*arriving, coming this*
за-	*into (for a brief period)*		*way*

If we take the verb ходи́ть as our simple verb and add these prefixes, we can form the following new verbs:

входи́ть	to go in, to come in, to enter
выходи́ть	to go out, to leave
заходи́ть	to call in, to pop in
проходи́ть	to go past, to pass
переходи́ть	to go across, to cross
приходи́ть	to arrive, to come
доходи́ть	to go as far as, to reach

Compound verbs of motion do not have two imperfective

* Note also под-=up to, с-=down, у=away. These prefixes give:- подходи́ть (to approach); сходи́ть (to go down, get down); уходи́ть (to go away, leave).

forms (unlike the simple verbs). Their imperfective aspect derives from the 'general' type of motion verb like ходить, their perfective aspect from the 'specific' type like идти.

Thus the verbs listed above (входить to enter etc.) are all imperfective.

| Я вхожу. | I enter. |

The perfective form for 'to enter' derives, then, from идти — войти.

Идти changes in compounds to -йти and prefixes ending in a consonant add -о. The perfective infinitives of the verbs listed above are thus:

войти	(я войду	I shall enter)
выйти	(я выйду	I shall leave)
зайти	(я зайду	I shall call in)
пройти	(я пройду	I shall pass)
перейти	(я перейду	I shall go across)
прийти	(я приду (N.B.)	I shall arrive)
дойти	(я дойду	I shall reach)

Note 1. You will notice that many of these verbs have English equivalents which are transitive (to enter, to cross, to reach etc.). The Russian verbs can rarely be used with an object and are usually followed by a preposition. Here are some examples.

Она входит *в* комнату.	She enters the room.
Он выходит *из* комнаты.	He leaves the room.
Они заходят *к* товарищу.	They call in on their friend.
Мы проходим *мимо* Кремля.	We are passing the Kremlin.
Они переходят *через* улицу.*	They are crossing the street.

* переходить can be used transitively—Они переходят улицу.

| Когда вы приходите *в* институт? | When do you arrive at the college? |
| Мы доходим *до* деревни. | We reach the village. |

Note 2. идти has an irregular past tense.

Он шёл.	He went.
Она шла.	She went.
Они шли.	They went.

These forms are, of course, also used in the compound verbs.

| Она дошла. | |
| Они перешли.   etc. | |

Note 3. ездить is not used in compound verbs, being replaced by -езжать (not used on its own).

Thus we have the verbs проезжать/проéхать
to drive past
приезжать/приéхать
to arrive etc.

Note 4. The use of prefixes is not, of course, confined to verbs of motion. A knowledge of their meanings is invaluable for increasing one's vocabulary. Note that many of the prefixes have more than one meaning and can be used to form verbs with figurative meanings. E.g. пере- (across) + водить (to take) = переводить—to translate, (i.e. to take something across from one language into another).

Note 5. One compound of ходить/идти, which is not strictly speaking a verb of motion is находить/найти to find (literally 'to come upon'). It is, of course, transitive (We have already met the reflexive form—находиться to be situated.)

Another is приходиться/прийтись, which is used impersonally and means the same as надо or нужно.

Им пришло́сь верну́ться домо́й=Им на́до бы́ло вер-
ну́ться домо́й.

(109) *Formation of imperfectives by means of suffix* -ыва-.
To qualify as the true perfective partner of an imperfective
verb, the perfective verb must not exhibit any change of
meaning apart from stressing the completion (sometimes
the beginning) of an action.

e.g. писа́ть   to write: написа́ть   to finish writing
     крича́ть   to shout: закрича́ть   to begin to shout

However, as we have seen, Russian has a rich assortment
of prefixes which can modify the meaning of the basic
verb.

e.g. in the text we have записать to make a note of, to note
down.

> Obviously (a) It is perfective. (Basic verb with prefix
>   added.)
>   (b) It cannot be made imperfective by re-
>   moving the prefix. (It would lose its
>   specific meaning of 'to note down'.)

In a case like this the suffix -ыва- is added to form the
new imperfective—записывать.

Он записывает реце́пт.   He is making a note of the
                           recipe.
Он запишет реце́пт.   He will make a note of the
                           recipe.

You will meet a great number of aspectival pairs of this
type.

(110) *The imperative*. Its stem is that of the 2nd person
singular. The endings are:

(a) Ending—и. If the 1st person singular (imperfective

present or perfective future) has a stressed ending preceded by a consonant, the imperative has the endings:

-и (ты form), -ите (вы form)

Thus: идти (— иду́)   иди́, иди́те
сказа́ть (— скажу́)   скажи́, скажи́те
проходи́ть (— прохожу́) проходи́, проходи́те
сади́ться (— сажу́сь) сади́сь, сади́тесь

(b) Ending -й. If the 1st person singular ends in a vowel +-ю, the imperative endings are:

-й (ты form), -йте (вы form)

Thus: чита́ть (— чита́ю)   чита́й, чита́йте
раздева́ться (— раздева́юсь) раздева́йся,
            раздева́йтесь
называ́ть (— называ́ю) называ́й,
            называ́йте
чу́вствовать (— чу́вствую) чу́вствуй,
            чу́вствуйте
стоя́ть (— стою́)   стой, сто́йте

N.B. Verbs in -ава́ть retain the full (infinitive) form in the imperative, although they lose it in the present tense.

e.g. встава́ть (— встаю́) *but* встава́й, встава́йте
  дава́ть (— даю́)   *but* дава́й, дава́йте

(c) Ending -ь. If the 1st person singular has an *unstressed* ending preceded by a single consonant, the imperative ends in:

-ь (ты form), -ьте (вы form)

Thus: встать (— вста́ну) встань, вста́ньте
  бро́сить (— бро́шу) брось, бро́сьте
But: по́мнить (— по́мню) по́мни, по́мните (double
              consonant)

Note 1. Difficult imperatives.

Some imperatives do not have the same stem as the 2nd person singular.

e.g. Verbs in -чь form their imperative from the stem of the *1st person singular*.

помо́чь (to help) — помогу́ — помоги́/помоги́те
Also note пить (to drink) — пей/пе́йте
       есть (to eat)   — ешь/е́шьте
       быть (to be)   — будь/бу́дьте

ехать does not have an imperative form. Use поезжа́й/поезжа́йте.

Note 2. Aspect in the imperative.

The choice of aspect in the imperative is to some extent determined by the basic distinctions between the aspects already mentioned. However, it is also worth bearing the following in mind.

(a) The imperfective tends to be used in requests or invitations, being on the whole less peremptory in tone than the perfective.

(b) The perfective is usually a more definite command, although the fact that it is frequently used with пожалуйста shows that it is not necessarily impolite in any way.

(c) Despite the normally milder effect of the imperfective, one of its uses is to sharpen the tone of a command already made in the perfective, when this has not been complied with.

e.g.   Встаньте! Что вы еще там сидите? Вставайте же!
     Stand up! Why are you still sitting there? *Stand up!*

(d) Negative imperatives are usually imperfective, unless what is intended is a warning rather than a command.

Не выходите на улицу!
   (Imperfective.)   Don't go out on the street!

but Смотрите, не опоз-
   дайте на концерт!   Mind you're not late for the
   (Perfective.)   concert!

From the foregoing it will be seen that with the imperative one cannot always automatically apply the normal rules governing the choice of aspect without further thought. One thing to bear in mind is that generally the imperfective will be used to one's social equals, the perfective by teacher to pupils, boss to subordinates etc.

(111) *Genitive plural of hard nouns.*

Masculine: час — часо́в, магази́н — магази́нов
Neuter: ле́то — лет
Feminine: маши́на — маши́н, мину́та — мину́т

Hard neuter and feminine nouns are reduced to their stems and have no ending in the genitive plural. Hard masculine nouns take the ending -ов.

Note. A fleeting *o* or *e* is needed in some feminine and neuter genitive plurals. These are indicated in the vocabulary. E.g. a fleeting *e* is needed between ч/ш and к:

де́вушка — де́вуш*e*к; ча́шка — ча́ш*e*к.

(112) *Genitive in expressions of quantity.* The genitive is used after words of quantity.

    (a) Indefinite words such as не́сколько a few
                        мно́го   much, many
                        ско́лько how much, how
                                      many?

e.g.   не́сколько мину́т   a few minutes
      мно́го домо́в   many houses
      ско́лько пассажи́ров? how many passengers?

Note. мно́го is followed by the genitive singular to mean 'much'

мно́го дождя́   a great deal of rain

The same applies to ско́лько = how much?

(b) Cardinal numerals. The system of cases used with numbers is complex but is largely based on the genitive. This whole question is treated in detail in Lessons 13 and 16. At present it is sufficient to note that the numerals two (два), three (три) and four (четы́ре) are followed by the genitive singular:

два магазина   two shops
три магазина   three shops
четыре магазина   four shops

and the numerals five to twenty by the genitive plural:

пять магазин*ов*   five shops

Note. After cardinal numerals the grammatical genitive plural of год is not found and the genitive plural of лето (summer) = лет is used.

два года   two years
пять лет   five years

(c) Partitive genitive. The genitive on its own can be used to suggest 'some', 'a certain quantity of':

Да́йте воды.   Give me *some water*.
Нам нужно купить *книг*.   We must buy *some books*.

Note. There are several masculine nouns which have an alternative partitive genitive ending in -у (-ю) instead of -а (-я).

These include   чай — ча́ю   tea
                са́хар — са́хару sugar
                суп — су́пу   soup
                сыр — сы́ру   cheese

This form is usually preferred to the normal genitive ending when the partitive sense is present.

ча́шка ча́ю	a cup of tea
ки́ло са́хару	a kilo of sugar
мно́го сы́ру	a lot of cheese
су́пу	some soup

cf. цена́ ча́я, са́хара, сы́ра etc.—the price of (no partitive sense).

(113) мно́гое/мно́гие; всё/все. The neuter adjectival form of мно́го is used to mean 'many things'. Similarly the plural adjectival form (мно́гие) is used to mean 'many people'.

This is an exact parallel to весь (all) whose neuter form всё means 'everything' and plural form все 'everybody'.

(114) *Prepositional of personal pronouns.* We already know the 3rd person pronouns.

Nominative:	он/оно	она́	они́
Prepositional:	нём	ней	них

The others are
я — мне
ты — тебе́ } (i.e. same as dative)

мы — нас
вы — вас } (i.e. same as accusative and genitive)

(115) *Short adjectives.* We have already met the neuter form of 'short' adjectives when dealing with impersonal expressions (see note (52)). The short adjectives in this lesson are these:

он рад	она ра́да	они ра́ды	he, she, they are glad
он знако́м	она знако́ма	они знако́мы	he, she, they are known (to me etc.)

он согла́сен	она согла́сна	они согла́сны	he, she, they agree
он гото́в	она гото́ва	они гото́вы	he, she, they are ready
он уве́рен	она уве́рена	они уве́рены	he, she, they are sure

Note that the fleeting -e- in согласен is not needed for the pronunciation of feminine and plural.

Mо̂st Russian adjectives have both long and short forms and the difference between them will be explained in note (143). The five examples above are almost always (рад always) found in the short form.

Note 1. Short adjectives are *always* used as predicates, almost invariably with the verb 'to be'.

| Эти лю́ди уве́рены, что… | These people are sure that … |
| Он мне знако́м. | I know him. (literally, he is known to me.) |

Note 2. They can *never* be used in front of a noun.

(116) *The prepositions* за *and* под *used with the accusative or instrumental.*

| Они поверну́ли за́ угол. | They turned round (literally, behind) the corner. |

The two prepositions за (behind, beyond) and под (under) govern both the accusative and instrumental cases. The accusative signifies movement to a place (answering the question куда?); the instrumental indicates where a person or object is (answering the question где?).

| Где институ́т? | Он за библиоте́кой. —(instrumental.) |

Куда он едет?	За город. (accusative.) =into the country, (literally beyond the town, out of town).
Где карандаш?	Он лежит под газетой. (instrumental.)
Куда карандаш упал?	Под стол. (accusative.)

In other words за and под govern the accusative in the same instances as в and на.

(117) *Reflexive verbs.* In note 65 the difference between изменять and изменяться was explained. Other verbs encountered since then which come into this category include:

открывать(ся)
Он открывает дверь.   Дверь открывается.
закрывать(ся)
Он закрывает дверь.   Дверь закрывается.
начинать(ся)
Он начинает работу.   Работа начинается.
кончать(ся)
Он кончает работу.   Работа кончается.
продолжать(ся)
Он продолжает работу.   Работа продолжается.
раздевать(ся)
Она раздевает сына.   Сын раздевается.
останавливать(ся)
Он останавливает машину.   Машина останавливается.
возвращать(ся)
Он возвращает книгу в
    библиотеку.   Он возвращается домой.
обращать(ся)
Он обращает внимание
    (attention) на слова
    своего соседа.   Он обращается к соседу.

(a) In all these examples the identical English verb can be used to translate both reflexive and non-reflexive verbs in Russian. 'He begins work.' 'Work begins.' etc.

(b) Some of the other reflexive verbs we have met can be used to translate the English passive.

	Active	*Passive*
интересовать(ся)	Эта книга интересует меня.	Я интересуюсь этой книгой.
встречать(ся)	В его книгах вы встретите разные английские слова.	В его книгах встречаются разные английские слова. (Various English words are encountered (i.e. occur) in his books.)

(c) Other reflexive verbs have no non-reflexive form.

e.g. смея́ться (to laugh)   просыпа́ться (to wake up)
      боя́ться (to be afraid)   ложи́ться (to lie down)
      нра́виться (to please)   станови́ться (to become)

(d) Finally there is the verb чувствовать себя, which is distinguished from the other reflexive verbs by using the full form of the reflexive pronoun. It is used in such cases as:

Как вы себя чувствуете?   How do you feel?
Чувствую себя хорошо.   I feel fine.

(118) *To ask.* (по)проси́ть means 'to ask' in the sense of 'request' or 'invite'.

Она попросила меня не так   She asked me not to speak so
    быстро говорить.   fast.

Нас попроси́ли к столу́.	We were invited to take our places (for a meal).

спра́шивать/спроси́ть means 'to ask' in the sense of 'enquire'

Не спра́шивайте его́. Он не зна́ет отве́та.	Don't ask him. He doesn't know the answer.

Note. задава́ть вопро́с means 'to ask a question'. It is used with the dative.

Они́ задаю́т нам мно́го вопро́сов.	They ask us a lot of questions.

(119) прия́тного аппети́та (cf. French 'bon appétit'). The use of the genitive is explained by the fact that the verb 'to wish' (жела́ть) is followed by the genitive.

Similarly: всего́ хоро́шего   all the best

(120) (с)мочь. The verb is used in the same two senses as мо́жно—i.e. either implying physical possibility or permission. It is highly irregular in both present and past.

Present: я могу́	мы мо́жем	*Past:* мог/могло́/
ты мо́жешь	вы мо́жете	могла́/могли́
он мо́жет	они́ мо́гут	

Exercises

(1) Supply the appropriate compounds of ходи́ть/идти́ in the following sentences.
Give the past perfective, present imperfective and future perfective.

Example: Она́... в рестора́н. вошла́, вхо́дит, войдёт.

1. Мы бы́стро... че́рез пло́щадь.
2. Ему́... рабо́тать до ве́чера.

3. Он поздно... домой.
4. Ольга... в магазин купить папиросы.
5. Борис... эти книги в библиотеке.
6. Почему ты... из квартиры без зонтика?
7. Мы... мимо Кремля.
8. Таня... до конца улицы.
9. Профессор... в институт с женой.
10. Пешеходы... через улицу Горького.

(2) Choose the correct propositions in the following and put the words in brackets in the correct case.

1. Они доехали... (Смоленск).
2. Машины так быстро проходят... (мы).
3. Самолёт прилетел... (Одесса).
4. Как только кончилась пьеса, они вышли... (театр).
5. Сейчас мы перелетаем... (Волга).
6. На другой день они долетели... (Мурманск).
7. Он зашёл... (отец).
8. ...(эта река) нет моста.
9. Полчаса спустя они выехали... (город).
10. Накануне они приехали... (Иркутск).

(3) Change the following from present to future by changing the aspect:

1. Он записывает всё карандашом.
2. Машина поворачивает налево.
3. Мы спрашиваем лифтёра (лифтёр—lift attendant), почему лифт никогда не работает.
4. Я приглашаю Петра с Борисом в гости.
5. Они возвращаются сегодня.
6. Таня покупает новую шляпу.
7. Я встаю рано.
8. Когда начинается передача?
9. Преподаватель объясняет каждое слово.
10. Сегодня мы не опаздываем.

(4) Give the plural form of the imperative from:

писать; бросить; сказать; не выключать радио; читать дальше; не сердиться; вставать; не смеяться; петь громко; познакомиться; повернуть направо.

(5) The following commands are consistently disobeyed by a small boy. Make them more incisive by changing the aspect of the imperative.

Model—Adult: Прочитай вот эту историю!
        Boy: Нет, не хочу.
    Adult: Читай же!

1. Миша, войди в гостиную!
2. Миша, в комнате очень тепло. Открой, пожалуйста, дверь!
3. Миша, какой ты некультурный. Встань! Надо всегда вставать когда я вхожу в комнату!
4. Миша, остановись!
5. Миша, опусти монету в кассу!
6. Миша, представь мне твоего товарища!

(6) Which of the following are correct?

1. (а) Когда появилось слово «СТОЙТЕ», Орлов и Грант начали переходить через улицу.
  (б) Они начали переходить, когда ещё шёл поток машин.
  (в) Они начали переходить, когда увидели слово «ИДИТЕ».
  (г) Они не хотели перейти на другую сторону улицы.
2. (а) Мистер Грант зашёл в Гастроном купить бутылку Зубровки.
  (б) Орлов подождал по крайней мере полчаса перед магазином.
  (в) Орлов купил бутылку Зубровки в Гастрономе.

(г) Орлов обедал в гастрономе, пока Мистер Грант
    его ждал.
3. Они опоздали, потому что
    (а) Лифт не работал.
    (б) Орлов так долго стоял в очереди.
    (в) На улице не было перехода.
    (г) Орлов встретил одну блондинку.
4. Жена пошла в кухню, потому что
    (а) Грант ей не понравился.
    (б) Она рассердилась на мужа.
    (в) Она хотела открыть бутылку Зубровки.
    (г) Она готовила там обед.
5. Имя Давид встречается
    (а) во всех странах.
    (б) только в Англии.
    (в) только в СССР.
    (г) редко.

(7) Answer in Russian:

1. Как зовут молодого англичанина?
2. Как его имя?
3. Как зовут советского инженера?
4. А его отца? (Вы помните его отчество?)
5. Как зовут отца его жены?
6. Как называется город, в котором живут Орловы?
7. Как называется комната, в которой жена Орлова
    готовит обед?
8. Как называется водка, которую купил Орлов?
9. Что говорит русский, когда встречает незнакомого
    человека?
10. Приходит гость. Он в пальто и шляпе. Что вы ему
    говорите?

(8) Translate into Russian:

1. He rang the bell, the door opened and he went thoughtfully into the flat.

2. I'm sure that he will arrive soon. When he left the college half an hour ago, everyone said to him 'Mind you're not late'.

3. In the Soviet Union all pedestrians cross the street by (=по) the zebra crossing. Sometimes one thinks that the stream of cars will never stop.

4. I called in on Vanya yesterday. When I went into the sitting-room he was opening a bottle of wine and a young blonde woman was sitting in the armchair. She obviously felt at home there. I left immediately.

5. I'm very glad to see you. Take off your hat and coat and sit down. Now we can have a little chat.

6. There are many contrasts in Moscow. The traffic on the streets is very noisy during the rush hour. High modern buildings are going up (use появляться) everywhere. However, one can forget the noisy life of the capital in the Parks of Culture and Rest. No wonder Muscovites love their parks.

7. I asked you where the corkscrew was (tense?), but you went on reading *Pravda*. You're such a boor. Tanya told me a lot about you and I believe her.

8. 'Come and sit down. Dinner is ready.' 'Oh, what magnificent soup. Masha, you're simply a genius. I'm so glad you invited me round.'

LESSON 13

Ве́чер у Орло́вых (продолже́ние)

Дорого́й чита́тель, вы наве́рно по́мните, что молодо́й англича́нин, Дави́д Грант, то́лько что на́чал обе́дать в кварти́ре Орло́вых. О́льга Петро́вна уме́ет вку́сно гото́вить, и Дави́д ест с аппети́том. Как почти́ все сове́тские дома́шние хозя́йки, она́ о́чень лю́бит гото́вить для госте́й, и она́ покрасне́ла от удово́льствия, когда́

Дави́д похвали́л её за вку́сную еду́. На заку́ску — винегре́т, на пе́рвое — борщ со смета́ной, на второе — котле́ты по-ки́евски, на тре́тье — компо́т из све́жих я́блок. Все блю́да получи́лись прекра́сные, и когда́ обе́д ко́нчился, Дави́д был сыт по го́рло. Ма́ло-по-ма́лу на буфе́те появи́лся це́лый ряд пусты́х буты́лок. Ещё за пять мину́т до обе́да Дави́д был типи́чным засте́нчивым англича́нином. Че́рез пятна́дцать мину́т по́сле обе́да у него́ от вина́ закружи́лась голова́, он стал задава́ть бесчи́сленные вопро́сы о том, о сём.

Дава́йте войдём в гости́ную. Там вы уви́дите на́ших геро́ев. Они́ прошли́ туда́ из столо́вой и усе́лись разгова́ривать.

О́льга: Ну, Дави́д, расскажи́те нам немно́го о себе́. Англича́н я ре́дко встреча́ю, так что бу́дет о́чень интере́сно узна́ть о ва́шей жи́зни в А́нглии.

Дави́д: Ну что ж. С удово́льствием. Но сперва́ вы расскажи́те мне о кварти́ре, о семье́, о рабо́те. В конце́ концо́в, я так ма́ло зна́ю о вас и о жи́зни в Сове́тском Сою́зе вообще́. Да́же не зна́ю, есть ли у вас де́ти и́ли нет. Вы согла́сны?

О́льга: Идёт. Вы спроси́ли о де́тях. У нас два ма́льчика.

Дави́д: А ско́лько им лет?

О́льга: Ну, на́до поду́мать. Ста́ршему сы́ну — Петру́ — два́дцать оди́н год. Он у́чится на четвёртом ку́рсе медици́нского институ́та.

Дави́д: Зна́чит, он студе́нт-ме́дик. А он живёт с ва́ми?

Са́ша: Что вы! Нам в кварти́ре и без того́ те́сно. Нет, он живёт в общежи́тии, как и все други́е студе́нты. Студе́нческая жизнь ему́ совсе́м по душе́.

Дави́д: А друго́й сын?

О́льга: Мла́дшего сы́на зову́т Па́вел. Ему́ семна́дцать лет. Он о́чень лю́бит бра́та и то́же хо́чет стать врачом, но боюсь, что из него никогда не выйдет врач.

Са́ша: Зна́ете, Дави́д, О́льга сама́ врач, и понима́ет, что э́то зна́чит, поступи́ть в медици́нский институ́т. Пра́вда, в шко́ле он всегда́ получа́ет тро́йки. Но я всё-же наде́юсь, что ско́ро бу́дут пятёрки.

Дави́д: Что бу́дет, то бу́дет. В тако́м во́зрасте я то́же отстава́л от други́х. И гля́дя на его́ роди́телей, я уве́рен, что из Па́вла вы́йдет хоро́щий челове́к, да́же е́сли он не ста́нет врачо́м.

О́льга: Дави́д, вы о́чень ми́лый челове́к. А где э́то вы так отли́чно научили́сь говори́ть по-ру́сски?

Дави́д: Спаси́бо. Во-пе́рвых у меня́ де́душка ру́сский. Во-вторы́х я учи́лся ру́сскому языку́ в сре́дней шко́ле, и в-тре́тьих прошёл в университе́те курс ру́сского языка́. Ах! Ско́лько дней, ско́лько ноче́й я боро́лся с ру́сским языко́м!

Са́ша: Э́то почему́ же?

Дави́д: Потому́ что скуча́л! Э́то начало́сь в шко́ле. Когда́ я был шко́льником, мы с семьёй жи́ли на ю́го-за́паде А́нглии, далеко́ от всех больши́х городо́в. Там ничего́ не́ было, кро́ме ма́леньких дереве́нь, широ́ких поле́й, густы́х лесо́в. Для шко́льников в больши́х города́х есть мно́го развлече́ний, но в дере́вне э́то друго́е де́ло, осо́бенно зимо́й... И вот когда́ де́душка прие́хал к нам в го́сти, то ско́ро заме́тил, что я умира́ю от ску́ки, и стал преподава́ть мне ру́сский язы́к. Вот и всё.

Са́ша: Ну, тепе́рь поня́тно. Подходя́щая обстано́вка, до́брый ру́сский де́душка, у́мный учени́к. А ва́ша ба́бушка то́же ру́сская?

Дави́д: Нет, англича́нка. Родила́сь она́ в Росси́и до револю́ции. Оте́ц её был представи́телем одно́й фи́рмы в Оде́ссе.

Óльга: Извини́те, Дави́д, что я перебива́ю. Хочу́ то́лько спроси́ть, кто хо́чет чай, а кто ко́фе?

Дави́д: Бо́же мой! Уже́ два часа́! Мне давно́ пора́ идти́.

Óльга: Что вы! У вас спеша́т часы́. Са́ша, ско́лько вре́мени?

Са́ша: Полови́на второ́го. Не беспоко́йтесь, Дави́д. Сейча́с на у́лицах нет ни авто́бусов ни трамва́ев. Вы мо́жете споко́йно спать вот на э́том дива́не. Зна́ете, это дива́н-крова́ть. В конце́ концо́в, за́втра воскресе́нье. Споко́йной но́чи!

Vocabulary

дорого́й	dear; expensive	получа́ться,	
наве́рно	probably	получи́ться	to turn out
то́лько что	just (with verb— to have *just* done)	сыт (по го́рло)	satisfied, full up
(с)уме́ть (1a)	to know how to, to be able to	го́рло	neck
		буфе́т	sideboard
		пусто́й	empty
дома́шняя хозя́йка	housewife	до + genitive	before
		типи́чный	typical
(по)красне́ть	to blush	засте́нчивый	shy
(по)хвали́ть за + accusative	to praise for, congratulate on	по́сле + genitive	after
		(за)кружи́ться	to spin
еда́	food; meal	голова́	head
закуска	hors d'œuvre	стать (perfective only)	to begin
(на) пе́рвое, второ́е	(for) the first, second course	бесчи́сленный	numerous
борщ	borshch (beetroot soup)	о том, о сём	about this and that
смета́на	sour cream	дава́йте войдём	let's go in
котле́та по-ки́евски	Kiev cutlet	уса́живаться, усе́сться	to take a seat, settle down
компо́т	compote, stewed fruit	разгова́ривать	to converse, chat
све́жий	fresh	немно́го	a little
я́блоко	apple		
блю́до	course, dish		

ну что ж	well then
сперва́	first of all
в конце́	
концо́в	after all
ма́ло	very little
ли	whether (see note)
де́ти	children
и́ли	or
идёт!	OK!
ма́льчик	boy
ско́лько вам	
лет?	how old are you?
(на)учи́ться	
+ dat. (or	
with infini-	
tive)	to learn
курс	course, year (of
	study)
медици́н-	
ский	institute of
институ́т	medicine
студе́нт-	
ме́дик	medical student
что вы!	what do you
	mean! (strong
	repudiation)
и без того́	as it is
нам те́сно	we are cramped
общежи́тие	hostel
студе́нческий	student (adj.)
душа́	soul
э́то мне по	that's just my cup
душе́	of tea
мла́дший	younger
из него́	he'll make (a good
вы́йдет...	doctor etc.)
зна́чить	to mean
поступа́ть,	
поступи́ть	
(поступлю́,	
посту́-	
пишь)	to enter (univer-
в + асс.	sity, the army
	etc.)
шко́ла	school

тро́йка	a 'three' (mediocre
	mark in Soviet
	school)
пятёрка	a 'five' (top mark)
всё же	all the same
надея́ться	
(наде́юсь,	
наде́ешься)	to hope
что бу́дет, то	what will be, will
бу́дет	be
во́зраст	age
отстава́ть,	
отста́ть	
(отста́ну,	
отста́нешь)	
от + gen.	to lag behind
гля́дя	looking at, when
на + асс.	you consider
роди́тели	
(gen. роди́-	
телей)	parents
отли́чный	excellent
говори́ть	
по-ру́сски	to speak Russian
во-пе́рвых,	
во-вторы́х,	firstly, secondly,
в-тре́тьих	thirdly
де́душка	grandfather
сре́дняя	
шко́ла	secondary school
проходи́ть	to take a course
курс	(academic)
язы́к	language
университе́т	university
боро́ться	
(борю́сь,	
бо́решься)	
с + instru-	
mental	to struggle with
скуча́ть	to be bored
шко́льник	schoolboy
ю́го-за́пад	south-west
далеко́	
от + gen.	far from

кро́ме + gen.	apart from, except	Росси́я	Russia
по́ле	field	револю́ция	revolution
густо́й	dense	представи́-	
лес (prep. в лесу́)	wood, forest (in the wood)	тель (m.)	representative
		фи́рма	firm
э́то друго́е де́ло	it's a different matter	перебива́ть, переби́ть (перебью, перебьёшь)	to interrupt
умира́ть, умере́ть (умру́, умрёшь)	to die	давно́ пора́	it's high time
		(по)спеши́ть	to hurry
ску́ка	boredom	часы́ (gen. часо́в)	watch, clock
преподава́ть	to teach	часы́ спеша́т	the watch is fast
вот и всё	that's all	ско́лько	
поня́тно	I understand	вре́мени?	what's the time?
подходя́щий	suitable	полови́на	half
обстано́вка	environment, set-up	(о)беспо- ко́иться	to worry
до́брый	kind	ни... ни...	neither ... nor ...
у́мный	intelligent, clever	споко́йно	(in this context) easily
учени́к	pupil		
ба́бушка	grandmother	дива́н-	convertible settee,
англича́нка	Englishwoman	крова́ть (f.)	put-you-up
роди́ться (imperfec- tive and perfective)	to be born	за́втра	tomorrow
		споко́йной но́чи!	goodnight!

Language notes

(121) *Genitive plural of soft nouns.*

1. Ending -ей (a) Masculine and feminine nouns ending in -ь:

Masculine: гость — госте́й; день — дней

Feminine: ночь — ноче́й

(b) Two neuter nouns in -е:

по́ле — поле́й; мо́ре — море́й

2. Ending -ев　　　Masculine nouns ending in -й:
геро́й — геро́ев; трамва́й — трам-
ва́ев

3. Ending -ь　　　Feminine nouns ending in -я:
неде́ля — неде́ль; бу́ря — бурь
дере́вня — дереве́нь

Note. Many of these nouns have stem ending in a double consonant. In the genitive plural a fleeting vowel is necessary to facilitate pronunciation.

(e.g. дере́вня — дереве́нь)

4. Ending -ий　　　Nouns in -ия and -ие:
исто́рия — исто́рий; зда́ние — зда́-
ний

N.B. We have not yet dealt in any detail with the various types of irregular noun. The genitive plural has probably more irregularities than any other case. These are listed in the section on noun declensions in the appendix.

There is no guide to the formation of the genitive plural in the case of nouns only found in the plural. They include:

де́ньги	(money)	— де́нег
роди́тели	(parents)	— роди́телей
часы́	(watch, clock)	— часо́в
лю́ди	(people)	— люде́й
де́ти	(children)	— дете́й

(See Appendix Part I, *Nouns*.)

(122) *Genitive plural of adjectives, possessive adjectives and pronouns.*

Adjectives　　Hard ending (all genders)　　-ых
Soft ending (all genders)　　-их

мно́го кра́сных авто́бусов; мно́го ма́леньких зда́ний
мно́го си́них книг; мно́го хоро́ших студе́нтов

Possessive adjectives

мой — мои́х   на́ши — на́ших
твой — твои́х   ва́ши — ва́ших

Pronouns

все — всех
э́ти — э́тих

(123) *The accusative case of 'animate' nouns in the plural.*
We have already seen that the accusative singular of
masculine animate nouns requires the genitive type of
ending (note (44)). The same is true of both masculine and
feminine accusatives in the plural (also, of course, their
accompanying adjectives). Thus the only animate nouns
etc. to take normal accusative endings are feminine ones in
the singular.

Masculine singular: Мы встре́тили ру́сского студе́нта.
Feminine singular: Мы встре́тили ру́сскую студе́нтку.
                      (Accusative.)
Masculine plural: Мы встре́тили ру́сских студе́нтов.
Feminine plural: Мы встре́тили ру́сских студе́нток.
                      (Gen. pl. of студе́нтка.)

Note. Nouns which are feminine in form, but refer to
males, take the normal accusative endings.

Я люлбю дедушку.

Accompanying adjectives, however, follow the *masculine*
declension (genitive)

Я люблю́ её стар*ого* дедушку.

(124) *The declension of surnames* (фами́лия). Many Russian
surnames end in -ин or -ов. These have the peculiarity that

the plural is declined adjectivally, apart from the nominative.

Орлов: Nominative plural Орловы (the Orlovs)
       Accusative plural Орловых
       Genitive plural Орловых

In the singular of masculine surnames of this type the instrumental case takes adjectival endings, but all other cases decline like ordinary nouns.

Feminine surnames are adjectival, except for nominative and accusative.

	Masculine	*Feminine*	*Plural*
Nominative	Орлóв	Орлóва	Орлóвы
Accusative	Орлóва	Орлóву	Орлóв*ых*
Genitive	Орлóва	Орлóв*ой*	Орлóв*ых*
Dative	Орлóву	Орлóв*ой*	(as adjective)
Instrumental	Орлóв*ым*	Орлóв*ой*	(as adjective)
Prepositional	Орлóве	Орлóв*ой*	(as adjective)

(125) *Nouns ending in* -анин (*a list of these nouns is given in the appendix*). These nouns drop the ending -ин in the plural and have the further peculiarity that their nominative plural is formed with -e. Genitive plural—no ending.

e.g. англичáнин Nominative plural англичáне
                  Acc./Gen. plural англичáн
      гражданúн Nominative plural граждáне
                  Acc./Gen. plural граждáн

(126) *Neuter nouns in* -мя. There are ten of these nouns, of which the most common are время and имя.

Throughout their declension, apart from nominative and accusative singular, the stem has the added syllable -ен. The endings in the singular are -и in genitive, dative and prepositional, and -ем in the instrumental.

Nom.	вре́мя	и́мя
Acc.	вре́мя	и́мя
Gen.	вре́мени	и́мени
Dat.	вре́мени	и́мени
Inst.	вре́менем	и́менем
Prep.	вре́мени	и́мени

(127) *Cardinal numerals.*

1	оди́н (m.) одно́ (n.) одна́ (f.)	11	оди́ннадцать
2	два (m. and n.) две (f.)	12	двена́дцать
3	три	13	трина́дцать
4	четы́ре	14	четы́рнадцать
5	пять	15	пятна́дцать
6	шесть	16	шестна́дцать
7	семь	17	семна́дцать
8	во́семь	18	восемна́дцать
9	де́вять	19	девятна́дцать
10	де́сять	20	два́дцать
		21	два́дцать оди́н
			etc.

Note 1. один and два change according to gender.

masculine один мальчик   *neuter* одно здание
        два мальчика   два здания
feminine одна комната
        две комнаты

Note 2. Reference has already been made to the cases of nouns used with numerals. The rules can now be stated more fully.

(a) один/одно/одна and any numeral ending with the word один is followed by the nominative. singular.

один самолёт   двадцать одна квартира

(b) два/две, три, четыре and any numeral ending with one of these words are followed by the genitive singular.

два самолёт*а*   три книг*и*   двадцать четыре квартир*ы*

(c) All other numerals are followed by the genitive plural.

пять теплоход*ов*   десять квартир   двадцать семь дней

(128) *Ordinal numerals.*

1st	первый	11th	оди́ннадцатый
2nd	второ́й	12th	двена́дцатый
3rd	тре́тий	13th	трина́дцатый
4th	четвёртый	14th	четы́рнадцатый
5th	пятый	15th	пятна́дцатый
6th	шесто́й	16th	шестна́дцатый
7th	седьмо́й	17th	семна́дцатый
8th	восьмо́й	18th	восемна́дцатый
9th	девя́тый	19th	девятна́дцатый
10th	деся́тый	20th	двадца́тый
		21st	два́дцать пе́рвый etc.

Note 1. These are declined as normal adjectives except третий. Note that 2nd, 6th, 7th and 8th have stressed endings like большо́й.

Note 2. третий declines as follows:

	Masculine	*Neuter*	*Feminine*
Nominative:	тре́тий	тре́тье	тре́тья
Accusative:	тре́тий	тре́тье	тре́тью
Genitive:	тре́тьего	тре́тьего	тре́тьей

As in the genitive case, dative, instrumental and prepositional take soft endings preceded by a soft sign.

(129) *Time. Age.*

1. Time. The word час (hour) is used for 'o'clock'.

час   one o'clock

два часа́	two o'clock
три часа́	three o'clock
четы́ре часа́	four o'clock
пять часо́в	five o'clock etc.

The word полови́на (half) is used for half past the hour. Note however that the Russian for 'half past one' is полови́на второ́го literally 'half of the second hour'. The second hour, of course, runs from 1 o'clock to 2 o'clock.

| Thus | half past nine | полови́на деся́того |
| | half past four | полови́на пя́того   etc. |

at the hour = в + accusative.

at three o'clock   в три часа́

at the half hour = в + prepositional

at half past three   в полови́не четвёртого

Note also:

at what time?   в кото́ром часу́?

2. Age. The dative of the person is used.

Ско́лько вам лет?	How old are you?
Мне два́дцать оди́н год.	I am 21 years old.
Ей три го́да.	She is three years old.
Ему́ восемна́дцать лет.	He is 18 years old.
Ива́ну семь с полови́ной лет.	Ivan is seven and a half.

(130) *The future tense of* быть.

я бу́ду	мы бу́дем
ты бу́дешь	вы бу́дете
он бу́дет	они́ бу́дут

Note that this is also found in compounds of быть, e.g. забы́ть to forget.

Я не забу́ду.   I won't forget.

Note 1. The future of non-verbal impersonal expressions uses бу́дет.

на́до	— на́до бу́дет
нельзя́	— нельзя́ бу́дет
мне хо́лодно	— мне бу́дет хо́лодно
пора́ идти́	— ско́ро бу́дет пора́ идти́

Note 2. Note also the use of the genitive with не бу́дет. The construction with the genitive is identical to those with нет and не́ было (note (67)).

За́втра не бу́дет конце́рта.	There won't be a concert tomorrow.
У меня́ не бу́дет вре́мени.	I won't have time.
До за́втра его́ не́ будет.	He won't be home till tomorrow.

(131) *The instrumental case with verbs.*

1. Use with быть (see note (92) (e)).

   (a) The instrumental is used regularly with the infinitive.

Он хо́чет быть врачо́м.	He wants to be a doctor.

   (b) Also with the future.

Он бу́дет инжене́ром.	He will be an engineer.

   (c) With the past tense both instrumental and nominative are found. The main distinction is that the instrumental suggests something temporary—a stage in somebody's development, career etc., whereas the nominative indicates more permanency—nationality, permanent characteristic etc.

Когда́ он был ма́льчиком...	When he was a boy ...
Наш преподава́тель был англича́нин.	Our teacher was English.

2. Use with other verbs. A number of verbs govern the instrumental. (A list of these can be found in the Appendix.) The two we have met so far are:

(a) интересоваться to be interested in

| Она очень интересуется музыкой. | She is very interested in music. |

(b) становиться/стать to become

| Этот школьник скоро станет студентом. | This schoolboy will soon become a student. |

Note that the perfective стать is also used with the meaning 'to begin'

Он стал писать=Он начал писать.

(132) *The 1st person plural form of the imperative.* Russian renders 'Let's go', 'Let's eat' etc. by using давай (singular and informal) or давайте (plural or formal), followed by the 1st person plural of the verb (usually, but not invariably, perfective).

| Давайте войдём в гостиную. | Let's go into the living-room. |

If the idea is imperfective, the infinitive is normally used:

| Давайте играть в футбол. | Let's play football. |

Note. A particularly common form with идти and ехать in the plural form is:

| Пойдёмте! Поедемте! | Let's go. |

(133) (c)уметь *to be able* (=to know how to cf. умный clever). Note the difference between уметь and мочь

| Он не умеет плавать. | He can't swim (i.e. he hasn't learnt). |

Он не может плавать.   He can't swim (broken his
                                 arm etc.).

The perfective суметь can often be used to translate 'to manage'.

(134) есть *to eat*. The verb is highly irregular.

Present: я ем   мы еди́м ⎫
         ты ешь   вы еди́те ⎬ do not confuse with е́хать
         он ест   они едя́т ⎭

Past: он ел   она е́ла они е́ли

(135) *More prepositions with the genitive.*

до   As well as meaning 'up to', 'as far as', до can mean 'before' or 'until'.

до революции   до обеда

Note its use in combination with за:

За пять дней до концерта.   Five days before the concert.

после   after

после революции   после обеда

Note its use in combination with через:

Через три дня после
   концерта.   Three days after the concert.

кроме   except, apart from

все кроме меня;   кроме этого

от   can be used to indicate a cause.

Она покраснела от
   удовольствия.   She blushed with pleasure.
Я умираю от скуки.   (lit. I'm dying of boredom)
                                I'm bored to death.

Голова его закружилась от вина.	His head began to spin from the wine.

(136) ни... ни... *neither ... nor ...* As with никогда, никто etc., a verb must be negated by не.

Он *не* читает ни Пушкина ни Лермонтова.	He reads neither Pushkin nor Lermontov.

(137) (a) ли if (meaning 'whether'). The word is mostly used in indirect questions:

Я не знаю, придёт ли она.	I don't know if she's coming.

Note that subject and verb are inverted, ли coming immediately after the verb. Where there is no verb (clauses where 'to be' is understood), ли follows the word which carries the main weight of the question.

Она спросила, дома ли он.	She asked if he was at home.
Мы не знаем, правда ли это или нет.	We don't know if this is true or not.

(b) ли can also be used in direct questions where there is no question word ('why' etc.). Thus 'Do you know?' can be rendered either by:

Вы знаете?	(question indicated by intonation)
or Знаете ли вы?	(question indicated by ли)

Note. ли follows the word in a question which requires an answer.

Интересно ли он говорит?	Does he speak well? (Answer—Да, интересно)

(138) сам *myself, himself etc.* (neut.—само́ fem.—сама́, plural—са́ми).

Сам, я не знаю.	I don't know myself.
Она сама сказала это.	She herself said it.

Do not confuse with себя. Сам is an emphatic pronoun which can stand as part of the subject. Себя refers to the subject but is never part of it. In the examples quoted, сам emphasises the fact that it is this particular person that is meant and not any other.

As in English the emphatic pronoun can have the implication that a person is doing something without assistance.

Я сделал это сам.   I did it myself.

Сам can stand with a noun or pronoun in any case.

Мы поговорили с самим   We chatted to the boss him-
начальником.   self.

Сам takes the same endings as этот.

(139) англича́нин/англича́нка. ру́сский (a Russian), ру́сская (a Russian woman), ру́сские (the Russians) is the only adjective of nationality which can be used as a noun. A list of countries, their inhabitants and the corresponding adjectives is given in the Index.

Note the adverbial form of the adjective with по-:

по-русски   in Russian
по-английски   in English etc.

The literal meaning is 'in the Russian manner' etc. (cf. French 'à la')
Hence   котлеты по-киевски   Kiev cutlets.

Exercises

(1) Give the appropriate endings:

(a) В Москве много…

высокие здания; музыкальные театры; красивые женщины; симпатичные студентки; футбольные стадионы; старые трамваи; большие фабрики; шумные грузовики; длинные очереди; страстные читатели «Правды».

(ъ) У нас в общежитии мало...

книжные шкафы; удобные постели; красивые картины; весёлые вечера; английские книги; свежие яблоки; молодые люди; умные студенты.

(c) В нашем районе нет...

автобусные кондуктора; большие гостиницы; промышленные центры; бедные граждане; густые леса; домашние птицы (poultry); телефонные книги; интересные радиопередачи.

(2) Answer the questions as in the model:

    — У вас пять пиджаков? (2)
    — Нет, у меня два пиджака.

1. У вас на даче шесть комнат? (2)
2. У вас две жены? (1)
3. В библиотеке двадцать четыре школьника? (28)
4. На Благовещенском соборе три купола? (9)
5. В Кремле четыре собора? (5)
6. Чехов написал четыре пьесы? (12)
7. Вы купили двадцать пять бутылок вина? (21)
8. Вы взяли в библиотеке пять книг? (3)
9. В Советском Союзе только один кремль? (много)
10. В комнате только один человек? (много)

(3) Answer the following, using the times specified in brackets:

1. В котором часу вы обычно встаёте? (7.30)

2. В котором часу вы обычно приходите на работу? (9.00)

3. В котором часу вы обычно обедаете? (12.30)

4. В котором часу вы обычно возвращаетесь на работу после обеденного перерыва? (1.00)

5. В котором часу вы обычно приходите домой с работы? (6.00)

6. В котором часу начальник обычно возвращается на работу после обеденного перерыва? (3.00)

7. В котором часу обычно начинаются футбольные матчи? (2.30)

8. В котором часу закрываются магазины в Москве? (8.00)

(4) And the following, using the ages specified in brackets:

1. Сколько вам лет? (24)

2. Сколько лет вашему брату? (21)

3. Сколько лет этой молодой девушке? (14)

4. Сколько лет вашему сыну? (3)

5. Сколько лет вашему преподавателю? (29)

(5) Rewrite the phrases on the right in the correct case.

1. Он хорошо понимает — эта студентка; этот студент; эти студенты; эти студентки; ваши родители; эта пьеса; этот молодой преступник; современный мир; мой дедушка.

2. Они увидели — старое здание университета; свой дорогой товарищ; бедный Саша; английские туристы; Таня и её старший брат Ваня; маленькая девушка; Кузнецовы; Валентина Терешкова; все члены делегации; Чёрное море; сам директор.

(6) Respond to the following as in the model.

Model: Мне так хочется посмотреть этот фильм.
Ну, давайте посмотрим его.

1. Хочу вернуться домой.
2. Мы с сестрой хотим купить эту картину.
3. Какая скучная передача! Телевизор надо выключить.
4. Кажется, мы каждый день читаем эти скучные стихи. Предпочитаю читать научную фантастику.
5. Я так люблю картины Пикассо. Хочу завтра посетить картинную галерею.
6. У Наташи большой аппетит. Хочу приготовить ей борщ.
7. Почему мы никогда не говорим по-русски?
8. Ах, эти русские папиросы мне не нравятся. Почему мы не курим настоящих сигарет?

(7) Answer these questions on the text in Russian:

1. Когда Ольга Петровна особенно любит готовить?
2. Почему стоял на буфете ряд пустых бутылок?
3. Где Давид и Орловы уселись после обеда?
4. О каких членах семьи Давид ничего не знает?
5. Сколько лет Пётр уже учится?
6. Почему он не живёт в квартире?
7. Ему нравится студенческая жизнь?
8. Давид был хорошим учеником, когда он был мальчиком?
9. Почему Давид начал учиться русскому языку?
10. Почему он так скучал на юго-западе Англии?
11. Где дедушка Давида познакомился с женой? Когда это было?
12. Почему Давид спал у Ростовых в квартире?

(8) Translate into Russian:

1. He's simply a genius. All his pictures have turned out

marvellously, but apparently he doesn't want to talk
about them. He says that words are empty. But it goes
without saying that he is glad people rate (=ценить) them
so highly.

2. 'Let's move into the living-room! 'I prefer to sit here in
the kitchen. I'm absolutely full up and just (=просто)
can't get up. After all we haven't finished the wine yet.'

3. He'll never make a doctor. In school he always got '3's.
I just can't understand how he managed to get into the
institute of medicine.

4. 'Kolya, how is it that you always blush when Katya
looks at you?' 'Stop it, Igor. Surely you know that
Kolya blushes when any (=какой-нибудь) young girl
looks at him.'

5. No wonder Nikita is bored to death. There's nobody in
the flat all day apart from his grandmother and grandfather. Of course when his parents come home from
work, it's a different matter altogether.

6. Countless people went into the Kremlin today, because
they wanted to see Brezhnev who had just returned from
Tbilisi.

7. I hope that that shy young Englishman doesn't want to
stay (=жить) in the hostel. We've got a lot of shy young
men here already as it is.

LESSON 14

Поездка в Серебряный Бор.

В ту ночь Давид плохо спал. Потолок всю ночь кружил-
ся над его головой. В половине четвёртого он наконец
заснул. Часов в девять он вдруг проснулся, включил
лампу и две-три секунды не верил своим глазам. Что
это за комната? Безусловно это не его номер в гостинице
«Бухарест». Всё здесь удобнее, красивее, светлее. Окна

бо́льше. Его́ глаза́ бе́гали по стена́м, по о́кнам, по ра́зным предме́там в ко́мнате. Ведь в его́ но́мере на полу́ лежи́т потёртый, твёрдый лино́леум; у посте́ли коро́ткий, зелёный ко́врик, не пра́вда ли? Но здесь отли́чный кори́чневый ковёр. В «Бухаре́сте» стои́т ря́дом с посте́лью проста́я ту́мбочка, в кото́рой он храни́т свои́ ве́щи — бельё, зубну́ю щётку, электри́ческую бри́тву и проч. Где же она́? Вме́сто ту́мбочки он уви́дел пи́сьменный стол. Э́то да́же не спа́льня. Он лежи́т не в посте́ли, а на како́м-то дива́не. Стра́нно! А там на буфе́те стои́т така́я преле́стная ва́за — высо́кая, у́зкая ва́за с каки́ми-то бе́лыми цвета́ми — ро́зы, ка́жется. Чья э́то ва́за? Да кто же зна́ет, что бе́лые ро́зы как раз его́ люби́мые цветы́? Он встал, перешёл к окну́, откры́л тяжёлые занаве́ски. Я́ркие лучи́ у́треннего со́лнца освети́ли ко́мнату. Там внизу́ был широ́кий двор, в кото́ром де́ти игра́ли в городки́. На скаме́йке сиде́ли две молоды́е же́нщины и вяза́ли. Два то́лстых старика́ сиде́ли на друго́й скаме́йке и игра́ли в ша́хматы. О́кна у него́ в гости́нице, одна́ко, выхо́дят на Москву́-реку́. Вдруг он заме́тил, что у него́ боли́т голова́. Он поверну́лся. Вот на буфе́те стоя́т семь пусты́х буты́лок. Чьи э́то буты́лки? Ах, како́й он идио́т! Тепе́рь всё я́сно. Но ра́зве он так мно́го вы́пил? В э́тот моме́нт кто-то постуча́л в дверь. Дверь откры́лась и появи́лся како́й-то семнадцатиле́тний ма́льчик с дли́нными волоса́ми.

Па́вел:	До́брое у́тро, Ми́стер Грант. Как вы спа́ли?
Дави́д:	Спаси́бо. Снача́ла пло́хо, а пото́м лу́чше. Дива́н э́тот гора́здо удо́бнее, чем посте́ль в гости́нице. А вы, должно́ быть, Па́вел, да?
Па́вел:	Соверше́нно ве́рно. Я всегда́ рад познако́миться с иностра́нцами.
Дави́д:	О́чень прия́тно. А что э́то вы там несёте в руке́?
Па́вел:	Ча́шку чёрного ко́фе. По воскресе́ньям всегда́

до́лжен приноси́ть роди́телям ча́шку ко́фе, когда́ они́ ещё лежа́т в посте́ли — и гостя́м то́же. Когда́ они́ о́чень по́здно ложа́тся спать, подаю́ им у́тром лёгкий за́втрак. В са́мом де́ле весь день ношу́ по кварти́ре подно́сы.

Дави́д (*смеётся*): Безусло́вно вы отли́чный официа́нт. У нас в А́нглии ре́дко быва́ет, что семна́дцатиле́тний ма́льчик помога́ет роди́телям. А скажи́те, Па́вел, где ва́ши роди́тели?

Па́вел: Па́па ещё спит, а ма́ма у телефо́на. Она́ звони́т на́шим друзья́м, что́бы узна́ть, хотя́т ли они́ сего́дня пое́хать в Сере́бряный Бор на да́чу.

Дави́д: А я никогда́ не быва́л в подмоско́вных леса́х.

Па́вел: Ну, я уве́рен, что Алексе́й и Ири́на нас повезу́т. Ле́том и о́сенью они́ ча́сто во́зят нас туда́. У них, ви́дите, «Москви́ч», а у нас да́ча в лесу́. Да́ча дово́льно больша́я, так что не бу́дет пробле́м.

О́льга (*вхо́дит*): До́брое у́тро, Дави́д. Вы хорошо́ спа́ли?

Дави́д: Спаси́бо, как уби́тый.

О́льга: У вас есть пла́ны на сего́дня? Де́ло в том, что мы с Ири́ной то́лько что разгова́ривали по телефо́ну и реши́ли, что в таку́ю прекра́сную пого́ду ника́к нельзя́ остава́ться в го́роде.

Дави́д: У меня́ нет никаки́х пла́нов. Я свобо́ден до послеза́втра.

О́льга: Замеча́тельно.

Па́вел: Ма́ма, я уже́ объясни́л Ми́стеру Гра́нту про да́чу.

Дави́д: До́лжен призна́ться, я всегда́ хоте́л пое́хать в Сере́бряный Бор.

О́льга: Прекра́сно. Нам действи́тельно везёт, что у нас в понеде́льник пра́зник. В тако́м слу́чае остаётся то́лько одна́ пробле́ма.

Па́вел: Кака́я же?

О́льга: Па́па спит как уби́тый, а Ири́на зае́дет за
           на́ми че́рез два́дцать мину́т.

Са́ша (*в дверя́х*): Не беспоко́йся, О́ля. Ти́ше е́дешь,
           да́льше бу́дешь.

Два часа́ спустя́. «Москви́ч» Алексе́я подъезжа́ет к
Сере́бряному Бо́ру.

Дави́д: Кака́я красота́! Это ме́сто да́же краси́вее, чем
           я ожида́л.

О́льга: Ка́жется, так ду́мают все москвичи́. На да́че
           гора́здо ти́ше. А по́сле обе́да мы поведём
           Дави́да в лес гуля́ть. (*Дави́ду*) Нам осо́бенно
           нра́вится о́сенью води́ть друзе́й в лес и
           пока́зывать им на́ши золоты́е дере́вья.

Па́вел: Да, в лесу́ сего́дня бу́дет чуде́сно. Па́па, ты
           то́лько посмотри́ на берёзы.

О́льга: Ти́ше, он ещё спит. Не на́до буди́ть его́.

Дави́д: Мне то́лько жаль, что дни стано́вятся коро́че,
           а но́чи длинне́е. О́сень так бы́стро прохо́дит.

Алексе́й: Да, пра́вда. Ско́ро бу́дет зима́.

Ири́на: Алёша, ты не отравля́й на́ше удово́льствие!
           Мне надое́ло всё время слы́шать о зиме́.
           Все дере́вья покры́ты жёлтыми и кра́сными
           ли́стьями, а ты всё говори́шь о зиме́.

Алексе́й: Извини́, дорога́я, бо́льше не бу́ду. Ну, друзья́,
           вот мы и прие́хали.

Са́ша: Дави́д, как вам понра́вилась пое́здка? Краси́-
           вый райо́н, не пра́вда ли?

Па́вел: Ах, како́й ты лицеме́р! Всю доро́гу проспа́л и
           ничего́ не ви́дел. (*Дави́ду*) В доро́ге он всегда́
           засыпа́ет — то́лько не тогда́, когда́ ведёт
           маши́ну.

О́льга: Сла́ва Бо́гу!

Vocabulary

поёздка	trip, outing	и прóчее/и	
включáть, включи́ть	to switch on, turn on	проч.	and so on
		вмéсто	
лáмпа	lamp	+ genitive	instead of
секýнда	second	стрáнный	strange
что э́то за…?	what sort of … is that?	прелéстный	charming, lovely
		вáза	vase
безуслóвно	undoubtedly, indisputably	ýзкий	narrow
		какóй-то	some (sort of)
нóмер	hotel bedroom;	бéлый	white
(pl. номерá)	number (of bus, house, telephone etc.)	цвет	flower; colour
		рóза	rose
		чей/чьё/чья/	
свéтлый	light (not dark)	чьи	whose
окнó (gen. pl.		тяжёлый	heavy
óкон)	window	зáнавеска	curtain
бежáть	to run (see note)	я́ркий	bright
бéгать	to run (see note)	луч	ray, beam
предмéт	object (thing); subject (school etc.)	освещáть, освети́ть	
		(освещý,	to light up,
		освети́шь)	illuminate
потёртый	worn	городки́	'gorodki' (game
твёрдый	hard, firm		like skittles)
линóлеум	linoleum		
корóткий	short	(с)вязáть	
зелёный	green	(вяжý,	
кóврик dimin.		вя́жешь)	to knit
of ковёр		тóлстый	stout, fat
(carpet)	mat	шáхматы	chess
кори́чневый	brown	выходи́ть	
ря́дом с + instrumental	beside, alongside	на + accusative	to look out on (of room, window)
тýмбочка	bedside locker	поворáчиваться,	
храни́ть	to keep	повернýться	
вещь (f.)	thing	(повернýсь,	
бельё	linen, underclothes	повернёшься)	to turn round
(зубнáя)		идиóт	idiot
щётка	(tooth)brush	момéнт	moment
электри́ческий	electric	кто-то	somebody
бри́тва	razor		

(по)стуча́ть
(стучу́,
стучи́шь
(в дверь) — to knock (at the door)

появля́ться,
появи́ться
(появлю́сь,
поя́вишься) — to appear

семнадцати-
ле́тний — seventeen years old

во́лосы pl.
(gen.
воло́с) — hair

лу́чше — better

гора́здо — much (only with comparatives)

чем — than

соверше́нно
ве́рно — quite correct

иностра́нец
(gen. ино-
стра́нца) — foreigner

нести́ — to carry (see note)

носи́ть — to carry (see note)

до́лжен/
должно́/
должна́/
должны́ — must, have to (see note)

приноси́ть,
принести́ — to bring

подава́ть,
(подаю́,
подаёшь)
пода́ть (as
for дать) — to serve (food, tennis)

лёгкий (pro-
nounced
лёхкий) — light (not heavy)

за́втрак — breakfast

подно́с — tray

помога́ть,
помо́чь (as
for мочь)
+ dative — to help

друг (pl.
друзья́) — friend

подмоско́в-
ный — (situated) near Moscow

везти́ — to take, carry (see note)

вози́ть — to take, carry (see note)

«Москви́ч» — Moskvich car

пробле́ма — problem

спать как
уби́тый — to sleep like a log

план (на
сего́дня
etc.) — plan (for today etc.)

остава́ться,
оста́ться
(оста́нусь,
оста́нешь-
ся) — to stay, remain

никако́й — no (adjective)

свобо́дный — free, unoccupied

послеза́втра — the day after tomorrow

про + accusa-
tive — about

признава́ться,
(признаю́сь,
признаёшь-
ся)
призна́ться
(при-
зна́юсь,
при-
зна́ешься) — to admit

действи́-
тельно — really

пра́здник — (public) holiday

в тако́м
слу́чае — in that case

заезжа́ть,
зае́хать,
за + instru-
mental — to call for (by car)

за + instru-
mental — for (see note)

ти́ше е́дешь,
да́льше
бу́дешь — the more haste,
the less speed

подъезжа́ть,
подъе́хать — to approach (by
car)

красота́ — beauty

вести́ — to take, lead (see
note)

води́ть — to take, lead (see
note)

де́рево (pl.
дере́вья) — tree; wood
(material)

берёза — birch tree
(раз)буди́ть
(бужу́,
бу́дишь) — to waken (somebody) up

не на́до — you mustn't

мне жаль — I am sorry, I
regret

отравля́ть,
отрави́ть
(отравлю́,
отра́вишь) — to poison; spoil
(someone's
pleasure)

мне надое́ло
+ infinitive — I'm sick of

покры́тый — covered

жёлтый — yellow

лист (pl.
ли́стья) — leaf

лицеме́р — hypocrite

проспа́ть
perf. of
спать — when length of
time mentioned

тогда́ — then; at those
times (when)

вести́
маши́ну — to drive a car

сла́ва Бо́гу! — thank God!

Language notes

(140) (a) *The dative plural.*

Nouns

Endings for hard nouns (all genders): -ам
Endings for soft nouns (all genders): -ям

	Hard		*Soft*
предме́т — предме́там		трамва́й — трамва́ям	
ва́за — ва́зам		дере́вня — дере́вням	
окно́ — о́кнам		по́ле — поля́м	

N.B. Remember the spelling rule—ночь — ноча́м

Adjectives

Endings for hard adjectives: -ым
Endings for soft adjectives: -им

Hard	*Soft*
краси́вый — краси́вым	си́ний — си́ним
молодо́й — молоды́м	хоро́ший — хоро́шим

Possessive adjectives

мой — мои́м	наш — на́шим
твой — твои́м	ваш — ва́шим

Pronouns

э́тот — э́тим	весь — всем

(b) *The instrumental plural.* With the exception of five nouns, the instrumental plural of all nouns, adjectives and pronouns adds -и to the dative plural.

e.g.   с мои́ми хоро́шими това́рищами,   с э́тими бе́лыми розами

The five nouns, all soft, are: де́ти (children); лю́ди (people); ло́шади (horses); до́чери (daughters); две́ри (doors).

They take a soft sign instead of я.

Thus: дети — детьми́;   люди — людьми́;   лошади — лошадьми́; дочери — дочерьми́; двери — дверьми́.

(141) *Plural declension of irregular nouns.* The singular and plural declension of nouns has now been covered in all cases.

Note that in the case of irregular nouns the dative, instrumental and prepositional plural present few difficulties compared with the genitive.

Note 1. Changes found in the stem of the nominative plural are retained in dative, instrumental and prepositional plural.

Example (a) мать, дочь:

	Singular	Plural
N	мать	ма́тери
A	мать	матере́й
G	ма́тери	матере́й
D	ма́тери	матеря́м
I	ма́терью	матеря́ми
P	ма́тери	матеря́х

Example (b) вре́мя, и́мя:

	Singular	Plural
N	вре́мя	времена́
A	вре́мя	времена́
G	вре́мени	времён
D	вре́мени	времена́м
I	вре́менем	времена́ми
P	вре́мени	времена́х

Example (c) англича́нин, граждани́н etc.:

	Singular	Plural
N	англича́нин	англича́не
A	англича́нина	англича́н
G	англича́нина	англича́н
D	англича́нину	англича́нам
I	англича́нином	англича́нами
P	англича́нине	англича́нах

Note 2. Masculine nouns with irregular plurals in stressed '-a' retain the stressed ending throughout.

N	го́род	города́
A		города́
G		городо́в
D		города́м
I		города́ми
P		города́х

(142) *The comparative of predicative adjectives and adverbs.*
Predicative adverbs (i.e. not preceding a noun, usually
following the verb 'to be'—He is *strong*) normally add the
ending '-ee' to the stem.

быстрый	fast	быстрée	faster
светлый	light	светлée	lighter

The first -e- of the ending -ee is normally stressed.

Longer adjectives (three or more syllables) keep their
normal stress in the comparative form.

интерéсный	interesting	интерéснее	more interesting
красúвый	beautiful	красúвее	more beautiful

Note 1. Many of the commonest adjectives change their
stem in the comparative form, which then ends in a sibilant
(ж, ш, щ, ч) followed by -e. The -e is never stressed. (A list
of these adjectives is given in the appendix.)

Adjectives which fall into this category include:

тúхий	quiet	тúше	quieter
далёкий	far	дáльше	further
корóткий	short	корóче	shorter
глухóй	deaf	глýше	deafer
грóмкий	loud	грóмче	louder
стáрый	old	стáрше	older
тóнкий	thin	тóньше	thinner
ширóкий	wide	шúре	wider
молодóй	young	молóже	younger
дорогóй	dear	дорóже	dearer
твёрдый	hard	твёрже	harder
ýзкий	narrow	ýже	narrower
яркий	bright	ярче	brighter
тóлстый	fat	тóлще	fatter

Note 2. Although the adjective большóй does not change
its stem in the comparative, it also takes the ending -e.

bigger   бóльше

Note 3. As in English, a few adjectives have unrelated comparative forms (bad—worse)

хоро́ший	good	лу́чше	better
плохо́й	bad	ху́же	worse
ма́ленький	small	ме́ньше	smaller

Note 4. The same comparative forms are also used for adverbs.

Эта кни́га лу́чше.	This book is better. (adjective)
Бори́с игра́ет лу́чше.	Boris plays better. (adverb)

As adverbs, бо́льше and ме́ньше are the comparatives of мно́го and ма́ло. They mean 'more' and 'less'.

Note that they can be used with the genitive in the same way as много and мало.

ма́ло книг	few books	ме́ньше книг	fewer books
мно́го книг	many books	бо́льше книг	more books

Note 5. 'Than' after a comparative. The Russian equivalent is чем. The case after чем is the same as that used with the first object of comparison.

Он чита́ет быстре́е, чем я	He reads faster than me.
Он пи́шет лу́чше карандашо́м, чем ру́чкой.	He writes better with a pencil than (with) a pen.
Она́ зна́ет Ко́лю лу́чше, чем Илью́.	He knows Kolya better than (he knows) Ilya.

The case is all-important. Она́ зна́ет Ко́лю лу́чше, чем Илья́ would mean that she knows Kolya better than Ilya knows him.

A common alternative to чем with the nominative (not possible as an alternative to other cases) is the genitive case. Thus in the first example above another possible version would be: Он чита́ет быстре́е *меня́.*

(143) *Short adjectives (see note 115).* As explained earlier, most adjectives have both long and short forms. An example of the short form in the text is: Я *свободен* до послезавтра. Formation:

Long form	Short form	
интере́сный рома́н	Рома́н интере́сен.	The novel is interesting.
интере́сная рабо́та	Рабо́та интере́сна.	The work is interesting.
интере́сное зда́ние	Зда́ние интере́сно.	The building is interesting.
интере́сные лю́ди	Лю́ди интере́сны.	The people are interesting.

Note 1. When the adjective stem ends in a double consonant, the masculine form of the short adjective has a fleeting -о- or -е-. The commonest examples are:

1. Stem ending in к — supply -о-.

кре́пкий — кре́пок   коро́ткий — коро́ток
лёгкий   — лёгок   то́нкий   — то́нок

2. Stem ending in н — supply -е- (-ё- when stressed).
бе́дный — бе́ден   больно́й — бо́лен

Note 2. Stress. In most adjectives the stress falls on the same syllable in both long and short forms. However, note the following exceptions.

1. The short masculine form of adjectives in -ой has the stress on the first syllable.

больно́й — бо́лен   дорого́й — до́рог

2. Some short adjectives change the stress to the ending in the feminine.

кра́сный — кра́сен, красна́   кре́пкий — кре́пок, крепка́
лёгкий   — лёгок, легка́   но́вый   — нов, нова́
просто́й — прост, проста́   то́нкий   — то́нок, тонка́

3. A few short adjectives are stressed on the final syllable throughout.

высо́кий — высо́к, высоко́, высока́, высоки́
далёкий — далёк, далеко́, далека́, далеки́
тяжёлый — тяжёл, тяжело́, тяжела́, тяжелы́
хоро́ший — хоро́ш, хорошо́, хороша́, хороши́

Note 3. Adjectives referring to (1) nationality, e.g. ру́сский, (2) material, e.g. золото́й, (3) position in a series, e.g. второ́й, have no short form.

Большо́й and ма́ленький have no short form. They use instead the forms:

большо́й — вели́к   ма́ленький — мал

Very few soft adjectives are ever used in the short form.

Use of short adjectives. Short adjectives are only used predicatively and are thus never found in front of nouns. They are always in the nominative case.

Этот дом очень краси́в.	This house is very beautiful.
Мне нравится этот краси́вый дом.	I like this beautiful house.

As both long and short forms can be used predicatively, some attention must be paid to the question of which form to choose.

1. In general the short form is becoming less common in the spoken language.

2. The short form often suggests a less permanent characteristic than the long form.

Compare (a) Она добрая.	She is kind. (a permanent quality)
Вы очень добры.	You're very kind. (specific occasion)

(b) Он больной.   He's an invalid.
    Он болен.   He's ill. (at present)

3. The short adjective is used when accompanied by a qualifying phrase or word, as the latter limits the absolute validity associated with the long form.*

Его дети были *ему* очень   His children were very dear
    дороги.   *to him.*

4. The short form of some adjectives implies excess.

Его пальто коротко, мало,   His coat is too short, too
    велико   small, too big etc.

This is really an extension of 3, as the coat is obviously not 'too short' in any absolute sense, but only with regard to the wearer.

Note. я должен I must. Like рад it is always used in the short form.

Мы должны работать.   We must work.

Do not confuse with the parenthetic expression должно́ быть.

Вы, должно быть, Павел.   You must be Paul.
    Past: я должен был   Future: я должен буду

я должен also means 'I owe'.

Он мне должен пять
    рублей.   He owes me 5 roubles.

In this sense the past is: я был должен
                  future: я буду должен

---

* Long form adjectives are identified completely with the nouns they qualify. A rule of-thumb guide is that the long form is used when 'a . . . one' can be substituted for the adjective, e.g. Книга красная. The book is red. (a red one)

(144) *Adjectives after numerals*. We have already dealt with the case of nouns after numerals (see note (127)). The rules for adjectives are different, except after оди́н/одно́/одна́ and numbers ending in оди́н etc.

e.g.   оди́н стар*ый* москви́ч   one old Muscovite
    двадцать одна бел*ая*
       роза   twenty one white roses   etc.

With *all* other numerals, by far the most common case for adjectives is the *genitive plural* (i.e. whether after 2, 3, 4 or the other numbers).

три высок*их* дома   three tall houses
двадцать четыре малень-
    к*их* стула   24 small chairs
двадцать семь русск*их*
    книг   27 Russian books   etc.

The only exception to this is in the case of feminine nouns with два, три, четыре, or compound numerals ending in 2, 3 or 4. Russian usually uses the *nominative plural* here, although here too the genitive plural is not incorrect.

две стар*ые* книги   two old books
двадцать четыре больш*ие*
    картины   24 large pictures   etc.

(145) *New verbs of motion*. In this lesson occur various verbs of motion to which the same rules apply as those governing идти/ходить etc. (see note (53)).

Three of these pairs of verbs share the basic idea of 'taking'. These are:

1. нести́/носи́ть   to carry something (when walking)
2. вести́/води́ть   to take somebody (when walking)
3. везти́/вози́ть   to convey somebody or something (in a vehicle)

(a) Specific verbs (идти́ type):

	нести́	вести́	везти́
Present:	я несу́	я веду́	я везу́
	ты несёшь	ты ведёшь	ты везёшь
	он несёт	он ведёт	он везёт
	мы несём	мы ведём	мы везём
	вы несёте	вы ведёте	вы везёте
	они несу́т	они веду́т	они везу́т
Past:	нёс/несло́/	вёл/вело́/	вёз/везло́/
	несла́/несли́	вела́/вели́	везла́/везли́

From the meanings of these verbs it will be realised that
нести́/носи́ть and вести́/води́ть are frequently used in
conjunction with идти́/ходи́ть; везти́/вози́ть with éхать/
éздить.

(b) General verbs (ходи́ть type):

	носи́ть	води́ть	вози́ть
Present:	я ношу́	я вожу́	я вожу́
	ты но́сишь	ты во́дишь	ты во́зишь
	он но́сит	он во́дит	он во́зит
	мы но́сим	мы во́дим	мы во́зим
	вы но́сите	вы во́дите	вы во́зите
	они но́сят	они во́дят	они во́зят

The past tense of these verbs is regular.

In addition to these verbs, the verb 'to run' occurs in the
lesson.

бежа́ть (specific); бéгать (general)

бéгать is regular, but the present tense of бежа́ть is
highly irregular:

бежа́ть

я бегу́	мы бежи́м
ты бежи́шь	вы бежи́те
он бежи́т	они бегу́т

(146) *The preposition* по. по used with the specific verbs of motion means 'along'.

Он шёл по улице.	He was walking along the street.

по used with the general verbs of motion implies that:

1. more than one direction is involved (often 'around' in English),

Дети бегали по парку.	The children were running around in the park.

or 2. more than one place or object is involved.

Они ходили по магазинам.	They went round the shops.
его глаза бегали по стенам.	His eyes roamed round the walls.

In time expressions with plural nouns it means 'on' (days of the week):

e.g. по средам on Wednesdays   по субботам on Saturdays
  cf. on Wednesday в среду   on Saturday в субботу

—and 'in' (times of day):

e.g. по утрам in the mornings   по вечерам in the evenings
  cf. in the morning утром   in the evening вечером

(147) в+*accusative*. Apart from its commonest use (into), this preposition has various other uses including:

1. Playing a game.

играть в футбол	to play football
играть в шахматы	to play chess

2. With various expressions of time.

(a) в среду on Wednesday etc.

(b) в э́тот день on this day   в ту ночь that night etc.
(c) в таку́ю хоро́шую/плоху́ю пого́ду in such fine/bad
     weather etc.

But note на э́той неде́ле that week etc. (на + prepositional).

3. With the verbs стуча́ть (to knock) and звони́ть (to
ring).

Он постуча́л в окно́.	He knocked at the window.
Он позвони́л в дверь.	He rang the doorbell.

(148) за + *instrumental* (*meaning 'for'*). За and the instrumental can express the purpose of going somewhere—to
fetch somebody or something.

Он пошёл в библиоте́ку за	He went to the library for a
кни́гой.	book.
Он зае́хал за мной.	He called for me in the car.

(149) что за + *nominative*.

Что за пого́да!	What weather!
Что э́то за кни́га?	What sort of book is that?

N.B. This is the only case where a preposition can be
followed by the nominative. It can be used for both exclamations and questions.

(150) *Approximation with numbers.*

де́сять госте́й	ten guests
госте́й де́сять	about ten guests

Approximation is represented by the inversion of number
and noun.

Note: часа́ в три   at about three o'clock

(151) *Nouns in apposition.* The nouns usually go in the same case.

Москва-река	the river Moskva
на Москве-реке	on the river Moskva
город Киев	the city of Kiev
в городе Киеве	in the city of Kiev

Note, however, that names of newspapers, books, hotels etc. are in the nominative *when in apposition* and need inverted commas («...»).

e.g. в газете «Известия» (but в «Известиях»)
в гостинице «Бухарест» (but в «Бухаресте»)

(152) *Spelling rule concerning* ц. The hard consonant ц can never be followed by я or ю, although the third pair of vowels affected by spelling rules -ы/и can both be found after ц. (Both ы and и are pronounced ы after ц.)

e.g. the genitive of со́лнце is со́лнца.

(153) *Nouns with plural in* -ья. A small group of irregular masculine and neuter nouns take this ending (sometimes accompanied by a change in the stem). The commonest we have met so far are:

брат	(brother)	бра́тья	де́рево	(tree)	дере́вья
стул	(chair)	сту́лья			
лист	(leaf)	ли́стья			
муж	(husband)	мужья́			
сын	(son)	сыновья́			
друг	(friend)	друзья́			

All these nouns, except for муж; сын; друг retain the soft sign throughout the plural.

e.g.
N	бра́тья	D	бра́тьям
A	бра́тьев (animate)	I	бра́тьями
G	бра́тьев	P	бра́тьях

муж; сын; друг are declined similarly except in the
accusative and genitive, where the ending is -ей

мужья́; муже́й; муже́й; мужья́м; мужья́ми; мужья́х
сыновья́; сынове́й; сынове́й; сыновья́м; сыновья́ми;
  сыновья́х
друзья́; друзе́й; друзе́й; друзья́м; друзья́ми; друзья́х

(154) *The pronoun* тот. Although этот is commonly
defined as 'this', and тот as 'that', этот is much the more
common word and can be translated by both 'this' and
'that'.

тот is much more emphatic than этот and frequently
distinguishes 'that one' from 'this one'.

Мне больше нравится *та*   I like *that* picture better.
  картина.   (as opposed to эта)

The declension of тот is as follows:

	Masc.	*Neuter*	*Fem.*	*Plural*
Nom:	тот	то	та	*те*
Acc:	тот	то	ту	*те*
Gen:	того́	того́	той	*тех*
Dat:	тому́	тому́	той	*тем*
Inst:	*тем*	*тем*	той	*те́ми*
Prep:	том	том	той	*тех*

It will be seen that the declension closely follows that of
этот except in the plural and in the masculine and neuter
instrumental forms of the singular. In all these cases 'и' is
replaced by 'е'.

(155) *The interrogative pronoun* чей? (*whose?*). The declension of this pronoun resembles the declension of третий
(see note (128)).

	Masc.	*Neuter*	*Fem.*	*Plural*
Nom:	чей	чьё	чья	чьи
Acc:	чей	чьё	чью	чьи
Gen:	чьего́	чьего́	чьей	чьих
Dat:	чьему́	чьему́	чьей	чьим
Inst:	чьим	чьим	чьей	чьи́ми
Prep:	чьём	чьём	чьей	чьих

Note that это is invariable in expressions such as:

Чей *это* дом?	Whose is this house?
чьё *это* пальто?	Whose is this coat?
чья *это* книга?	Whose is this book?
чьи *это* карандаши?	Whose are these pencils?

This makes rather more sense in the singular, if the above examples are translated 'Whose house is this?' etc.

To understand the plural example it must be remembered that Russian uses это demonstratively for both singular and plural.

e.g.   *Это* новые машины.   *These* are new cars.

Exercises

(1) Write answers to the questions, using the words given on the right in the correct case.

1. Кому вы помогаете?	мои старые родители
2. Кому он звонил по телефону?	все свои московские друзья
3. Кому вы верите?	наши советские граждане
4. Кому вы даёте эти деньги?	эти бедные люди
5. Кому она пишет письмо?	те датские девушки
6. Кому он нравится?	все женщины
7. Кому здесь скучно?	мои старшие братья
8. Кому тесно в этой большой комнате?	эти английские студенты

(2) Use the following phrases in the correct case to answer the question «Чем вы интересуетесь?»

эти старые автомобили; наши городские музеи; все московские футбольные команды; шахматы; эти прелестные вазы; электрические зубные щётки; ваши студенческие общежития; твои золотые часы; все эти цветы и деревья.

(3) Use comparative adjectives or adverbs to answer the following on the model:

Павел большой человек. А Борис?

Борис гораздо больше $\begin{cases} \text{чем Павел.} \\ \text{Павла.} \end{cases}$

1. Киев крупный город. А Москва?
2. Эта деревня очень старая. А Иваново?
3. Это очень длинная улица. А Невский Проспект?
4. ТУ 144 летает очень быстро. А Конкорд?
5. Самарканд находится очень далеко от Москвы. А Владивосток?
6. У Никиты очень громкий голос. А у его жены?
7. У нас стены очень тонкие. А у вас?
8. У нас в Москве пища очень дорогая. А у вас в Лондоне?
9. Фред Блоггз очень хорошо играет музыку Рахманинова. А Святослав Рихтер?
10. Это очень удобный диван. А кресло?

(4) Replace the following phrases with sentences including a short adjective.

Model: Тонкий потолок.   Потолок тонок.

1. красивый лес.   2. пустая бутылка   3. короткое письмо 4. больной сын 5. узкая улица 6. тихое море 7. простой вопрос 8. бедный муж 9. ясные дни

(5) Write out the numbers in full and put the adjectives and nouns in the correct case.

1. 3 (футбольный матч)   2. 17 (советский лётчик)
3. 2 (вечерняя газета)   4. 21 (старая монета)
5. 5 (весёлая женщина)   6. 20 (высокое дерево)
7. 25 (широкое поле)   8. 4 (короткая секунда)
9. 13 (московская гостиница)   10. 19 (прелестная
                                    девушка)

(6) Change the following sentences by using a verb of taking (носить etc.).

Model: Он идёт с сестрой на вокзал. Он ведёт сестру
          на вокзал.

1. Вчера вечером он ходил в театр с женой.
2. Он ездит каждое лето в Сочи с родителями.
3. Официантка идёт с подносом.
4. Машина едет в аэропорт с английскими туристами.
5. Он идёт на стадион «Динамо» с товарищами.
6. Он идёт на стадион «Динамо» с бутылкой водки.
7. Он едет на стадион «Динамо» с товарищами.
8. Каждый день он ходит в институт с книгами в руке.

(7) Choose the correct answer to complete the sentences. N.B. Some of the suggested answers are grammatically impossible.

1. В ту ночь Давид спал

    (a) крепко.   (b) плохо.
    (c) в постели.   (d) как убитый.

2. Он спит обычно

    (a) в Бухарест.   (b) у друзей в квартире.
    (c) на полу.   (d) в гостинице «Бухарест».

3. Часов в девять Давид включил

    (a) лампа.   (b) лампу.
    (c) электрическую   (d) пылесос.
         бритву.

4. У Давида в номере стоит тумбочка

    (a) под постелью.   (b) недалеко от постели.
    (c) за постель.   (d) за постелью.

5. Когда Давид в номере, он видит через окно

    (a) Москву-реку.   (b) Москва-река.
    (c) Большой театр.   (d) белые розы.

6. Во дворе

    (a) играли старики в городки.
    (b) играли женщины в шахматы.
    (c) играли старики в шахматы.
    (d) вязали дети.

(8) Translate into Russian:

(a) 'Just look at that! Three empty bottles on the floor! What a mess! My older boy invited some friends or other in and they drank vodka all night. They went away with some girls in a Moskvich at about 4 o'clock. I cannot understand why girls like medical students with long hair. And I don't know who was driving the car.'

'Boris, you're an old hypocrite. Have you really forgotten how we used to spend the evenings when we were students? Don't you remember that delightful little blonde who lived in the flat above us? I agree (=я согласен) we didn't have a car, but we did drink a lot, didn't we? And we always had a headache when we woke up the next day!'

(b) Masha decided that it was impossible (=невозможно) to stay in the noisy capital that Sunday. She went over to the window and drew the curtains. The bright rays

of the morning sun lit up her little room and she looked at
the worn brown linoleum on the floor.

'Yes', she thought, 'I must go into the country.' At that
moment she looked out of the window. Two young students
had just passed the house and she suddenly realised that
they were her friends Nikita and Aleksei. She ran out into
the street and called out. They turned and she saw that they
were carrying books. She asked them where they were
going and they replied that they were going to the library.
But when she explained that she had just bought a new
Moskvich, was going to drive (future) to Serebryany Bor
and would drive them there with pleasure, they quickly
agreed.

'I'll call for you in twenty-five minutes,' she told them.
'I've just got to tidy up the flat.'

LESSON 15

Из дневника Павла

28ое сентября

В Лондон! В Лондон! В Лондон!

Мне с первого взгляда понравился этот англичанин.
Есть в нём что-то очень привлекательное. Без сомнения
мы стали бы близкими друзьями, если бы только он
остался подольше в Москве — скажем, на несколько
месяцев. Но остаётся он только до начала октября.
Третьего октября вернётся его делегация в Лондон, и
он о нас наверно забудет. Осталось всего пять коротких
дней до его отъезда. Значит, через пять дней он поедет
в Шереметьево, попрощается с нами, сядет в самолёт и
улетит. Он сказал, что мы будем переписываться и
даже предложил, чтобы я поехал на каникулы к нему
в Англию, когда окончу школу. Это было бы чудесно.
С тех пор, как мы с Давидом познакомились два дня

тому́ наза́д, я си́льно заинтересова́лся англи́йским
о́бразом хи́зни и А́нглией вообще́. Он говори́т, что я
ма́ло зна́ю об усло́виях в А́нглии, что мно́гое измени́-
лось, с тех пор, как Ди́ккенс писа́л свои́ рома́ны! Коне́ч-
но, я ма́ло зна́ю об А́нглии. Ведь у нас в СССР ма́ло кто
зна́ет конкре́тные фа́кты о западноевропе́йских стра́нах.
Отку́да же нам знать таки́е фа́кты? В Москве́ продаю́т
так ма́ло европе́йских газе́т, и так ма́ло иностра́нцев
говори́т свобо́дно по-ру́сски. Э́то приглаше́ние в
А́нглию обяза́тельно приму́. Хоте́л бы то́лько знать,
даст ли па́па разреше́ние на э́ту пое́здку, доста́ну ли
ви́зу. Кто зна́ет? Мне наве́рно не уда́стся. Ну, посмо́т-
рим. А ме́жду тем что я бу́ду де́лать? Ка́ждый ве́чер
бу́ду встреча́ться с Дави́дом. Бу́ду пока́зывать ему́
моско́вские достопримеча́тельности, а он бу́дет гово-
ри́ть со мной по-англи́йски. В конце́ концо́в нам на́до
помога́ть друг дру́гу, де́лать попы́тки друг дру́га
понима́ть, говори́ть друг с дру́гом.

Легко́ и ра́достно игра́ет в се́рдце кровь,
Жела́ния кипя́т — я сно́ва сча́стлив, мо́лод,
Я сно́ва жи́зни по́лн — тако́в мой органи́зм,
...

О́сень (*Пу́шкин*)

Так чуде́сно бы́ло сего́дня в лесу́! Взро́слые, как обы́чно,
бе́гло посмотре́ли в окно́, уви́дели тёмные ту́чи на не́бе,
реши́ли игра́ть в ка́рты. «Дово́льно приро́ды» так сказа́ть.
Тем лу́чше! Мы с Дави́дом тепло́ оде́лись, пошли́
гуля́ть часо́в в де́вять. Сперва́ шёл ме́лкий дожди́к;
вре́мя от вре́мени косы́е лучи́ невысо́кого осе́ннего
со́лнца на мину́точку освеща́ли дере́вья, но ско́ро
исчеза́ли, как то́лько со́лнце закрыва́лось ту́чей. Бы́ло
о́чень ти́хо. Мы сиде́ли среди́ берёз, смотре́ли круго́м и
слу́шали. Ли́стья чуть шуме́ли над голово́й; ве́тра
почти́ не́ было. Ни одно́й пти́цы не́ было слы́шно; ни

одного́ зве́ря не́ было ви́дно. Ли́стья на берёзах бы́ли ещё почти́ все зе́лены, хотя́ мы заме́тили, что они́ побледне́ли. Мы вста́ли, пошли́ ме́дленно да́льше, и вот, как раз пе́ред на́ми стоя́ла одна́ берёза — молода́я, вся золота́я, на кото́рой я́рко игра́ло со́лнце. Ру́сская о́сень ка́ждый год поража́ет меня́ свое́й красото́й.

Но вдруг поду́л си́льный ве́тер, и пошёл дождь. Мы бы́стро побежа́ли наза́д к да́че и пришли́ мо́крые, но весёлые. Роди́тели всё ещё игра́ли в ка́рты и броса́ли на нас косы́е взгля́ды. Ведь мы прерва́ли их игру́. Ка́жется, они́ едва́ заме́тили, пока́ игра́ли, что нас не́ было. Е́сли попро́сишь отца́ описа́ть о́сень, он отве́тит наве́рно так: о́сень — это то `вре́мя го́да, когда́ на́до включи́ть центра́льное отопле́ние!

Vocabulary

Months of the year

янва́рь (m.)	January		ию́ль (m.)	July
февра́ль (m.)	February		а́вгуст	August
март	March		сентя́брь (m.)	September
апре́ль (m.)	April		октя́брь (m.)	October
май	May		ноя́брь (m.)	November
ию́нь (m.)	June		дека́брь (m.)	December

дневни́к	diary		(по)проща́ться	to say goodbye to,
взгля́д	look, glance		c + instrumental	take one's leave of
с пе́рвого взгля́да	at first sight		улета́ть, улете́ть	to fly off
привлека́тельный	attractive		перепи́сываться	
сомне́ние	doubt		c + instrumental	to correspond with
без сомне́ния	without doubt, doubtless			(no perfective)
бли́зкий	close		предлага́ть, предложи́ть	to suggest; to offer
бы/что́бы	(see note)			
подо́льше	a little longer		кани́кулы	(school) holidays
всего́	in all, only			
отъе́зд	departure			

оканчивать,
окончить
школу — to leave school

с тех пор,
как — since (conjugation)

тому назад — ago

сильный — strong

сильно инте-
ресоваться — to be greatly
interested

образ жизни — way of life, life-
style

условие — condition

мало кто
+singular
verb — few people

конкретный — specific, concrete
(=not abstract)

факт — fact

(западно-)
европей-
ский — (west) European

продавать,
продать
(conjugated
as дать) — to sell

говорить
свободно — to speak fluently

обязательно — without fail

разрешение
на+accu-
sative — permission (to do
something)

доставать,
достать
(достану,
достанешь) — to get, obtain

виза — visa

удаваться,
удаться
(мне—im-
personal) — to succeed (see
note)

посмотрим — we shall see

между
+instru-
mental — between

между тем — meanwhile

встречаться,
встретить-
ся, с+in-
strumental — to meet

достопри-
мечатель-
ность (f.) — sight, something
worth seeing

друг друга — one another (see
note)

попытка — attempt

радостный — joyful

сердце — heart

кровь (f.) — blood

желание — wish, desire

кипеть
(кипит,
кипят) — to boil, seethe

снова — once more, again,
anew

счастливый — happy

полный
+genitive — full of

таков (short
form of
такой) — such

организм — organism

взрослый — grown-up, an
adult

как обычно — as usual

беглый — fleeting

тёмный — dark

туча — cloud (rain-cloud)

карты (plural
of карта) — cards

довольно
+genitive — enough of

так сказать — so to speak

тем лучше — all the better

одеваться,
одеться
(оденусь,
оденешься) — to get dressed

дождь идёт — it is raining

дождйк (dim.
of дождь) shower

врéмя от
врéмени from time to time

косóй slanting, oblique

невысóкий low

óсенний autumn(al)

исчезáть,
исчéзнуть
(исчéзну,
исчéзнешь,
past исчéз,
исчéзло) to disappear

сóлнце за-
крывáется the sun goes be-
тýчей hind a cloud

средú
+ genitive among

чуть only slightly,
scarcely

вéтер (gen.
вéтра) wind

ни одúн not a single . . .

слы́шно to be heard,
audible (see
note)

вúдно to be seen (see
note)

зверь (m.) (wild) animal,
beast

(по)бледнéть to go pale

мéдленный slow

поражáть,
поразúть
(поражý,
поразúшь) to amaze, strike,
startle

(по)дуть
(дýю,
дýешь) to blow

назáд back

мóкрый wet

косóй взгля́д a baleful look

прерывáть,
прервáть
(прервý,
прервёшь) to interrupt

игрá game

едвá hardly

опúсывать,
описáть
(опишý,
опúшешь) to describe

отвечáть,
отвéтить
(отвéчу,
отвéтишь) to answer

врéмя гóда season, time of
year

отоплéние heating

Language notes

(156) *Future imperfective*. The future perfective was
described in note (107).

The imperfective aspect of the future is formed by using
the future of быть and the imperfective infinitive.

Thus: Мы будем читать   We will read
       Она будет говорить   She will speak
       Я буду одеваться   I shall get dressed

(cf. future perfective—мы прочитаем; она скажет; я оденусь.)

The future imperfective expresses either

1. the actual progress of a future action without regard to result,

or 2. a future action which will be frequent or habitual.

Compare the perfective and imperfective in these examples:

1. Perfective: Завтра я прочитаю книгу и возьму её
                    в библиотеку.
   Imperfective: Вам не будет скучно, весь вечер сидеть
                    дома? — Совсем нет. Наверно буду
                    читать.

2. Perfective: Я вам напишу завтра.
   Imperfective: Мы будем переписываться. (We will
                    correspond—i.e. frequent exchange of
                    letters)

Note. The English future perfect (I will have . . .) is invariably translated by the Russian future perfective.

I shall have finished the book before dinner.
Я прочитаю книгу до обеда.

(157) *The Russian system of tenses.* It is now possible to give a table of the Russian tense system.

	Imperfective	*Perfective*
Present:	я читаю	none
Past:	я читал	я прочитал
Future:	я буду читать	я прочитаю

(158) *Conditional and subjunctive.*

(a) бы. This particle is used with the *past tense* of either aspect to form the conditional tense.

Compare: 1. Мне хотелось пить.   I wanted a drink.
2. Мне хотелось *бы* пить. I *should like* a drink.
1. Я сказал...   I said ...
2. Я бы сказал...   I would say ...

бы normally follows the verb, but not invariably, as can be seen by the last example.

In если (if) clauses it comes immediately after если.

e.g.   Если бы у меня были нужные деньги, я купил бы новую машину.
If I had the necessary cash, I'd buy a new car.
Мы спали бы крепче, если бы ветер не дул так сильно.
We would sleep better if it wasn't so gusty.

(b) чтобы. бы is frequently combined with что as one word, where a subjunctive is required. The same rules with regard to tense apply here. In fact the conditional and subjunctive have the same form.

One use of the subjunctive is after verbs of advising and suggesting.

e.g.   Он предложил, чтобы мы пригласили Ивана в гости.
He suggested that we *should invite* Ivan round.

Other uses of чтобы will be found in later lessons.

(159) *Future perfective: some irregular declensions.* It may be helpful at this stage to isolate some of the more common verbs, especially those which can be grouped together by type.

(a) дать and its compounds.
дать is highly irregular (cf. есть note (134)).

я дам	мы дадим
ты дашь	вы дадите
он даст	они дадут

similarly compounds: прода́ть   (to sell)
                     разда́ться (to be heard)
                     уда́ться   (to succeed)
        (вопро́с) зада́ть   (to ask a question)

(b) стать and compounds.
    стать (to become; to begin)

я ста́ну	мы ста́нем
ты ста́нешь	вы ста́нете
он ста́нет	они ста́нут

similarly compounds: доста́ть   (to get)
                     оста́ться (to remain)
                     заста́ть   (to find in)
                     отста́ть   (to lag behind)
                     встать   (to get up, stand up)

(c) Compounds in -казать.

каза́ться (to seem) is imperfective—ка́жется it seems.

Perfective compounds take the same change of з — ж
and are conjugated like сказа́ть (to say):

скажу́	ска́жем
ска́жешь	ска́жете
ска́жет	ска́жут

similarly: показа́ть (to show) я покажу́
    Also all other verbs in -казать.

(d) Compounds in -нять. These perfectives drop the н
and take -им- in the conjugation.

e.g.   принять (to accept, take)

приму́	при́мем
при́мешь	при́мете
при́мет	при́мут

similarly: обня́ть   (to embrace)   я обниму́

поня́ть   (to understand) я пойму́ (поймёшь, поймёт)

подня́ть   (to lift, raise)   я подниму́

Also all other verbs in -нять

Note also the peculiarities in the following:

помо́чь   (to help) as мочь   помогу́, помо́жешь, помо́жет, помо́жем, помо́жете, помо́гут

лечь   (to lie down)   ля́гу, ля́жешь, ля́жет, ля́жем, ля́жете, ля́гут

сесть   (to sit down, get onto)   ся́ду, ся́дешь, ся́дет, ся́дем, ся́дете, ся́дут

нача́ть   (to begin)   начну́, начнёшь, начнёт, начнём, начнёте, начну́т

откры́ть   (to open)   откро́ю, откро́ешь, откро́ет, откро́ем, откро́ете, откро́ют

Also закры́ть and all other compounds

умере́ть   (to die)   умру́, умрёшь, умрёт, умрём, умрёте, умру́т

оде́ться   (to dress)   оде́нусь, оде́нешься, оде́нется, оде́немся, оде́нетесь, оде́нутся

Also разде́ться (to undress) and other compounds.

прерва́ть   (to interrupt)   прерву́, прервёшь, прервёт, прервём, прервёте, прерву́т

Also оторва́ться (to tear oneself away) and other compounds.

взять   (to take)   возьму́, возьмёшь, возьмёт возьмём, возьмёте, возьму́т

(160) *Change in stem of 1st person singular of some perfective conjugations.* In addition to the verbs listed in note (159), remember that 2nd conjugation verbs frequently have a change of consonant in the 1st person singular and that these changes are invariable for certain consonants.

(a) Verbs with stems ending in -б, -п, -в, -м add л.

полюби́ть (to fall in love)	полюблю́, полю́бишь etc.
купи́ть (to buy)	куплю́, ку́пшиь etc.
пригото́вить (to prepare)	пригото́влю, пригото́вишь etc.
познако́мить (to introduce)	познако́млю, познако́мишь etc.

(b) Verbs with the stems ending in -д- or -з change these vowels to ж.

| уви́деть (to see) | уви́жу, уви́дишь etc. |
| порази́ть (to stun) | поражу́, порази́шь etc. |

(c) Verbs with stems ending in -с change to ш.

| спроси́ть (to ask) | спрошу́, спро́сишь etc. |

(d) Verbs with stems ending in -т change to ч.

| отве́тить (to answer) | отве́чу, отве́тишь etc. |
| улете́ть (to fly away) | улечу́, улети́шь etc. |

(161) по- *and* за-. Some perfective verbs are used to express the beginning rather than the end or result of an action. We have already seen this in the case of perfective verbs of motion (note (79) (d)).

1. The prefix по- is also used with various other verbs in this way.

(a) In various expressions concerning the weather.
e.g.　идти in various idioms:

Шёл дождь.	It was raining.
Пошёл дождь.	It began to rain.
Шёл снег.	It was snowing.
Пошёл снег.	It began to snow.
Шёл град.	It was hailing.
Пошёл град.	It began to hail.

Also with дуть (to blow):

Ветер дул.	The wind was blowing.
Ветер подул.	The wind began to blow. (sprang up)

(b) With some verbs expressing feelings.

любить (to love)

Иван полюбил эту девушку.	Ivan fell in love with this girl.
Иван полюбил читать стихи.	Ivan grew fond of reading poetry.

чувствовать (to feel)

Вдруг он почувствовал, как всё дома изменилось.

Suddenly he began to feel how much things had changed at home.

(c) With verbs of colour (зеленеть etc.) the perfective in по- directs attention to a *change* in colour and denotes the completion of the change. These verbs can be translated 'to turn (yellow etc.)'

Листья пожелтели.	The leaves have turned yellow.
Сергей побледнел.	Sergei turned pale.
Ирина покраснела.	Irina blushed.

2. The prefix за-

за- with certain verbs performs the same function as по-:

e.g.   интересоваться   (to be interested in)
        заинтересоваться   (to become interested in)
Он заинтересовался   He has become interested in
  книгами.   books.

Similarly:

(кричать)   Она закричала.   She began to
                                         shout.

(петь)   Они запели.   They began to
                                         sing.

(шуметь)   Листья зашумели.   The leaves began
                                         to rustle.

(смеяться)   Дети засмеялись.   The children
                                         began laughing.

(говорить)   Он спокойно заговорил.   He began talking
                                         calmly.

(блестеть)   Вода заблестела.   The water began
                                         to sparkle.

(кружиться)   У меня голова закружи-   My head began to
              лась.   whirl.

(162) удаваться/удаться *to succeed*. This verb is used impersonally in the same way as нравиться, хотеться, приходиться etc. with the dative.

The most commonly used parts are:

Past (perfective): ему удалось he succeeded
Present: ему удаётся he succeeds
Future (perfective): ему удастся he will succeed.

(163) (a) *Unstressed endings of nouns whose stems end in sibilants* (ж/ш/щ/ж) *and* ц.

Care must be taken here

1. with the instrumental singular.

In nouns with unstressed endings -ом is replaced by -ем

-ой is replaced by -ей

Compare

a. in the masculine:

	nom. плащ (raincoat)	*inst.* плащо́м
but	това́рищ	това́рищ*ем*
	nom. оте́ц	*inst.* отцо́м
but	та́нец	та́нц*ем*

b. in the feminine:

	nom. душа́	*inst.* душо́й
but	ту́ча	ту́ч*ей*
	у́лица	у́лиц*ей*

2. with the genitive plural.

After ц in the genitive plural of masculine nouns, a stressed ending will be -ов, an unstressed ending will be -ев.

Compare: *nom.* оте́ц   *gen. plural* отцо́в

конே́ц   концо́в

but   ме́сяц   ме́сяц*ев*

In all the above cases the normal 'o' is replaced by 'e', as a rule of Russian spelling dictates that ж/ш/щ/ч/ц may not be followed by unstressed o.

(b) In addition to the above, note that the genitive plural of *all* masculine nouns ending in the sibilants is in -ей, no matter where the stress falls.

e.g.   това́рищ — това́рищей

луч   лучே́й

каранда́ш — карандашே́й

(164) *Dates.* To express a date of the month Russian uses the *neuter* form of the ordinal numerals (первое first etc.)

двадцать пятое января.   the 25th of January.

(literally 'the 25th date'=число—hence neuter)
The *genitive* of dates is used for 'on the . . . th':

двадцать пятого января   *on* the 25th of January

(165) оди́н *one; alone.*
The declension is:

	Masculine/Neuter	*Feminine*
N	оди́н/одно́	одна́
A	оди́н/одно́	одну́
G	одного́	одно́й
D	одному́	одно́й
I	одни́м	одно́й
P	одно́м	одно́й

Note. ни один (not a single . . .). With a verb, не must be supplied.

Я *не* зна́ю ни одного́   I don't know a single
    ру́сского.   Russian.

(166) друг дру́га *one another.*

Они́ лю́бят друг дру́га.   They love one another.

This pronoun can be used in any of the oblique cases as well as the accusative and, like other pronouns, can be combined with prepositions. The declension is as follows (note that only the second word changes).

A	друг дру́га
G	друг дру́га
D	друг дру́гу
I	друг дру́гом
P	друг дру́ге

Examples:

Они пишут друг другу.	They often write to each other.
Мы играли друг с другом.	We played with each other.
Они говорят друг о друге.	They are talking about each other.
Мы помогаем друг другу.	We help each other.

Note 1. друг друга is not needed with certain reflexive verbs which are not truly reflexive, but rather reciprocal.

e.g.	Они обнимаются.	They are embracing.
	Они прощаются.	They are saying goodbye.
	Они целуются.	They are kissing.
	Они здороваются.	They greet each other.
	Они встречаются.	They meet.

Note 2. With some of these verbs the reflexive verb is an alternative to друг друга.

e.g.	Они обнимаются.	= Они обнимают друг друга.
	Они целуются.	= Они целуют друг друга.

Note 3. Some of these verbs can be used as alternatives to the non-reflexive form used transitively without друг друга (notably встречаться)

Я встретился с ним = Я встретил его.

(167) *Set phrases using the pronoun* то. Various parts of то are used in set phrases. The following occur in the reading passage:

с тех пор, как   since (as conjunction)
   (с + genitive = 'since' as preposition)
с тех пор, как я приехал   since I arrived
   (compare с пятницы since Friday)
      тому́ наза́д   ago
пять дней тому назад   five days ago
      ме́жду тем   meanwhile;   тем лу́чше   all the better

(168) на + *accusative in expressions of time*. The English preposition 'for' in expressions of time causes certain translation problems.

Distinguish between

>   1. He worked *for two weeks* in Moscow.
>   Он две недели (acc.) работал в Москве.

> and 2. He has gone to Moscow *for two weeks*.
>   Он поехал на две недели (на + acc.) в Москву.

на + accusative expresses intention.

In the first example the action of the verb (i.e. working) went on for two weeks. In the second example the action of the verb (i.e. going) does not go on for two weeks. This period of time does not start till the 'going' is completed.

Note 1. на + accusative is most frequently used with verbs of motion, but not always.

e.g.   …если бы только он остался в Москве на несколько месяцев.
        …. if only he would stay in Moscow for a few months.
        Дайте мне газету на полчаса.
        Lend me the paper for half an hour.
        Лучи солнца на минуточку освещали деревья.
        The rays of the sun would light up the trees for a moment.

Note 2. на combined with долго and всегда are written as one word.

Он уехал надолго.   He went away for a long time.

Он уехал навсегда.   He went away for ever.

(169) *The short neuter forms* слышно *and* видно *are used impersonally*.

The positive form takes the accusative:

Её голос было слышно.   Her voice could be heard.

The negative form takes the genitive:

Её голоса не было слышно.	Her voice could not be heard.
Автобуса ещё не видно.	The bus is not in sight yet.

(170) мáло (*little, few*)+*genitive*. мало takes the genitive like other expressions of quantity:

мало отдыха	little rest
мало людей	few people

Distinguish between мáло (pessimistic), and немнóго (optimistic).

У меня мало денег. I have very little money. (i.e. I can't lend you any)

У меня немного денег. I have a little money. (i.e. I might possibly lend you some)

(171) смотреть в окно.
Compare:

Он смотрит *в* окно.	He's looking *out of* the window.
Он смотрит на окно.	He's looking *at* the window.

Exercises

(1) Give the 1st person singular and 3rd person plural of the future tense of the following pairs of imperfective and perfective verbs.

брать — взять; отвечать — ответить; оставаться — остаться; находить — найти; садиться — сесть; приглашать — пригласить; одеваться — одеться; говорить — сказать; продавать — продать; ложиться — лечь; принимать — принять.

(2) Choose the correct aspect and write out the following sentences in the future.

1. Я (давать — дать) тебе эту книгу, когда моя жена (читать — прочитать) её.

2. Сегодня вечером мы (писать — написать) стихи. Когда мы их (писать — написать), мы (показывать — показать) их друг другу.

3. Ивановы (приезжать — приехать) завтра к нам в гости.

4. Каждый вечер он (возвращаться — вернуться) домой к жене.

5. Петровы очень симпатичные люди. Мы часто (приглашать — пригласить) их к нам.

6. «Девушка!» «Минуточку. Сейчас (приходить — прийти).»

7. Когда я (становиться — стать) преподавателем, я (отвечать — ответить) на все вопросы моих студентов.

8. После обеда они (раздеваться — раздеться) и (ложиться — лечь) спать.

9. «Я не (идти — пойти) к Ивановым.» «Что они (делать — сделать) весь вечер?» «Наверно всё время (рассказывать — рассказать) старые анекдоты.»

10. В этом году концерты обычно (начинаться — начаться) в семь часов, но завтра концерт (начинаться — начаться) в половине восьмого.

(3) The following sentences are in the present tense. Join them into single sentences by using the conditional as in the model.

Model: 1. Борис приглашает Ивана на концерт. 2. Иван идёт на концерт. — Иван не пошёл бы на концерт, если бы Борис не пригласил его.

1. Отец даёт Ивану 2000 рублей. Иван покупает себе «Москвич».

2. Иван выключает центральное отопление. Борису холодно.

3. Иван предлагает пойти в кино. Борис хочет пойти в театр.

4. Дождь идёт. Иван и Борис остаются в квартире.

5. Иван помогает Борису. Борису удаётся кончить работу.

(4) Ivan is making suggestions. Report what he is suggesting with the help of предлагать and чтобы.

Model: Иван: Катя, почему ты не читаешь эту книгу?
       Иван предлагает, чтобы Катя читала эту книгу.

1. Иван: Борис, давай пойдём гулять.

2. Иван: Ирина, в нашем клубе показывают прекрасный фильм. Хотите посмотреть?

3. Иван: Папа, ты не хочешь отдохнуть летом в Сочи?

4. Иван: Товарищ Иванов, почему вы хотите поехать поездом в Новосибирск? Знаете, было бы гораздо удобнее лететь туда самолётом.

(5) Give the Russian for:

1. on the 1st of May
2. on the 24th of November
3. the 3rd of March
4. on the 17th of July
5. the 8th of February
6. on the 23rd of December
7. the 1st of January
8. on Wednesday the 4th of September
9. on Sunday the 19th of October
10. on Thursday the 12th of August

(6) Give the Russian for:

1. without this book
2. in one room

3. with one Englishman
4. with all (his) comrades
5. that woman
6. at all the railway stations
7. towards these buildings
8. with those countries
9. apart from one boy
10. to the boss himself

(7) Use parts of друг друга to combine these pairs of sentences into single sentences.

1. Иван любит Катю. Катя любит Ивана.
2. Иван верит Борису. Борис верит Ивану.
3. Мария играет с Катей. Катя играет с Марией.
4. Сергей подходит к Никите. Никита подходит к Сергею.
5. Ольга смотрит на Бориса. Борис смотрит на Ольгу.
6. Володя помогает Варе. Варя помогает Володе.
7. Ирина прощается с Гришей. Гриша прощается с Ириной.
8. Коля разговаривает о Феде. Федя разговаривает о Коле.
9. Павлов познакомился с Ивановым. Иванов познакомился с Павловым.
10. Я понимаю вас. Вы понимаете меня.

(8) Choose which of the expressions in brackets are the correct ones.

1. Мы пригласили их к нам (два дня/на два дня).
2. Он (десять часов/на десять часов) работал на заводе.
3. Он оторвал глаза от работы (секунду/на секунду).
4. Наши друзья уехали в Горький (две недели/на две недели).
5. Они (полчаса/на полчаса) шли по дороге.
6. Она проспала (целый час/на целый час).

(9) Supply мало or немного as appropriate.

1. В этой библиотеке вы не найдёте нужные вам книги. Здесь так... книг.
2. Я решил вернуться домой пешком. По этому маршруту ходит... автобусов.
3. «Дайте мне, пожалуйста, ещё... водки.»
4. С тех пор, как закрыли аэропорт, мы слышим... самолётов.
5. Давайте купим папирос. К счастью у меня... денег в кармане.

(10) Translate into Russian:

Boris phoned me up yesterday and suggested we should take a look at the sights of Moscow. He explained that he had a young English engineer staying with him, who would like to get to know the Russian capital. He had decided to ask me to help him, as I have lived all my life here and know Moscow better than he (does). Apparently Mr Smith—that is the young man's name—is flying back to England at the end of the month, so that there is little time left before his departure. I said I would be glad to accept his invitation. This morning they came round to my flat for half an hour. Mr Smith told me that he had arrived in the Soviet Union only five days ago and had liked Moscow as soon as he saw it. I suggested that I should show him the cathedrals in the Kremlin after dinner and we decided to meet in Red Square at half past two.

I also told him that I was very interested in the English way of life although, of course, I know very little about England. As I explained, how can we know about conditions in England? After all we don't often meet foreigners in Moscow. Mr Smith said that few people in England knew any hard facts about the Russians and the Russian way of life. We agreed in general that the Soviet Union and England would understand each other better if more English people spoke fluent Russian and more Russians spoke fluent English. We decided that we would also meet in the evening at Mr Smith's hotel. And what are we going to do all evening? We are going to speak English, we'll talk about this and that, we'll discuss English culture, English cooking, even English weather. I must admit I'm a little afraid. I don't know a single word of English!

LESSON 16

Отцы и дети

Шесть часов вечера. Один молодой английский инженер, с которым мы не раз встречались, сидит за письменным столом в номере и пишет письмо дедушке — тому дедушке, который раньше учил его русскому языку. Следует текст письма...

Гост. «Бухарест»,
Москва.
30ое сентября

Милый дед,

Благодарю тебя за открытку. Был очень рад узнать, что ты жив и здоров. К сожалению, моё пребывание в Москве приближается к концу. Осталось всего двое суток до моего отъезда. Как ты хорошо знаешь, я очень люблю путешествовать заграницей, видеть новые, чужие лица, слышать иностранные языки. Поэтому мне будет немножко грустно, когда сяду в самолёт. По-моему, Москва даже более интересный город, чем Лондон; она, пожалуй, самая интересная столица в мире. Город сам, конечно, значительно изменился с тех пор, как ты видел его в последний раз. Ты не раз рассказывал, как сейчас помню, о маленьких деревянных избах и домиках, которые раньше стояли в московских пригородах. Большинство из них уже снесли. В 1812ом году при Наполеоне сгорела почти вся

Москва́. Ведь тогда́ почти́ все дома́ стро́или из де́рева. По́мнишь, ты рассказа́л мне об э́том, когда́ я чита́л «Войну́ и мир»? А тепе́рь оста́лось в Москве́ всего́ четы́ре проце́нта деревя́нных домо́в. Куда́ ни посмо́тришь, всё из бето́на, алюми́ния и стекла́. С ка́ждым го́дом поднима́ются в моско́вское не́бо бо́лее монумента́льные, бо́лее совреме́нные сооруже́ния, появля́ются везде́ бо́лее высо́кие кварта́лы. С Оста́нкинской телевизио́нной ба́шни в я́сную пого́ду ви́дно почти́ все окре́стности Москвы́ и отту́да прохо́жие и маши́ны внизу́ на у́лицах ка́жутся насеко́мыми. В конце́ концо́в это са́мое высо́кое сооруже́ние в ми́ре.

Что бы москвичи́ са́ми ни говори́ли, Москва́, по-мо́ему, не са́мый краси́вый го́род в ми́ре, но без сомне́ния оди́н из са́мых удиви́тельных. За после́дние го́ды она́ сде́лала головокружи́тельный скачо́к в бу́дущее. Тем не ме́нее мне бо́льше всего́ нра́вится гуля́ть по ста́рой ча́сти го́рода...

Тут кто́-то постуча́л в дверь. Дави́д переста́л писа́ть, встал из-за стола́ и откры́л дверь. Вошёл Па́вел с больши́м буке́том бе́лых роз. «Вот тебе́ пода́рок от ма́тери» — объясни́л он...

Па́вел: Ты сего́дня ве́чером свобо́ден?

Дави́д: Да, свобо́ден, но о́чень уста́л.

Па́вел: Зна́чит, не хо́чешь пойти́ куда́-нибудь? Посмотре́ть како́й-нибудь фильм, что ли? Или, мо́жет быть, пообе́дать в како́м-нибудь рестора́не?

Дави́д: Извини́, Па́вел. Я сего́дня очень за́нят. Сейча́с мне не́когда. А скажи́ же, почему́ ты не занима́ешься фи́зикой, хи́мией? Тру́дно пове́рить, что тебе́ не́чего де́лать.

Па́вел: Ах, как ты похо́ж на моего́ отца́! Сейча́с мне почему́-то не рабо́тается. Весь день реша́л зада́чи по фи́зике, но ни одно́й не реши́л. Вы́сшая матема́тика мне не по душе́. Мне ну́жно развлече́ние. А до́ма я ни с кем не говорю́. Мне про́сто не́ с кем говори́ть.

Дави́д: А роди́тели...?

Па́вел: Они́ меня́ совсе́м не понима́ют. Мне с ни́ми не́ о чём говори́ть. Ты лу́чше всех понима́ешь меня́.

Дави́д: Ага́, тепе́рь поня́тно. Ведь э́то ста́рая исто́рия! Одно́ поколе́ние про́тив друго́го. Но зна́ешь, Па́вел, отцы́ и де́ти о́чень ре́дко понима́ют друг дру́га. Когда́ мне бы́ло семна́дцать лет — зна́чит, в твоём во́зрасте — мне то́же показа́лось, что я совреме́нный База́ров. С роди́телями я ни о чём не мог говори́ть. Бы́ло то́чно то же са́мое. Но э́то оши́бка. Отцы́ и де́ти не мо́гут жить друг без дру́га, они́ зави́сят друг от дру́га. Не беспоко́йся. Всё э́то пройдёт в своё вре́мя. А зна́ешь, Па́вел, ты не оди́н скуча́л сего́дня.

Па́вел: Расскажи́ же.

Дави́д: Хорошо́. Сего́дня дава́ли обе́д в честь на́шей делега́ции. Состоя́лся обе́д в рестора́не «Седьмо́е не́бо» на Оста́нкинской телеба́шне. Ма́ло того́, что часа́ми предлага́ли то́сты, ги́ды-перево́дчики Интури́ста засы́пали нас стати́стикой о Москве́. Я как инжене́р обы́чно интересу́юсь стати́стикой, но тогда́ хоте́л то́лько смотре́ть в окно́ на моско́вскую панора́му.

Па́вел (смеётся): Зна́чит, ты тепе́рь всё зна́ешь о Москве́?

Дави́д: Ка́жется, так. Я, мо́жно сказа́ть, стал экспе́ртом. Ты зна́ешь, наприме́р, что телеба́шня высото́й в пятьсо́т два́дцать пять ме́тров; что моско́вские заво́ды выво́зят това́ры в шестьдеся́т стран ми́ра; что в ГУ́Ме посети́тели ка́ждый день де́лают сто пятьдеся́т ты́сяч поку́пок; что есть в совреме́нной Москве́

четы́ре ты́сячи пятьсо́т у́лиц, переу́лков и прое́здов; что в Москве́ ты́сяча семьсо́т фа́брик и
заво́дов, восемьсо́т нау́чных учрежде́ний, четы́ре
ты́сячи библиоте́к, пятьдеся́т пять ты́сяч жилы́х
домо́в; что террито́рия Москвы́ занима́ет
восемьсо́т во́семьдесят квадра́тных киломе́
тров; что моско́вская кольцева́я доро́га длино́й
в сто де́вять киломе́тров; что са́мая кру́пная
пло́щадь — пло́щадь Гага́рина; что са́мая
коро́ткая у́лица — у́лица Венециа́нова — она́
длино́й в со́рок во́семь ме́тров; что са́мая
распространённая фами́лия — Ивано́в; что в
Москве́ есть девяно́сто ты́сяч челове́к с тако́й
фами́лией; что ле́том москвичи́ ка́ждый день
едя́т четы́ре миллио́на по́рций моро́женого;
что...

Па́вел: Дави́д, да́льше не на́до! А ра́зве ты всё записа́л?

Дави́д: Что ты! У меня́, к сожале́нию, дово́льно хоро́
шая па́мять. Вот и всё. Да́же спать не мог.

Па́вел: Бо́же! Не удиви́тельно, что ты уста́л. Ну, мне
пора́.

Дави́д: А что ты бу́дешь де́лать?

Па́вел: Не беспоко́йся. Кому́-нибудь позвоню́. Наве́рно
пойду́ в кино́, хоть оди́н. Спаси́бо за по́мощь.
Про́сто на́до бы́ло поговори́ть с ке́м-нибудь.

Дави́д: Но Па́вел, мо́жно и за́втра пойти́ в кино́.
За́втра ве́чером я бу́ду свобо́ден.

Па́вел: Хорошо́. Дава́й за́втра пойдём. Споко́йной
но́чи!

Дави́д: До за́втра.

Vocabulary

раз	time (once, twice etc.)	(вы́)учи́ть (+dative of	
не раз	more than once	the subject	
письмо́	letter	taught)	to teach

(по)сле́до- вать за + instrumental	to follow
текст	text
дед	grandpa
(по)благода- ри́ть за + accusative	to thank for
откры́тка	postcard
живо́й	alive
здоро́вый	well, healthy
жив и здоро́в	alive and well
пребыва́ние	stay
приближа́ть- ся, приблизи́ть- ся к + dative	to approach
дво́е	two (see note)
су́тки pl. (gen. су́ток)	24-hour period, a day and a night
путеше́ство- вать	to travel
заграни́цей	abroad
грани́ца	frontier
чужо́й	alien, strange, unfamiliar
лицо́	face
иностра́нный	foreign
гру́стный	sad
мне гру́стно	I am sad
немно́жко (colloquial for немно́го)	rather, a little
по-мо́ему	in my opinion
бо́лее	more (see note)
пожа́луй	perhaps, it may be, very likely
са́мый	most
значи́тель- ный	significant

после́дний	last (of a series)
в после́дний раз	the last time
деревя́нный	wooden
изба́	hut, wooden house
до́мик (dimi- nutive of дом)	little house, cottage
ра́ньше	formerly, earlier
при́город	suburb
большинство́	majority
сноси́ть, снести́	to pull down
сгора́ть, сгоре́ть (2nd con- jugation)	to burn down
тогда́	then, at that time
(по)стро́ить	to build
война́	war
мир	peace
проце́нт	percent
бето́н	concrete
алюми́ний	aluminium
стекло́	glass
монумен- та́льный	massive, monumental
сооруже́ние	building (large)
кварта́л	block (of flats)
телевизио́н- ная ба́шня/ телеба́шня	television tower
ба́шня	tower
окре́стности	surroundings
отту́да	from there
прохо́жий	passer-by
насеко́мое	insect
головокру- жи́тельный	breath-taking; dizzy (of heights)
скачо́к	jump
бу́дущее	the future
тем не ме́нее	nevertheless
часть (f.)	part

тут	at this point; here	оши́бка	mistake
перестава́ть,		зави́сеть (2nd	
переста́ть	to stop, cease	conj.) от	
из-за	from behind, from	+genitive	to depend on
+genitive	(table, desk etc.)	в своё вре́мя	all in good time
буке́т	bouquet, bunch of	честь (f.)	honour
	flowers	в честь	
пода́рок	gift	+genitive	in honour of
уста́лый	tired	состоя́ться	
-нибу́дь	(see note)	(perfective	to take place (of
что ли	what about it?	only)	function)
	(expressing un-	седьмо́е не́бо	seventh heaven
	certainty)	ма́ло того́,	it is not enough
за́нятый	busy	что	that, bad
мне не́когда	I have no time		enough that
	(see note)	тост (пред-	a toast (to pro-
занима́ться,	to be occupied	лага́ть)	pose)
заня́ться	with, be busy	гид	guide
+instru-	with, study	перево́дчик	interpreter
mental		засыпа́ть,	
фи́зика	physics	засы́пать	
хи́мия	chemistry	(засы́плю,	
не́чего	there is nothing	засы́плешь)	
	(see note)	+inst.	to shower with
похо́ж на		стати́стика	statistics
+accusa-		панора́ма	panorama
tive	like, similar to	экспе́рт	expert
мне не рабо́-	I don't feel like	наприме́р	for example
тается	working	высота́	height
реша́ть,		метр	metre
реши́ть	to solve	това́ры	goods
зада́ча	problem (set)	ГУМ	
вы́сший	higher	(Госуда́р-	
матема́тика	mathematics	ственный	
ага́!	aha!	Универ-	GUM (Moscow's
поколе́ние	generation	са́льный	main depart-
про́тив		Магази́н)	ment store)
+genitive	against	посети́тель	
во́зраст	age	(m.)	visitor
в во́зрасте		поку́пка	purchase
+genitive	at the age of	де́лать	to go shopping,
то́чный	exact, precise	поку́пки	make purchases
тот же		переу́лок	side street
(са́мый)	the same		

прое́зд	passageway, thoroughfare	длина́	length
учрежде́ние	establishment	распростра-нённый	widespread, common
жило́й дом	residential house	фами́лия	surname
террито́рия	territory	по́рция	portion
занима́ть, заня́ть	to occupy (space)	моро́женое	ice-cream
		па́мять (f.)	memory (faculty)
квадра́тный	square	хоть	if only
киломе́тр	kilometre	по́мощь (f.)	help

База́ров is a character in Turgenev's novel *Fathers and Sons*, whose nihilistic views and rejection of the values of the previous generation endeared him to the young intellectuals in the 1860s.

Language notes

(172) *Numerals from 30 onwards.*

(a) *U*p to 100.

	Cardinal		Ordinal
30	три́дцать	30th	тридца́тый
40	со́рок	40th	сороково́й
50	пятьдеся́т	50th	пятидеся́тый
60	шестьдеся́т	60th	шестидеся́тый
70	се́мьдесят	70th	семидеся́тый
80	во́семьдесят	80th	восьмидеся́тый
90	девяно́сто	90th	девяно́стый
100	сто	100th	со́тый

Note 1. Remember that пятьдеся́т and шестдеся́т have stress on the final syllable.

се́мьдесят and во́семьдесят have stress on first syllable.

Note 2. Compound numbers take no 'and' or hyphen. e.g. сто со́рок два 142

Note 3. Compound ordinal numerals are only ordinal (i.e. adjectival) in their last element, as in English.

Thus devяно́сто *тре́тий* 93rd
сто три́дцать *пе́рвый* 131st

(b) *From 200 onwards.*

200	двести	200th	двухсо́тый
300	три́ста	300th	трёхсо́тый
400	четы́реста	400th	четырёхсо́тый
500	пятьсо́т	500th	пятисо́тый
600	шестьсо́т	600th	шестисо́тый
700	семьсо́т	700th	семисо́тый
800	восемьсо́т	800th	восьмисо́тый
900	девятьсо́т	900th	девятисо́тый
1000	ты́сяча	1000th	ты́сячный
2000	две ты́сячи	2000th	двухты́сячный
3000	три ты́сячи	3000th	трёхты́сячный
4000	четы́ре ты́сячи	4000th	четырёхты́сячный
5000	пять ты́сяч	5000th	пятиты́сячный
			etc.
1 million	оди́н миллио́н	1 millionth	миллио́нный
2 million	два миллио́на	2 millionth	двухмиллио́нный
			etc.

Note 1. The different forms of сто (100) in, for example, четыреста and пятьсот are explained by the fact that numerals decline like nouns. Four needs genitive singular, 5 needs genitive plural etc.

The same is true of тысяча.

Note 2. The same rules about the case used with compound numerals apply as before.

Note 3. The first element of these ordinal numerals is the genitive form of два, три etc. (For declension of numerals see Lesson 17.)

(c) Years.

In 1812—в ты́сяча восемьсо́т двена́дцатом году́.

In this construction в + prepositional is used. Note that год takes the stressed -у́ ending in prepositional.

The final adjective in the numeral (the ordinal part) declines, of course, like a normal adjective.

(d) Measurements.

2 metres long — длиной в два метра
10 metres high — высотой в десять метров
Note that the number is preceded by в.
'In height' etc. is expressed by the instrumental.
Similarly used are ширина (breadth) шириной в два
                                                                     километра
                    глубина (depth) глубиной в пять
                                                                     метров

(e) двое, трое, четверо.

These are alternative forms of два etc. and are always
followed by the *genitive plural*. They are used in the following instances:

1. With masculine nouns denoting males.

e.g. двое студентов, трое детей, четверо человек
(Note that два студента etc. are also possible.)

2. In expressions with pronouns such as:

Их было трое.   There were three of them.
Нас будет четверо.   There will be four of us.

3. With plural nouns which have no singular form:

e.g. сутки — двое суток   two days and nights
      часы — четверо часов   four clocks
      очки — трое очков   three pairs of spectacles
      брюки — двое брюк   two pairs of trousers

(173) *Degrees of comparison*. The comparative forms of
predicative adjectives and adverbs was dealt with in note
(142).

(a) *Comparative*. Here we are dealing with the comparative of attributive adjectives (i.e. adjectives used in
front of nouns).

They are formed with the help of the adverbs бо́лее (more) and ме́нее (less). These are alternative forms of бо́льше and ме́ньше which cannot be used here. Being adverbs they never change and are used exactly like о́чень (very), дово́льно (fairly) etc.

Thus: ста́рый го́род   an old town
       о́чень ста́рый го́род   a very old town
       дово́льно ста́рый го́род a fairly old town
       бо́лее ста́рый го́род   an older town

Он живёт в бо́лее ста́ром
  го́роде.   He lives in an older town.
Она́ ме́нее интере́сный   She is a less interesting per-
  челове́к чем её муж.   son than her husband.

Note that чем must be used (as opposed to the genitive) with comparatives in бо́лее and ме́нее.

There are eight adjectives which have special attributive comparative forms and do not use бо́лее. These are:

(большо́й)   бо́льший   bigger, greater
(ма́ленький) ме́ньший   smaller, lesser
(хоро́ший)   лу́чший   better
(плохо́й)   ху́дший   worse
(ста́рый)   ста́рший   elder, senior*
(молодо́й)   мла́дший   younger, junior*
(высо́кий)   вы́сший   superior, higher*
(ни́зкий)   ни́зший   inferior, lower*

Note 1. All these comparative adjectives have a stem ending in ш and are thus soft.

e.g. жена́ мла́дш*его* сы́на the younger son's wife
      Они́ тепе́рь живу́т в   Now they're living in a
        бо́льш*ем* до́ме.   bigger house.
      (cf. в большо́*м* до́ме   in a big house)

Note 2. * These adjectives are only used in certain cases. ста́рший/мла́дший: Their use is generally confined to

(a) senior/junior—ста́рший офице́р a senior officer
(b) older/younger of brothers or sisters—

    моя́ мла́дшая сестра́   my younger sister

Вы́сший/ни́зший are only used figuratively.

e.g. вы́сшая матема́тика   higher mathematics
      ни́зшее образова́ние   primary education

Note. 'Older', 'younger', 'higher', 'lower' when not used in these senses are translated by the normal comparative with бо́лее:

бо́лее высоко́е де́рево   a higher tree

(b) *Superlative.* The superlative adjective is formed with са́мый which takes normal *adjective* endings (as distinct from бо́лее in the comparative).

Thus: са́мый краси́вый го́род   the most beautiful town
     в са́м*ом* краси́в*ом* го́роде   in the most beautiful town
     са́мая краси́вая де́вушка   the most beautiful girl
     с са́м*ой* краси́вой де́вушкой with the most beautiful girl

The superlative form with са́мый can be used both attributively and predicatively, although predicatively Russian often uses a comparative with всех (literally, more . . . than anyone) and всего́ (more . . . than anything):

В университе́те мно́го у́мных студе́нтов, но Соколо́в *умне́е всех.*

There are a lot of intelligent students in the university, but Sokolov is the most intelligent (of them all).

Говорить свободно по-русски — это *труднее всего*.
Speaking fluent Russian is most difficult of all.

Note. The eight 'comparative' attributive adjectives
младший etc. fluctuate in meaning between comparative
and superlative. As examples where they undoubtedly have
superlative meaning, consider:

в лучшем случае	at *best*
мой младший брат	my *youngest* brother (where more than two in the family)

The superlative adverb. Superlative adverbs are always
formed with comparatives and всего or всех (as above).

Он поёт громче всех.	He sings the loudest.
Чаще всего мы отдыхаем в Ялте.	Most often we holiday in Yalta.

(174) *New uses of prepositions*.

1. за + accusative or instrumental.

(a) With the instrumental за can be used for 'at' in expressions such as:

Она сидит за столом.   She is sitting at the table.

The inference here is that the person concerned has some
specific purpose in being there.

An extension of this idea can be seen in the expressions:

за завтраком	at breakfast
за обедом	at dinner
за ужином	at supper

Note 1. за is followed by the accusative where the person
sits down at the table etc.

Анна Петровна села за стол.	Anna Petrovna sat down at the table.

Note 2. Movement in the opposite direction is expressed by из-за + genitive.

Она встала из-за стола.   She got up from the table.

(b) The basic meaning of за is, as we have already seen, 'behind' or 'beyond'. It is used in this sense with граница (frontier) to mean 'abroad'.

Thus:

Он живёт заграницей.	He lives abroad.
Он едет заграницу.	He is going abroad.
Он возвращается из-за границы.	He is returning from abroad.

2. за + accusative.

(a) With the accusative, за can express 'for' when some form of exchange takes place (do not confuse with за + instrumental meaning 'for'—see note (148)).

Я поблагодарил его за помощь.	I thanked him for his help. (thanks in exchange for help)
Он купил газету за 15 к.	He bought a newspaper for 15 kopecks. (newspaper in exchange for money)

(b) It can also express a period of time during which something happens, or the time it takes to do something.

За последние годы изменилось много в Москве.
A lot has changed in Moscow over the last few years.
Он кончил работу за два часа.
He finished the work in two hours.

3. из + genitive.

(a) из can be used to express what something is made of:

> из дерева   made of wood
> из бетона   of concrete

(b) With expressions of quantity, including numbers = 'of'.

> большинство из моих
>   друзей   the majority of my friends
> один из наших студентов   one of our students

4. по + dative.

(a) on the subject of:

> экзамен по русскому
>   языку   an exam in Russian
> задачи по математике   problems in mathematics
> эксперт по русской
>   истории   an expert in Russian history

(b) according to

> по его словам   according to his words
> по-моему   in my opinion (мнению
>   dative of мнение under-
>   stood)

(similarly по-твоему, по-нашему, по-вашему)

Note. With 3rd person pronouns мнение must be added: по его мнению

(175) раз *and* человéк. There is a small group of masculine nouns whose nominative singular and genitive plural are identical.

They include:

раз	time (how often?)
челове́к	person, man
глаз	eye
солда́т	soldier
во́лос	hair (genitive plural воло́с)

Note 1. раз

раз is used with в + accusative as in:

в пе́рвый раз	(for) the first time
в после́дний раз	(for) the last time

Colloquially the в is frequently omitted.

N.B. 1. *на* э́тот раз this time, on this occasion

2. не раз does not mean 'not once' but '*more than once*'

Мы не раз быва́ли в СССР. We have been to Russia more than once.

cf. Он *ни ра́зу* не был в СССР. Not once has he been to Russia.

Note 2. челове́к

The genitive plural челове́к is used instead of люде́й with numbers and the words ско́лько? and не́сколько

дво́е челове́к	two people
27 челове́к	27 people
ско́лько челове́к	how many people?
but мно́го *люде́й*	many people etc.

(176) *Impersonal expressions with* не́когда *etc.* The negative words никогда́ (never) etc. have parallel constructions with не́когда (there is no time) etc.

никогда́	(never)	не́когда	(there is no time)
нигде́	(nowhere)	не́где	(there is nowhere)

никуда	(nowhere — going)	некуда	(there is nowhere to go)
никто/-кого etc.	(nobody)	некто/-кого etc.	(there is nobody)
ничего/-ему etc.	(nothing)	нечего/-ему etc.	(there is nothing) etc.

All the normal rules applying to impersonal constructions operate:

1. Person in the dative.
2. Used with the infinitive.
3. Third person of 'to be' implied in the present,
   было in the past,
   будет in the future.

Note. Не is *not* used with некогда etc., but *must* be used with никогда:

Мне некогда говорить с вами.	I have no time to talk to you.
Мне негде было жить.	I had nowhere to live.
Мне некуда будет идти.	I shall have nowhere to go.
Мне некого пригласить.	I have nobody to invite.
Мне некому рассказать об этом.	I have nobody to tell this to.
Мне нечего делать.	I have nothing to do.

N.B. The initial не is always stressed.

(177) никого/ничего *and* некого/нечего *with prepositions.* When used with prepositions these words split into their component parts. ни — кого; не — чего etc., and the preposition stands in the middle.

Thus:

Он *ни с кем* не говорил.	He didn't speak to anyone.
Оля *ни о чём* не думает.	Olya isn't thinking about anything.

| Нет денег *ни у кого.* | Nobody has any money. |
| Оле *не с кем* разговаривать. | Olya has nobody to chat to. |

(178) *The suffixes* -то *and* -нибудь. Both these suffixes can be added to question words.

когда́-то	когда́-нибудь	sometime, anytime
кто́-то	кто́-нибудь	somebody, anybody
почему́-то	почему́-нибудь	for some reason, for any reason
где́-то	где́-нибудь	somewhere, anywhere
куда́-то	куда́-нибудь	(to) somewhere, anywhere
что́-то	что́-нибудь	something, anything etc., etc.

How to choose between -то and -нибудь.

(a) Although words with both suffixes are indefinite, -то makes the person, thing, place, time, reason etc. specific, although unidentified; -нибудь however, makes them vague and implies there is a choice of things, places etc. rather than just one of them.

(b) It follows from this that English 'anybody', 'anything' etc. cannot be translated by кто-то, что-то etc., although both кто-то and кто-нибудь etc. can be translated as 'somebody', 'something'.

(c) It also follows that words with -нибудь will frequently be found with the future.

Compare: 1. *Кто-то* звонил вчера.
        Someone phoned yesterday.

with 2. Если *кто-нибудь* позвонит, скажи, что меня нет дома.
        If someone/anyone phones, say that I'm not in.

1. *Когда-то* он работал на *каком-то* заводе.
   Sometime (i.e. at one time) he worked in some factory or other.
2. Вы работали *когда-нибудь* на заводе?
   Did you work at some time (i.e. Have you ever worked) in a factory?

1. Он рассказал нам *что-то* о жизни в Англии.
   He told us something about life in England.
2. Расскажи нам *что-нибудь* о жизни в Англии.
   Tell us something about life in England.

1. Он работает *где-то* заграницей.
   He works somewhere abroad.
2. Мне так хотелось бы работать *где-нибудь* заграницей.
   I should so much like to work somewhere abroad.

1. Он пошёл *куда-то*.
   He's gone off somewhere.
2. Хотите *куда-нибудь* пойти?
   Do you want to go anywhere?

(179) *Whatever, however etc.* Russian here uses the particle ни with question words.

Что он ни делает...	Whatever he does . . .
Когда он ни говорит...	Whenever he speaks . . .
Как прекрасно он ни пишет...	However excellently he writes . . .

It is sometimes used with the subjunctive particle бы and the past tense. This makes no difference to the meaning.

Что бы ни случилось...	Whatever happens . . .

(180) тот же (са́мый) *the same*. Both parts decline: та же самая; тех же самых etc.

The use of са́мый is optional.

Мы смотрели на того же (самого) человека.	We were looking at the same person.

But N.B. самый on its own cannot mean 'the same'.
It indicates precisely where something is situated.

у самого моря	right by the sea
в самом центре	in the very centre, right in the centre

(181) *Instrumental complement.* As well as быть itself, there are a few other verbs which take a complement in the instrumental. In many of them the verb 'to be' is understood, e.g. казаться to seem.

Он кажется хорошим человеком.	He seems (to be) a good man.

считаться to be considered.

Он считается прекрасным инженером.	He is considered (to be) an excellent engineer.

(182) *Expressions of time in the instrumental plural.* The instrumental here often stresses an exceptionally long time.

Они шли целыми сутками.	They walked for days and days (for days on end).

(183) Aspects used to denote attempt (imperfective) and success (perfective). There are some verbs whose imperfective aspect suggests an attempt to do something, and whose perfective aspect implies a successful outcome of the attempt.

e.g. реша́ть/реши́ть

Он целыми часами *решал эту задачу*.
For hours he tried to solve this problem.
Наконец он *решил* её.
At last he solved it.

Similarly догáдываться/догадáться (to guess). There is a parallel with English here, where the verb 'to guess' can have both meanings (*Guess* away, but you won't *guess* the answer).

Also ловúть (imperfective—to try to catch); поймáть (to catch).

Весь день он ловил рыбу, но ни одной не поймал.
He fished all day without catching a single one.

(184) *Neuter adjectival nouns.* Several of these occur in this lesson.

(a)	бýдущее (время)	the future
	Similarly: настоя́щее	the present
	прóшлое	the past
(b)	морóженое (блю́до)	ice-cream
	Similarly: слáдкое	sweet (dessert)
	пéрвое	first course etc.
(c)	насекóмое (существó)	an insect (существó = creature)
	Similarly: живóтное	animal
	пресмыкáющееся	reptile

Exercises

(1) Write out the numerals in full and put the nouns in the correct case.

1.   33 (монументальное сооружение)
2. 149 (квадратный километр)
3. 392 (европейский город)
4.   3 (сутки)
5. 1001 (ночь)
6. 365 (счастливый день)
7. 2 000 000 (маленькое насекомое)

8.   92 (электрическая бритва)
9.   40 (день) и 40 (ночь)
10.   69 (час), 53 (минута), 41 (секунда)
11.   200 (год)
12.   4 (солдат)
13. 5000 (солдат)
14.   560 (раз)
15.   561 (раз)
16.   562 (раз)
17.   89 (красивая девушка)
18.   475 (некультурный англичанин)
19.   119 (русское имя)
20.   2 (часы)

(2) Here are some famous dates. Write them out in full.
Say 'in such and such a year'.

1. In 1066.   2. In 1848.   3. In 1917.   4. In 1945.   5. In 1984.

(3) Write down two statements about the following pairs
of sentences by combining 1. the attributive comparative
and 2. the attributive superlative with the noun in brackets.

Model: Таня умнее Оли. Варя умнее Тани. (девушка)
Answer: 1. Таня более умная девушка, чем Оля.
          2. Варя самая умная девушка.

1. Ленинград больше Киева. Москва больше Ленинграда. (город)
2. Волга длиннее Днепра. Енисей длиннее Волги. (река)
3. Физика труднее истории. Математика труднее физи-
   ки. (предмет)
4. Сергей терпеливее Ивана. Никита терпеливее Сергея.
   (человек)
5. МГУ выше чем ГУМ. Телебашня выше чем МГУ.
   (здание) [МГУ — Моско́вский госуда́рственный
   университе́т.]

(4) Give the Russian for the following sentences:

1. They live in a bigger house.
2. I know the elder brother.
3. Ivan runs the fastest.
4. He's sitting on the smallest chair.
5. I like music best (say 'most') of all.
6. He has solved the most difficult problem.
7. He is interested in more serious problems.
8. They arrived with a junior officer.
9. I've just read the most interesting book in the library.
10. Enid Blyton is a less significant writer than Solzhenitsyn. (Солженицын)

(5) Answer the following questions by using the appropriate impersonal words. Replace nouns by pronouns where appropriate.

Model: Почему Николай ни с кем не говорит?
Answer: Потому что ему не с кем говорить.

1. Почему родители ничего не едят?
2. Почему Дуня ничем не занимается?
3. Почему Никита ни о чём не говорит?
4. Почему Алёша ни с кем не играет?
5. Почему Пётр никому не пишет письма?
6. Почему Борис никого не приглашает на концерт?
7. Почему Игорь никуда не идёт?
8. Почему Таня никогда не отдыхает?

(6) Choose the correct word from each pair in brackets.
1. Он (почему-то/почему-нибудь) вернулся раньше обычного.
2. Эта деревня находится (где-то/где-нибудь) к югу от Калининграда.
3. Расскажи мне (что-то/что-нибудь) о себе!
4. Спросите (кого-то/кого-нибудь) другого. Я сам не знаю.

5. Вы сегодня утром (куда-то/куда-нибудь) пойдёте?
6. Мы услышали, как (кто-то/кто-нибудь) тихо пел.
7. Он нашёл (какую-то/какую-нибудь) работу в Волго-
   граде.
8. Я (почему-то/почему-нибудь) забыл его имя.
9. Хочу поехать (когда-то/когда-нибудь) в Самарканд.
10. Вы были (когда-то/когда-нибудь) в Харькове?

(7) Answer the following questions on David Grant's
letter in Russian:

1. Как зовут этого молодого инженера?
2. Откуда он?
3. Чем он сейчас занимается?
4. Кому он пишет?
5. Что он раньше получил от дедушки?
6. Дедушка болен?
7. Какого числа Грант улетит?
8. Из чего раньше строили большинство домов в
   Москве?
9. Что случилось при Наполеоне в Москве?
10. Из чего строят современные здания в Москве?
11. Почему с телебашни люди и машины на улицах
    кажутся такими маленькими?
12. На что эти люди похожи?

(8) Translate into Russian:

1. Little Vanya and my younger brother Kolya are (use
учиться) at the same school. Yesterday they had to solve a
simple problem in maths. Kolya tried to solve it for hours,
but didn't succeed. Vanya called round at our flat in the
evening. Apparently Kolya had phoned him up and asked
him to help. In my opinion Kolya doesn't understand
anything about mathematics (use в + prepositional). The
problem was very simple.

'In a flat the dining-room is 5 metres long and 3 metres broad. The bedroom is 4 metres long and 3½ metres broad. The kitchen, bathroom (ванная) and toilet (туалет) are all 3 metres long and 2 metres broad. The hall (передняя) is 7 metres long and 1 metre broad. What is the area of the flat in metres? (area in metres = метраж)'

Vanya looked briefly at the problem and said '54 square metres'.

At first Kolya said nothing. Then he noted it down and said 'You're simply a genius!' He didn't even thank Kolya for his help!

2. One of my friends has just returned from abroad. He and his wife spent three weeks in Moscow and now he is considered a great expert on Soviet affairs (дела). Whenever anyone asks him questions about his stay in Moscow, everyone stops talking, turns round and looks at him. But unfortunately for some reason he always says the same thing: 'Excuse me, I have no time to talk to you just now. I am very busy.' Then he rushes out of the room.

I must admit (= признаться), I wanted to know why he behaved so strangely. 'Maybe he's a very shy man' I thought. Most tourists never stop talking about Moscow. Then one day my wife was having a chat with his wife, and she found out what was the matter. Apparently the guides and interpreters constantly showered them with statistics about Moscow. In the end he and his wife were so bored that they stayed in their hotel for days on end. That's why he doesn't want to talk about Moscow.

LESSON 17

Что такое искусство?

На другой день у Давида в номере.

Без двадцати пяти минут семь вечера зазвонил телефо́н. Дежу́рная сообщи́ла, что в вестибю́ле гости́ницы его́ ждёт Па́вел. Дави́д э́тому немно́жко удиви́лся, так как они́ уже́ накану́не договори́лись, что Па́вел придёт ме́жду семью́ и восьмью́ часа́ми. Он попроси́л, что́бы его́ друг пошёл наве́рх к нему́ в но́мер. О́коло двух мину́т спустя́ вошёл Па́вел. Оказа́лось, что э́то он по оши́бке так ра́но пришёл. У него́ спеши́ли часы́. Дави́д объясни́л, что он ещё не гото́в вы́йти.

«Ну, ничего́», — сказа́л Па́вел. «Наде́юсь, что я не меша́ю тебе́. Éсли ты ничего́ не име́ешь про́тив, я подожду́, пока́ ты не умо́ешься, побре́ешься и так да́льше.»

Но Дави́д уже́ побри́лся и умы́лся.

«Нет, не в э́том де́ло», — сказа́л он. «Про́сто хо́чется оде́ться поэлега́нтнее, наде́ть костю́м, га́лстук, понима́ешь?»

«А как насчёт дезодора́тора?», — ирони́чески спроси́л Па́вел. «Говоря́т, что э́то так при́нято в капиталисти́ческих стра́нах. Ско́лько у тебя́ костю́мов в шкафу́?»

«Охо́тно разреша́ю тебе́ шути́ть на́до мной», — сказа́л Дави́д вме́сто отве́та. «Но ты непра́в. Наоборо́т. У нас в А́нглии молодёжь ча́ще всего́ появля́ется в кино́ в одни́х то́лько джи́нсах и сви́терах — чем старе́е, тем лу́чше. То же са́мое во всех западноевропе́йских стра́нах — во Фра́нции, в ФРГ, в Ита́лии. Éсли хо́чешь уви́деть настоя́щих элега́нтных кинозри́телей, тогда́ иди́ в любо́е сове́тское кино́.»

«Дави́д, прости́. Костю́м тебе́ отли́чно идёт. Не принима́й меня́ всерьёз. Я в шу́тку говори́л — поня́тно? Мне всё равно́, что бы ты ни наде́л.»

«Что ты! Я то́же в шу́тку. Ну, дава́й поспеши́м, а то мы не успе́ем на фильм.»

Но пре́жде чем вы́йти из но́мера, Па́вел вы́нул из карма́на пальто́ небольшо́й паке́т и положи́л его́ на большо́й чемода́н под окно́м.

Дави́д удиви́лся — что э́то тако́е?

— Это ми́ленькая ру́сская ку́колка из де́рева — матрёшка, зна́ешь?

— Да, зна́ю. А заче́м ты положи́л её вот на мой чемода́н?

— Что́бы ты не забы́л её в гости́нице. Как то́лько начнёшь укла́дывать свои́ ве́щи, ты уви́дишь вот э́тот паке́тик. Вот и всё.

— Зна́чит, э́то пода́рок?

— Да, коне́чно. Э́то тебе́ на па́мять. Для до́чери. Что́-то вро́де сувени́ра, да? Идеа́льная игру́шка для де́вочек в во́зрасте от трёх до четы́рнадцати. Купи́л её вчера́ в «Де́тском ми́ре».

— Ах, како́й ты любе́зный. Большо́е спаси́бо, Па́вел.

— Не сто́ит. Ну, пошли́.

Вско́ре по́сле того́, как они́ вы́шли из гости́ницы, часы́ на Спа́сской ба́шне проби́ли полови́ну восьмо́го, и ста́ло я́сно, что они́ не попаду́т во́ время к нача́лу фи́льма, е́сли не возьму́т такси́. К сча́стью, как то́лько они́ вы́шли на у́лицу Го́рького, им удало́сь останови́ть свобо́дное такси́, кото́рое случа́йно проходи́ло ми́мо. Они́ се́ли в такси́, шофёр спроси́л «Куда́?», и по́дал газ. Мину́т че́рез де́сять, они́ подъе́хали к кинотеа́тру «Ко́смос». Счётчик показа́л 35 копе́ек. Дави́д заплати́л шофёру. «Хорошо́, что мы не ка́ждый день берём такси́», — заме́тил Па́вел. «Жить в Москве́ сто́ит всё доро́же.» Дави́д улыбну́лся и помолча́л. «Е́сли бы он то́лько знал, как растёт инфля́ция у нас в А́нглии», — поду́мал он про себя́. Они́ бы́стро сошли́ с такси́. У ка́ссы они́ купи́ли биле́ты в 12ом ряду́. Дави́д хоте́л сиде́ть побли́же к экра́ну, но им сообщи́ли, что оста́лись то́лько после́дние ряды́. «Ничего́ не поде́лаешь», — сказа́л Па́вел.

Разда́лся звоно́к. «Мо́жет быть, фильм уже́ идёт», — сказа́л Дави́д. «Ещё нет», — отве́тил Па́вел. «Но э́то уже́ тре́тий звоно́к. Поскоре́е, Дави́д, а то нас не пу́стят в зал.»

Билетёрша показа́ла им, куда́ идти́. Ско́ро они́ сиде́ли на свои́х места́х.

Дави́д обра́довался возмо́жности посмотре́ть сове́тский фильм без ти́тров и без синхро́нного перево́да. Но содержа́ние фи́льма ему́ не осо́бенно понра́вилось. Э́то был дово́льно несерьёзный — да́же, пожа́луй, наи́вный фильм. Де́йствие происхо́дит в како́м-то сиби́рском колхо́зе. У одного́ сибиряка́ молоде́нькая дочь — Ни́ночка. Она́, коне́чно, стра́шно хороша́ собо́й. Оте́ц хо́чет, что́бы она́ вы́шла за́муж за Бори́са, пожило́го инжене́ра, кото́рый почему́-то стро́ит мост недалеко́ от колхо́за. Не прихо́дится и говори́ть, что Ни́ночка лю́бит не Бори́са, а одного́ из молоды́х колхо́зников. Э́тот Влади́мир — до́брый па́рень со све́жим лицо́м и невероя́тно си́ними глаза́ми. Он тракгори́ст и е́здит це́лыми часа́ми на своём тра́кторе по бесчи́сленным поля́м. Он всё вре́мя ве́село поёт (где́-то игра́ет орке́стр) и други́е колхо́зники и колхо́зницы танцу́ют ве́село и с большо́й эне́ргией из по́ля в по́ле. (Дави́д ско́ро реши́л, что э́то наве́рно не типи́чный колхо́з.) Вообще́ лю́ди ма́ло рабо́тают кро́ме Влади́мира, кото́рый никогда́ не расстаётся с тра́ктором. Когда́ фильм уже́ приближа́ется к концу́, Влади́мир спаса́ет Бори́су жизнь (инжене́р почему́-то упа́л с мо́ста в реку́), стано́вится бригади́ром и же́нится на Ни́ночке. Тепе́рь да́же её оте́ц ничего́ не име́ет про́тив и даёт ей разреше́ние. В после́дней сце́не Влади́мир и Ни́ночка уезжа́ют вме́сте на тра́кторе навстре́чу со́лнцу. Орке́стр игра́ет как мо́жно гро́мче; одни́ колхо́зники пою́т во весь го́лос, други́е танцу́ют.

«Я по-друго́му представля́л себе́ соцреали́зм», — заме́тил Дави́д, когда́ они́ вы́шли из кинотеа́тра.

Vocabulary

что тако́е...?	what is . . .?	зазвони́ть	
иску́сство	art	(perfective) to begin to ring	

дежу́рная	woman on duty	костю́м	suit
сообща́ть,		га́лстук	tie
сообщи́ть		как насчёт	
+dative	to inform	+genitive	what about . . .
вестибю́ль		дезодора́тор	deodorant
(m.)	vestibule	ирони́ческий	ironical
удивля́ться,		э́то так	
удиви́ться		при́нято	that's the custom
+dative	to be surprised at	капиталисти-	
так как	as (reason)	ческий	capitalist
догова́ри-		охо́тно	willingly
ваться,		разреша́ть,	
догово-		разреши́ть	
ри́ться	to arrange	+dative	to permit, allow
наве́рх	upstairs (motion)	охо́тно	
о́коло	about,	разреша́ю	you're welcome
+genitive	approximately	тебе́...	to . . .
ока́зываться,		(по)шути́ть	
оказа́ться	to turn out	(шучу́,	
по оши́бке	by mistake	шу́тишь)	to have a joke at
спеши́ть		над+inst.	the expense of
(часы́		(не)прав	right (wrong) (see
спеша́т)	to be fast (watch)		note)
(по)меша́ть	to disturb,	наоборо́т	on the contrary
+dative	inconvenience	молодёжь (f.)	young people,
ничего́			youth
не име́ть		оди́н	only, nothing but
про́тив	to have no objec-	джи́нсы	jeans
+genitive	tions to	сви́тер (pl.	
пока́ не	until	свитера́)	sweater
умыва́ться,		чем... тем...	the more . . . the
умы́ться			more . . .
(умо́юсь,		старе́е	older (of things)
умо́ешься)	to have a wash	Фра́нция	France
(по)бри́ться		ФРГ	West Germany
(бре́юсь,		Ита́лия	Italy
бре́ешься)	to shave	(кино)зри́-	
не в э́том		тель	cinema-goer
де́ло	that's not the point	проща́ть,	
элега́нтный	smart	прости́ть	
надева́ть,		(прощу́,	
наде́ть		прости́шь)	to forgive, pardon
(наде́ну,		принима́ть	
наде́нешь)	to put on (clothes)	всерьёз	to take seriously

шу́тка	joke
в шу́тку	as a joke
мне всё равно́	it's all the same to me
а то	or else
успева́ть, успе́ть	to be in time
пре́жде чем	before
вынима́ть, вы́нуть (вы́ну, вы́нешь)	to take out
паке́т(ик)	parcel (small parcel)
класть (кладу́, кладёшь), положи́ть	to put
чемода́н	suitcase
что э́то тако́е?	what is that?
ми́ленький (diminutive)	dear little
ку́кла/ку́колка	doll
матрёшка	matryoshka
заче́м?	why? (=for what purpose?)
забыва́ть	to leave behind (by mistake)
укла́дывать, уложи́ть	to pack
на па́мять	as a keepsake
что-то вро́де +genitive	a sort of ...
сувени́р	souvenir
идеа́льный	ideal
игру́шка (gen. pl. игру́шек)	toy
де́вочка	young girl
де́тский	children's
любе́зный	kind

сто́ить +accusative or genitive	to cost (acc.); be worth (gen.)
не сто́ит	don't mention it
вско́ре по́сле +genitive	soon after ...
по́сле того́, как	after (conjunction)
проби́ть (пробьёт, пробью́т) perf. of бить	to strike (the hour)
попада́ть, попа́сть (попаду́, попадёшь)	to get (somewhere)
во́время	in time, on time
е́сли не	unless
такси́	taxi
случа́йно	by chance
шофёр	driver
подава́ть, пода́ть газ	to accelerate, step on it
счётчик	taximeter
(за)плати́ть (плачу́, пла́тишь)	to pay
хорошо́, что	it's a good thing that ...
замеча́ть, заме́тить (заме́чу, заме́тишь)	to remark
улыба́ться, улыбну́ться (улыбну́сь, улыбнёшься)	to smile
помолча́ть perf. of молчать (молчу́, молчи́шь)	to be silent (for a while)

(вы)расти́
(расту́,
растёшь,
past рос,
росла́) — to grow, increase
инфля́ция — inflation
про себя́ — to himself, herself etc.

сходи́ть,
сойти́,
c + genitive — to get out of (a vehicle)
экра́н — screen (cinema)
ничего́ не
поде́лаешь — there's nothing to be done
поскоре́е! — hurry up!
звоно́к — bell
пуска́ть,
пусти́ть
(пущу́,
пу́стишь) — to let
(зри́тельный)
зал — auditorium
(об)ра́до-
ваться
+ dative — to be glad of, rejoice at
возмо́жность — possibility,
(f.) — opportunity
титр — sub-title (film)
синхро́нный — synchronised
перево́д — translation
содержа́ние — content(s); plot (book, film)
(не)серьёз-
ный — serious (frivolous, flippant)
найвный — naive
де́йствие — action
происходи́ть, — to take place,
произойти́ — happen
сиби́рский — Siberian
колхо́з — 'kolkhoz', collective farm
сибиря́к — a Siberian

молоде́нький
(dim. of
молодо́й) — young
стра́шный — terrible, awful
стра́шно — awfully, fright- fully

хоро́ш собо́й;
хороша́
собо́й — handsome, beautiful
выходи́ть,
вы́йти,
за́муж за
+ accusa-
tive — to marry (woman marrying man)
пожило́й — elderly
мост (pre-
positional)
мосту́) — bridge
не при-
хо́дится и
говори́ть,
что... — it goes without saying that ...
па́рень (m.) — lad, chap, fellow
невероя́тно — incredibly
трактори́ст — tractor driver
орке́стр — orchestra
колхо́зник — collective farmer (male)
колхо́зница — collective farmer (female)

танцева́ть
(танцу́ю,
танцу́ешь) — to dance
эне́ргия — energy
расстава́ться,
расста́ться,
c + instru-
mental — to part company with
спаса́ть,
спасти́
(спасу́,
спасёшь,
past спас,
спасла́) — to save, rescue

бригади́р	'brigade' leader, team leader	во весь го́лос	at the top of one's voice
(по)жени́ться на + prepositional)	to marry (man marrying woman)	по-друго́му	differently, in a different way
сце́на	scene (theatre etc.)	представля́ть, предста́вить себе́	to imagine, picture, conceive
вме́сте	together		
навстре́чу + dative	towards, to meet ...	соцреали́зм = социалисти́ческий	
как мо́жно + comparative	as ... as possible	реали́зм	Socialist realism
одни́...	some ...		
други́е...	others ...		

Language notes

(185) *Numerals in the oblique cases.* So far all the cardinal numerals we have met have been in nominative or accusative phrases.

Nominative: В Кремле *четы́ре собора.*
　　　　　　　There are four cathedrals in the Kremlin.

Accusative: За последние дни он прочитал *пять книг.*
　　　　　　　He has read five books in the last few days.

　　It is important to realise that the italicised phrases *taken as units,* are in the nominative or accusative, despite the obvious fact that *the nouns* are in the genitive.

　　However, when such phrases are in any of the oblique cases (genitive, dative, instrumental, prepositional), then the rules governing the case of nouns and adjectives after numerals no longer apply and the whole phrase, *including the numeral,* goes into the same case.

　　Here is an example to illustrate this.

в три часа　　　at three o'clock (в + accusative)
в восемь часов　at eight o'clock (в + accusative)

But in the text we meet:

| между *семью и восьмью* часами | between 7 and 8 o'clock (между + instrumental) |

Here the whole phrase is put in the instrumental and the noun goes in the instrumental plural. In fact, except after numerals ending in один, nouns will always be in the plural in cases like this. This admittedly has the disadvantage that you have to learn how to decline numerals, but on the other hand it is rather more logical than the situation in nominative and accusative. And the declension of numerals is not difficult.

The declension of numerals.

1. The declension of один is already known (see note (165)).

2. два; три; четыре.

Nom.	два/две	три	четыре
Acc.	два/две	три	четыре
Gen.	двух	трёх	четырёх
Dat.	двум	трём	четырём
Inst.	двумя́	тремя́	четырьмя́
Prep.	двух	трёх	четырёх

3. Numerals ending in -ь. These decline like ночь (i.e. ending in -и, except in instrumental).

Nom.	ночь	пять
Acc.	ночь	пять
Gen.	но́чи	пяти́
Dat.	но́чи	пяти́
Inst.	но́чью	пятью́
Prep.	но́чи	пяти́

N.B. пять, шесть, семь, во́семь, де́вять are also declined

like this when they are the first part of 50, 60 etc. and 500, 600 etc.

Note. во́семь—instrumental: восьмью́ or восемью́.

4. пятьдеся́т and all numerals ending in -деся́т. *Both* parts decline and take the same endings as пять.

Nom.	пятьдеся́т
Acc.	пятьдеся́т
Gen.	пяти́десяти
Dat.	пяти́десяти
Inst.	пятью́десятью
Prep.	пяти́десяти

5. со́рок, девяно́сто and сто. These take -a in all the oblique cases.

Nom.	со́рок	девяно́сто	сто
Acc.	со́рок	девяно́сто	сто
Gen.	сорока́	девяно́ста	ста
Dat.	сорока́	девяно́ста	ста
Inst.	сорока́	девяно́ста	ста
Prep.	сорока́	девяно́ста	ста

6. две́сти, три́ста etc. Again both parts decline, сто declining in the plural oblique cases like a neuter noun in -o.

Nom.	две́сти	пятьсо́т
Acc.	две́сти	пятьсо́т
Gen.	двухсо́т	пятисо́т
Dat.	двумста́м	пятиста́м
Inst.	двумяста́ми	пятьюста́ми
Prep.	двухста́х	пятиста́х

7. ты́сяча and миллио́н. ты́сяча declines like a hard

feminine noun (except instrumental singular) миллион
declines like a hard masculine noun.

	Singular	*Plural*
Nom.	ты́сяча	ты́сячи
Acc.	ты́сячу	ты́сячи
Gen.	ты́сячи	ты́сяч
Dat.	ты́сяче	ты́сячам
Inst.	ты́сячью	ты́сячами
Prep.	ты́сяче	ты́сячах

Note 1. ты́сяча is the only numeral apart from одна́
which changes in the accusative.

Note 2. миллио́н is regarded as a noun and thus does not
follow the rules for numerals.

e.g.   с миллио́ном рубл*е́й*   (*not* рубл*я́ми*)

N.B. In compound numerals all parts decline.

2543 Englishmen: две тысячи пятьсот сорок три
англичанина

with 2543 Englishmen: с двумя тысячью пятьюстами
сорока тремя англичанами

Numerals with animate nouns in oblique cases. The animate
(genitive) form of the accusative is only used with два/две,
три and четыре (*not* in compounds ending in these
numerals),

e.g.   Он любит *двух* женщин.
but Дон Жуан любил тысячу пятьсот тридцать *три
женщины.* (по крайней мере!)

(186) *Time.* In note (129) the rules for giving the time at
the hour and half hour were given. The remaining rules are
as follows:

1. From one minute past to the half hour. Here the same
rule applies as for the half hour.

i.e. (at) five past three	(в) пять минут четвёртого
(at) a quarter past three	(в) четверть четвёртого
(at) 21 minutes past three	(в) двадцать одну минуту четвёртого
(at) 22 minutes past three	(в) двадцать две минуты четвёртого

2. From 29 minutes to the hour up to 1 minute to the hour. Here one subtracts the number of minutes from the hour by using без + genitive (without).

i.e. (at) 29 minutes to four	без двадцати девяти минут четыре
(at) a quarter to four	без четверти четыре (че́тверть — fem.)
(at) 4 minutes to four	без четырёх минут четыре
(at) 3 minutes to four	без трёх минут четыре
(at) 2 minutes to four	без двух минут четыре
(at) 1 minute to four	без (одной) минуты четыре

(187) оди́н.

1. Notice the use of один meaning 'a certain ...'

У одного сибиряка была дочь.	A certain Siberian had a daughter.

2. один also exists in the plural — одни́ (declined like э́ти).

(a) It must, of course, be used with nouns like часы which have no singular.

одни часы	one clock

(b) It is used in the expression одни... другие... some ... others ...

Одни поют, другие танцуют.	Some are singing, others dancing.

(c) It can be used as plural of один meaning 'alone'.

Они сидели там одни.   They sat there alone.

(d) It is used in both singular and plural meaning 'only', 'nothing but' in expressions such as:

в одних (только)
джинсах   just in their jeans
в одной рубашке   in shirt-sleeves

(188) *The dative case with verbs.*

1. You are already familiar with several verbs which require an indirect object in the dative.

e.g.	давáть	to give	покупáть	to buy
	приносúть	to bring	покáзывать	to show
	предлагáть	to offer	сказáть	to say
	расскáзывать	to tell	отвечáть	to answer*
	звонúть	to phone	сообщáть	to inform
	объяснять	to explain	писáть	to write

In this connection it is worth noting that the following verbs do *not* take a dative indirect object:

спрашивать/спросить — Он спросил *меня*. (*but* Он ответил *мне*.)

просить/попросить — Он попросил меня не курить.

(*But note:* Он попросил *у меня* что-то. He asked me for something.)

(по)слушать (to listen *to*)   Вы слушаете *меня*? (Are you listening *to* me?)

2. The following verbs also govern the dative:

разрешáть, (to allow) and its   запрещáть,
разрешúть   opposite   запретúть   (to forbid)

---

* He answered *me*.   Он ответил мне.
  He answered the question/the letter.   Он ответил *на* вопрос/письмо.

Он разрешил *мне* войти.   He allowed me to enter.
Он запретил *мне* войти.   He forbade me to enter.

помогать, (to help) and its   мешать,   (to disturb,
помочь   opposite   помешать   prevent)

Тишина помогает *детям* заниматься.
Silence helps the children to study.
Шум мешает *детям* заниматься.
Noise prevents the children from studying.

учить,*   учиться,
        (to teach) and its opposite   (to learn)
выучить   научиться

Преподаватель учил студентов *русскому языку*.
The teacher taught the students Russian.
Мы учимся *русскому языку*.
We are learning Russian.

Some verbs expressing emotions govern the dative:

радоваться,
           (to be glad about something, to enjoy)
обрадоваться
Она так радовалась *тёплым летним вечерам*.

She so enjoyed the warm summer evenings.

удивляться,
          (to be surprised at)
удивиться
Я удивился *этой ошибке*.

I was surprised at this mistake.

сочувствовать,
             (to sympathise with)
посочувствовать
Она не сочувствует *мне*.

She has no sympathy with me.

* Note that Russian is the exact opposite of English here; we teach
a subject to a person, not vice-versa.

Also the following:

ве́рить,
пове́рить   (to believe)

Я не ве́рю *вам*.   I don't believe you.

Я ве́рю *э́тому*.   I believe this.

and сове́товать,
        посове́товать (to advise)

Сове́тую *вам* не говори́ть об э́том.

I advise you not to talk about it.

(189) *Some verbs which require special care.*

  1. To put.

   (a) The standard word for 'to put' is класть/положи́ть.

Он кладёт бри́тву в я́щик.   He's putting his razor in the
                                                    drawer.

  It is used especially when the object is put in a lying
position. (to lay)

Он положи́л кни́ги на стол.   He laid the books on the
                                                    table.

   (b) 'To put in a standing position' is ста́вить/поста́-
вить.

Я поста́влю зо́нтик в у́гол.   I'll put (stand) my umbrella
                                                    in the corner.

   (c) 'To put in a sitting position' is сажа́ть/посади́ть.

Жена́ посади́ла госте́й за   My wife seated the guests at
стол.   the table.

Note that all these verbs take accusative case after в, на, за.

  All these verbs are connected with other verbs already
known.

to put	position after putting	putting oneself into that position
класть/положи́ть	лежа́ть (to lie)	ложи́ться/лечь (to lie down)
ста́вить/поста́вить	стоя́ть (to stand)	встава́ть/встать (to stand up)
сажа́ть/посади́ть	сиде́ть (to sit)	сади́ться/сесть (to sit down)

2. **To have.** Normally use y + genitive. But note (a) the verb име́ть as in я ничего́ не име́ю про́тив.

име́ть is normally used with abstract nouns.

иметь талант	to have talent
иметь возможность	to have the opportunity
иметь удовольствие	to have the pleasure (of doing something)
иметь дело с	to have business with
иметь место	to take place etc., etc.

(b) y + genitive can only be used of people.

Compare:

У Ивана новая квартира.	Ivan has a new flat.
В доме пять комнат.	The house has five rooms.

(c) English often uses the verb 'to have' where this is impossible in Russian.

e.g.	to have a bath	принимать ванну
	to have a cup of tea	пить чашку чаю
	to have a cigarette	курить папиросу
	to have a meal	обедать, ужинать, завтракать
	to have a talk	поговорить

3. Verbs of motion used figuratively. A few of the specific motion verbs (идти etc.) can be used figuratively; when they are used in this way they do not have the alternative form in ходить etc.

These include:

ИДТИ

Дождь идёт.	It is raining.
Снег идёт.	It is snowing.
Фильм идёт.	A film is on.
Пьеса идёт.	A play is on.
Дела идут хорошо.	Business is good.
Галстук вам идёт.	The tie suits you.
Идёт.	OK

вести

Он ведёт скучную жизнь.	He leads a tedious life.
Куда ведёт эта улица?	Where does this street lead/go?
Павел ведёт дневник.	Pavel keeps a diary.
Эти дети плохо ведут себя.	These children behave badly.
Он ведёт машину.	He is driving the car.

везти

Ей везёт.	She is lucky.

A conspicuous exception to this is носить (to wear). нести cannot be used with this meaning.

носить can only be used of clothes worn habitually. When speaking of one occasion, use в + prepositional.

Он был в сером костюме.   He was wearing a grey suit.

Note. The 3rd person plural (past tense) of пойти and поехать can be used to mean 'Let's go!'

Пошли!   Поехали!

4. To marry.

(a) Of the man: жени́ться на + prepositional (perfective also жени́ться).

Иван женился на Ирине. Ivan married Irina.

(b) Of the woman: выходи́ть за́муж за + accusative (perfective вы́йти замуж).

Ирина вышла замуж за
  Ивана. Irina married Ivan.

(c) Of both partners: жениться (perfective *поже*-ниться)

Иван и Ирина наконец
  поженились. Ivan and Irina finally got
  married.

5. To cost.

сто́ить (note stress сто́ит/сто́ят and do not confuse with стоя́ть — to stand он стои́т etc.)

Машина сто́ит две тысячи
  рублей. The car costs 2000 rubles.

But with the genitive сто́ить means 'to be worth' or 'to deserve':

Машина сто́ит *двух
  тысячей* рублей. The car is worth 2000 rubles.

With the genitive it often stands with abstract nouns:

Это сто́ит вашего
  внимания. It deserves your attention.

Note the phrase Не сто́ит. Don't mention it.

6. To be late for, to miss. The verbs успева́ть/успе́ть

and попада́ть/попа́сть are frequently used in the negative with the same sense as опаздывать/опоздать.

Он опоздал на поезд.
Он не успел к поезду.   He missed the train.
Он не попал на поезд.

In the second and third examples the positive form would, of course, mean 'He caught the train.'

успева́ть/успе́ть means literally 'to have time to do something'. Don't confuse:

1. Он не успел написать письмо.
   He didn't manage to write the letter. (lack of time)
2. Ему не удалось написать письмо.
   He didn't manage to write the letter. (the difficulty was the letter itself)

попадать/попасть means literally 'to get somewhere' and is extremely common in spoken Russian.

Как мне попасть на
Красную площадь?   How do I get to Red Square?

(190) *Conjunctions*. It has already been seen that conjunctions must not be confused with prepositions. (See note (167) for the difference between c and c тех пор, как...)
The following conjunctions occur in this lesson:

так как	as (reason)
а то	or else
как то́лько	as soon as
по́сле того́, как	after
пре́жде чем	before
пока́ не	until (lit. 'while not')
е́сли не	unless (lit. 'if not')

All these conjunctions introduce clauses (see reading

passage) but прежде чем is frequently found with an infinitive if the two clauses have the same subject.

Compare: Хочу поговорить с вами, прежде чем *вы уйдёте*.
I want to have a word with you before *you* leave.

and: Хочу поговорить с вами, прежде чем *уйти*.
I want to have a word with you before *I* leave.

(191) чтобы *and* зачем.

1. чтобы used with the infinitive means 'in order to' and answers the question зачем? = why, for what *purpose*?

e.g. Зачем вы зашли ко
мне? | Why did you come to see me?
Чтобы поговорить с вами. | (in order) To have a chat with you.

N.B. Care must be taken not to confuse зачем? with почему?

почему means 'why?' in the sense of 'for what *reason*?'

e.g. Почему вы так
усталы? | Why are you so tired?
Потому что я работаю с раннего утра. | Because I've been working since early morning.

2. чтобы with a clause can also answer the question зачем? when there is a change of subject from one clause to the other. (cf. прежде чем)

e.g. Зачем вы бьёте меня? | Why are you beating me?
Чтобы ты больше не шутил надо мной. | So that you don't make any more jokes at my expense.

Remember you must use the past tense after чтобы.

3. чтобы with verbs of wishing. Again, as with прежде чем, the verbs хотеть and желать take a clause with чтобы when there is a change of subject.

e.g.   Мы хотим попасть к началу фильма.
       We want to get there in time for the beginning of the film.

but   Мы хотим, чтобы Давид попал к началу фильма.
       We want David to get there in time for the beginning of the film.

(192) *Comparatives*. Note these points which occur in the present lesson:

1. The prefix по- can be added at the beginning of a predicative comparative. It has the same limiting force as the по- in some perfective verbs.

e.g.   погро́мче   a little louder
       побо́льше   a little more
       полу́чше   a little better
       покре́пче   a little stronger
       подо́льше   a little longer (time)

Поскоре́е! is the regular way of saying 'Hurry up!'

2. всё before a comparative has the sense of 'more and more . . .'

всё гро́мче   louder and louder
всё бо́льше   more and more

3. как мо́жно and the comparative means 'as . . . as possible'.

как мо́жно ти́ше   as softly as possible
как мо́жно бо́льше   as much as possible

4. In phrases with two comparatives (the more . . . the more . . .), the first comparative is preceded by чем, the second by тем.

чем больше компания,
  тем веселее   the more the merrier

(193) Formation of adverbs other than in -o.

1. Adjectives ending in -ский form adverbs in -ски. Many of these come from other languages.

ирони́ческий	ирони́чески	ironically
крити́ческий	крити́чески	critically
логи́ческий	логи́чески	logically
драмати́ческий	драмати́чески	dramatically
полити́ческий	полити́чески	politically
практи́ческий	практи́чески	practically
теорети́ческий	теорети́чески	theoretically
герои́ческий	герои́чески	heroically

2. Some adverbs are prefixed by по-.

дру́жеский	по-дру́жески	amicably
това́рищеский	по-това́рищески	in a comradely way

3. With certain adjectives (not ending in -ский), по- is used with the dative of the adjective to form the adverb.

друго́й	по-друго́му	differently
ста́рый	по-ста́рому	as of old
ле́тний	по-ле́тнему	as for summer

Она одевается по-летнему.   She dresses in summer clothes.

(194) *Adjectives having different meanings in short and long forms.*

Long form		Short form	
хоро́ший	= good	хоро́ш (собо́й)	= handsome, beautiful
пра́вый	= right (opp. of left)	прав	= right (correct)*
живо́й	= lively	жив	= alive

(195) *Adverbs of place.* Distinguish between those answering the questions

где?		куда?	
Where?		**Where to?**	
здесь	(here)	сюда́	(here)
там	(there)	туда́	(there)
до́ма	(at home)	домо́й	(home)
наверху́	(upstairs)	наве́рх	(upstairs)
внизу́	(downstairs)	вниз	(downstairs)
спра́ва	(on the right)	напра́во	(to the right)
сле́ва	(on the left)	нале́во	(to the left)

откуда?	
Where from?	
отсю́да	(from here)
отту́да	(from there)
и́з дому	(from home)†
све́рху	(from above)
сни́зу	(from below)

(196) *Diminutives.*

1. Nouns. Russians use a great number of diminutives in everyday speech. Their use often suggests, apart from

---

* He is right. Он прав. (Он пра́вый means 'He is right-wing'.)
† из до́ма = out of the house.

considerations of size as such, some emotional attitude of
the speaker towards the object or person he is addressing,
describing etc. By the use of various suffixes it is possible
to suggest affection at one end of the scale and contempt
at the other. The most common of the diminutives are
probably those indicating tenderness.

Masculine nouns frequently take the suffixes -ик, -ок, -ец:

дом	до́мик	го́род	городо́к	брат	бра́тец
сад	са́дик	сын	сыно́к		
пакет	паке́тик	стари́к	старичо́к		
стул	сту́льчик				

Common feminine suffixes are: -ка, -енька, -очка:

дочь — до́чка, до́ченька	ку́кла — ку́колка
ма́ма — ма́мочка	ка́рта — ка́рточка
кни́га — кни́жка	

Some diminutives, especially those in -ушка, have become
so well established that they are now more common than
the words they came from: ба́бушка; де́душка; де́вушка.

A list of diminutives deriving from Christian names will
be found in the Appendix. A knowledge of these is indispensable for the reading of Russian novels and plays.

2. Adjectives. Some adjectives also have alternative
diminutives in -еньк- and -оньк-. These too, are often used
as endearments.

ми́лый — ми́ленький

молодо́й — молоде́нький

ти́хий — тихо́нький

Note. хоро́шенький = pretty

ма́ленький, as an adjective, only exists in the
diminutive form.

Exercises

(1) Write out the numbers in full and put the adjectives and nouns into the correct case.

1. до 3 (час)
2. в 6 (ящик)
3. около 25 (бригадир)
4. с 550 (английский пассажир)
5. между 4 и 5 (час)
6. кроме 200 (деревянная изба)
7. с 1 000 000 (рубль)
8. меньше 260 (километр)
9. без (эти) 2000 (советский гражданин)
10. о 4 (время года)
11. в 60 (ленинградский кинотеатр)
12. Я вижу 24 (героический солдат)
13. Разве вы не знаете (эти) 4 (несознательный товарищ)?
14. Они заехали за (мой) 2 (младший брат).

(2) Give these times in full.

1. 2.45. 2. 11.02 3. 4.59 4. 7.21 5. 9.32 6. 1.56

(3) Answer the questions on the left, using the words and phrases on the right in the correct case.

1. Кому он сказал это?

три сестры; моя мать; эти сибирские студенты; свой дедушка; советская молодёжь; все кинозрители.

2. Кого он спросил об этом?

родители; наша пожилая дежурная; один сибиряк; старший бригадир; все колхозники и колхозницы; я; никто.

3. Кому вы больше всего сочувствуете?

английские студенты русского языка; наши молодые люди; он; ваши младшие

	сёстры; Ваня; этот терпеливый герой.
4. Чему вы учитесь?	высшая математика; иностранные языки; древняя история; разные предметы; ничего.
5. За кем вы следуете?	одни известный преступник; никто; они; вы; эти дети; два друга.
6. Кому он мешает работать?	две тысячи студентов; дочь; я; все трактористы; мои сыновья.

(4) Choose the correct verbs from the following list and use them in the *past* tense in the appropriate sentences. Provide the correct prepositions to go with the words in brackets and put them in the correct case. Use the *perfective* aspect of the verb, except in the case of лежать; стоять; сидеть; иметь дело.

класть; ставить; сажать; лежать; стоять; сидеть; ложиться; вставать; садиться; укладывать; иметь дело; вынимать; жениться; выходить замуж; опаздывать; успевать.

1. Мы долго... (очередь).
2. Ирина... цветы (ваза).
3. Он... деньги (карман) и заплатил шофёру.
4. Дедушка целыми часами... (кресло) перед телевизором.
5. Наташа... (постель) и скоро заснула.
6. Никита уже давно любит мою сестру и... (она) в четверг.
7. Так как Миша... (автобус), он не... (начало концерта).
8. (пол)... потёртый ковёр.
9. Ваня... деньги (карман) и вышел из дому.

10. Они… (свои места) в третьем ряду.
11. Отец целыми месяцами запрещал Тане встречаться с Володей, однако передумал наконец, и она… (он) на прошлой неделе.
12. Мы раньше… (одна английская фирма).
13. Прежде чем улететь в Сочи, Оля… свои вещи (чемодан).
14. После обеда Боря… (стол) и перешёл в гостиную.
15. Вера… маленькую доченьку (детская коляска = pram).

(5) Ivan Ivanovich speaks the following sentences. Using хотеть, чтобы…, explain what he wants in each case.

1. «Николай, опишите мне, пожалуйста, ваш образ жизни.»
2. «Павел Павлович, закройте, пожалуйста, дверь.»
3. «Дети, переписывайтесь со мной, когда будете в Ленинграде.»
4. «Таня, не имей дела с такими людьми.»
5. «Катя, оставайся со мной навсегда.»
6. «Товарищи, помогите мне!»
7. «Володя, не надо краснеть, когда говоришь с Леночкой.»
8. «Люба, почему ты всегда носишь старые джинсы? Это некультурно.»
9. «Товарищ шофёр, мы опаздываем. Пожалуйста, подайте газ!»
10. «Маша, я так хочу жениться на тебе!» (Careful!)

(6) Answer in Russian the following questions on the film that David and Pavel saw.

1. В каком районе СССР находится этот колхоз?
2. Кто Ниночка?
3. За кого она хочет выйти замуж?
4. Кого отец считает идеальным мужем для дочери?
5. Кто моложе — Борис или Владимир?

6. Борис — колхозник?
7. Кто работает лучше всех в колхозе?
8. Чем занимаются другие?
9. Сколько есть полей в колхозе?
10. Откуда падает Борис?
11. Почему он не умирает?
12. Кем становится молодой тракторист?
13. Как Владимиру с Ниночкой удаётся наконец пожениться?
14. Почему так шумно в конце фильма?

(7) Translate into Russian:

1. Boris washes very rarely and his friend told him as a joke that he needed a deodorant. Unfortunately Boris took him seriously and now they don't talk to each other any more.

2. Life in England has got dearer and dearer since inflation started to increase.

3. We agreed to meet at twenty to eight. Needless to say Vera arrived late and we missed the beginning of the play. I couldn't understand the play at all. Apparently some fellow had married some woman or other and now the woman wanted to marry someone else. The woman was very like Vera.

4. 'Ivan, I haven't any time to chat with you. I'm going to the pictures with Anna tonight and I haven't washed and shaved yet. Also (=к тому же) I can't find my grey suit anywhere.'

5. 'Volodya, it's not worth dressing smartly if you're meeting Anna. Her friends always turn up in just jeans and sweaters.'

6. Before Comrade Simonov became a professor, he used to be a teacher at one of the big Moscow scientific institutes. He taught his students higher mathematics. Before he left Moscow, he married one of his students. They now have three children.

LESSON 18

Последний день в Москве

Настал последний день в Москве. Давид в то же самое время и радовался тому, что скоро увидит семью, и сожалел о том, что невозможно дальше остаться в СССР, побывать в других городах, поехать на Кавказ, увидеть Эльбрус, Казбек и другие кавказские горы, сесть в Горьком на теплоход и осмотреть Волгу. Да, это просто невозможно. Во-первых, у него не хватало денег; во-вторых его виза завтра больше не будет действительна; а самое главное его жена с нетерпением ждёт его возвращения. Он раньше мечтал поехать автостопом по западной части Советского Союза. Один из его друзей проехал таким образом в прошлом году от Москвы до Тбилиси за две недели. Такое расстояние! Ведь Тбилиси находится в тысяче пятистах километрах от Москвы. И автостоповцы платят всего один рубль за пятьсот километров. Так дёшево! Нужна только маленькая книжка с талонами. Давид! Не стоит мечтать...

И Давид послушался голоса совести, перестал мечтать, стал думать о подарках, которые он намерен был привезти домой.

Накануне они с Павлом договорились встретиться утром на Красной площади возле Мавзолея. На самом деле Давид хотел спокойствия, тишины, хотел избегать людей во что бы то ни стало, но он уже решил, что обязательно привезёт подарки с собой, когда вернётся в Англию, так что придётся терпеть суматоху в магазинах, несмотря на то, что у него болела голова. Он уже давно искал случая осмотреть магазины в центре, но не хватало времени. Поэтому он попросил у Павла помощи...

Давид вышел на Красную площадь и пошёл по направлению к Мавзолею. Павла не было видно.

Прошло минут десять. Давид искал его среди людей на площади; вокруг него было так шумно, что закружилась голова. Он сел на скамейку и закрыл на минуточку глаза. Вдруг что-то коснулось его плеча. Он повернулся и увидел Павла. «Ну и молодец, вот ты где», — сказал Давид иронически и бегло посмотрел на часы. Оказалось на этот раз, что Павел забыл завести часы и они стали среди ночи. «Тебе действительно не везёт с твоими часами», — заметил Давид.

Давид имел только туманное представление о том, что надо купить. «Ну, ничего», — подумал он про себя. «До ГУМа рукой подать. Там продаются всевозможные вещи. Что-нибудь попадётся мне на глаза.» «Нам лучше всего сходить в ГУМ за подарками», — сказал Павел. «Да, ты правильно прочитал мои мысли», — ответил Давид. «Но только на полчаса. Больше не вытерплю.»

После первого получаса он стал терять надежду; около полутора часов спустя он предложил Павлу, чтобы они вышли на улицу, хоть с пустыми руками. Потом они зашли в два магазина подряд на улице Горького. В обоих магазинах произошло то же самое и они вышли ни с чем. У многих покупателей были сумки полные покупок; казалось, только Давид был такой нерешительный покупатель. «Не падай духом!», — сказал Павел. «Почему ты так грустно выглядишь? Давай влезем в автобус. На Арбате есть прекрасная шашлычная. Что-нибудь поесть надо, а?» Давид охотно согласился на это предложение — в конце концов магазины скоро закроются на обеденный перерыв — и через некоторое время они удобно сидели в шашлычной. Вкусный шашлык мало-по-малу разогнал у Давида плохое настроение, и он ел с большим аппетитом.

Теперь Давид беспокоился только об одном; время летело, а он всё ещё не купил никаких подарков. Он посоветовался со своим другом и объяснил ему, что договорился встретиться в Шереметьеве с другими чле́нами делега́ции за полтора́ часа́ до полёта — то есть, в 10 часо́в. «Ско́лько сейча́с вре́мени?», — спроси́л Па́вел, кото́рый забы́л часы́ у себя́ в кварти́ре. «Без че́тверти три? Зна́чит, у нас доста́точно вре́мени.» Они́ загляну́ли в ра́зные магази́ны на Арба́те, и на э́тот раз Дави́ду повезло́. За два часа́ он успе́л купи́ть все ну́жные пода́рки. Почему́-то ста́ло ле́гче выбира́ть в э́тих магази́нах. Там не́ было так ду́шно, как ча́сто быва́ет в не́которых моско́вских универма́гах. Дави́д да́же развесели́лся. Тепе́рь не́чего боя́ться. Поку́пки сде́лал. На самолёт не опозда́ет. Всё в поря́дке. Он соста́вил сле́дующий спи́сок пода́рков:

роди́телям	— пласти́нки ру́сских наро́дных пе́сен
Мэ́ри	— се́рьги
Дя́де Джо́ну	— папа́ха
Тёте Ли́зе	— меховы́е перча́тки
Джо́рджу	— деревя́нный шахма́тный набо́р
Джейн	— ва́нька-вста́нька
Ко́лину	— балала́йка
себе́ (!)	— две ба́нки икры́

Вдруг он вспо́мнил, что ещё ничего́ не купи́л для де́душки. Беда́! «Это не пробле́ма», — сказа́л Па́вел. «Я уве́рен, что где́-то поблизости нахо́дится букинисти́ческий магази́н. Там наве́рно найдёшь что́-нибудь подходя́щее.» И в са́мом де́ле они́ стоя́ли как раз напро́тив э́того магази́на. «Вот мне показа́лось, что на́до бу́дет изъе́здить всю Москву́, а стои́м в десяти́ ме́трах от на́шей це́ли.», — сказа́л Дави́д. «Ну да», — отве́тил Па́вел с улы́бкой. «Вот почему́ я ду́маю бро́сить меди́цинскую карье́ру и стать ги́дом Интури́ста».

Снача́ла Дави́ду захоте́лось купи́ть по́лное собра́ние произведе́ний Пу́шкина в пятна́дцати то́лстых тома́х. По сравне́нию с це́нами в А́нглии кни́ги оказа́лись удиви́тельно дешёвыми, но Па́влу наконе́ц удало́сь убеди́ть Дави́да в том, что стюарде́ссы и про́чие интересу́ются то́лько ве́сом багажа́, а не его́ литерату́рной це́нностью. Наконе́ц он вы́брал рома́н «Золото́й телёнок» Ильфа и Петро́ва в прекра́сном пода́рочном изда́нии с иллюстра́циями.

Вот они́ опя́ть очути́лись на у́лице. Как назло́ они попа́ли пря́мо в часы́-пик. В авто́бусах я́блоку бы́ло не́где упа́сть, но ка́к-то им наконе́ц удало́сь сесть в авто́бус, несмотря́ на их во́семь паке́тов. Они́ не обраща́ли внима́ния на свире́пые взгля́ды, кото́рыми их огля́дывали други́е пассажи́ры. Ро́вно в шесть часо́в они́ бро́сились в вестибю́ль гости́ницы.

Vocabulary

настава́ть, наста́ть	to come, begin (of seasons, times)	мечта́ть	to dream of (daydream)
сожале́ть о + prepositional	to regret	е́хать авто-сто́пом таки́м	to hitch-hike
невозмо́жно	impossible	о́бразом	in this way
Кавка́з	Caucasus	расстоя́ние	distance
кавка́зский	Caucasian	автостопо́вец	
гора́	mountain	(gen. авто-стопо́вца)	hitchhiker
побыва́ть (perf. of быва́ть)	to visit (for a short time)	дешёвый	cheap
		тало́н	coupon
осма́тривать, осмотре́ть	to have a look round	(по)слу́шать-ся + gen.	to obey, follow
		со́весть (f.)	conscience
хвата́ть, хвати́ть impersonal + genitive	to be enough, to have enough (see note)	наме́рен/а/ы	(I etc.) intend
		привози́ть, привезти́	to bring (in car, plane etc.)
		во́зле + genitive	near
действи́тель-ный	valid (passport)	мавзоле́й	mausoleum
гла́вный	main, principal	на са́мом де́ле	actually
са́мое гла́вное	the main thing	споко́йствие	peace, tranquility
нетерпе́ние	impatience	избега́ть избежа́ть	
возвраще́ние	return	+ genitive	to avoid, shun

во что бы то ни стáло	at all costs
(по)терпéть (терплю́, тéрпишь)	put up with, bear, endure
суматóха	bustle, hurly-burly
несмотря́ на + accusative	in spite of
искáть (ищу́, и́щешь)	to look for
слýчай	occasion, opportunity
направлéние	direction
по направлéнию к + dative	in the direction of
вокрýг + genitive	around
касáться, коснýться (коснýсь, коснёшься) + genitive	to touch; concern
плечó (pl. плéчи)	shoulder
ну и молодéц	there's a good lad (ironical)
вот ты где!	there you are!
заводи́ть, завести́ (часы́)	to wind (watch etc.)
стать (perfective)	to stop (of watch, clock)
тумáнный	vague, hazy
представлéние	conception, idea
до... рукóй подáть	it's only a stone's throw to ...
всевозмóжный	all kinds of
попадáться, попáсться	
на глазá + dative	to catch one's eye
сходи́ть (perfective)	to go (and come back)
прáвильный	correct
мысль (f.)	thought
вы́терпеть (perfective)	to endure, put up with
(по)теря́ть	to lose
надéжда	hope
подря́д	one after the other
óба/óбе	both (see note)
покупáтель (m.)	shopper, customer
сýмка (для покýпок)	bag (shopping)
нереши́тельный	indecisive
вы́глядеть (вы́гляжу, вы́гля-дишь)	to look (sad etc.)
влезáть, влезть (влéзу, влéзешь) в + accusative	to climb into; to get on (bus etc.)
шашлы́чная	'shashlik' restaurant
поéсть (perf.) cf. есть	to have a bite to eat
предложéние	suggestion
нéкоторый	some
чéрез нéкоторое врéмя	in a little while
шашлы́к	shashlik, kebab
разгоня́ть, разогнáть (разгоню́, разгóнишь)	to dispel, drive away
настроéние	mood

(по)совéто-	
ваться	
с+instru-	to ask the advice
mental	of
полторá/	
полторы́	one and a half
полёт	flight
достáточно	
+genitive	enough
загля́дывать,	
загляну́ть	
(загляну́,	
загля́нешь)	to look in, drop in
выбирáть,	
вы́брать	
(вы́беру,	
вы́берешь)	to choose
ду́шный	stuffy, close
(раз)весе-	
ли́ться	to cheer up
составля́ть,	to compile, make
состáвить	(list)
спи́сок (gen.	
спи́ска)	list
пласти́нка	gramophone
	record
нарóдный	folk (adj.)
пéсня (gen.	
pl. пéсен)	song
сéрьги (gen.	
pl. серёг)	earrings
дя́дя (gen. pl.	
дя́дей)	uncle
тётя (gen. pl.	
тётей)	aunt
папáха	fur hat
мех(овóй)	fur
перчáтка	glove
шахмáтный	
набóр	chess set
бáнка (gen.	
pl. бáнок)	jar
икрá	caviar

вáнька-	type of doll (self-
встáнька	righting as a
	result of
	weighted base)
балалáйка	
(gen. pl.	
балалáек)	balalaika
пóмнить,	
вспóмнить	to remember
поблúзости	nearby
букинисти́-	
ческий	second-hand
магазúн	bookshop
напрóтив	
+genitive	opposite
изъéздить	to go all round,
(perfective)	cover the whole
	of
цель (f.)	goal, aim, destina-
	tion
улы́бка	smile
ду́мать	to consider (doing
	something)
бросáть,	
брóсить	
(брóшу,	to throw; to give
брóсишь)	up, chuck up
карьéра	career
собрáние	collection
произведé-	work (of litera-
ние	ture)
том (pl.	
томá)	volume
сравнéние	comparison
по сравнé-	
нию с+in-	in comparison
strumental	with
убеждáть,	
убедúть	
(убедúшь,	
убедúт)	to persuade (not
в+prep.	used in 1st sing.)
стюардéсса	air-hostess
прóчие	the others

вес — weight
багаж — luggage
це́нность (f.) — value
телёнок — calf
пода́рочный (adjective from пода́рок) — presentation (copy etc.)
изда́ние — edition
иллюстра́ция — illustration
очути́ться (perfective only) — to find oneself
как назло́ — as luck would have it

прямо́й — straight
я́блоку не́где упа́сть — there isn't room to swing a cat
внима́ние — attention
обраща́ть, обрати́ть внима́ние на + accusative — to pay attention to
свире́пый — fierce, ferocious
огля́дывать, огляде́ть (огляжу́, огляди́шь) — to examine, look at

Language notes

(197) *Verbs with the genitive.*

1. The following verbs found in the lesson *always* govern the genitive.

каса́ться/косну́ться — to touch (figuratively 'to concern')

слу́шаться/послу́шаться — to obey

боя́ться — to be afraid of

избега́ть/избежа́ть — to avoid

хвата́ть/хвати́ть — to suffice, be enough

Note 1. каса́ться is frequently used figuratively in such phrases as:

Что каса́ется *этого вопроса*. — As far as this question is concerned.

Это не каса́ется *меня*. — It doesn't concern me.

Note 2. хвата́ть is used impersonally.

У них хвата́ет *времени/ денег*. — They have enough time, money.

У них хвата́ло *времени/ денег*. — They had enough time, money.

2. The following verbs sometimes govern the genitive, sometimes the accusative:

хоте́ть/захоте́ть	to want
ждать/подожда́ть	to wait for
иска́ть	to look for
проси́ть/попроси́ть	to ask for
тре́бовать/потре́бовать	to demand

The genitive after these verbs is used with abstract nouns.

Он хочет *спокойствия.*	He wants peace and quiet.
Он ждёт *ответа.*	He is waiting for an answer.
Он ищет *счастья.*	He is looking for happiness.
Он просит *помощи.*	He is asking for help.
Он требует *внимания.*	He demands attention.

Otherwise (i.e. with concrete nouns and people) the acccsative is used.

Он хочет *игрушку* для дочери.	He wants a toy for his daughter.
Он ждёт *тётю.*	He is waiting for his aunt.
Он ищет *газету.*	He is looking for the newspaper.
Он просит *стакан* воды.	He asks for a glass of water.
Он требует *деньги.*	He demands his money.

Note 1. ждать. Nouns denoting transport and communication go in the genitive after ждать, although they are not abstract.

e.g. автобус, трамвай, самолёт, письмо, телеграмма.
Он ждёт *автобуса, письма.* He is waiting for the bus, letter etc.

Note 2. The partitive genitive is frequently found after these verbs.

Он попросил *чаю.*	He asked for *some* tea.
Он хочет *денег.*	He wants *some* money.

(198) *Verbs of motion.*

1. As we have already seen, the rule about compound verbs of motion is that they form their imperfective from ходить etc., their perfective from идти etc. However there is a small group of prefixes which give the 'general' verb a perfective form. The two prefixes concerned are с and из, and they are mainly used with the verbs ходить, ездить, бегать.

(a) с. сходи́ть; съе́здить; сбе́гать

This prefix indicates that a journey there and back is *completed*.

The *result* of the journey is often shown by за with the instrumental, which tells you what the object of the journey was.

Он сходил/съездил/сбегал в город за покупками.

He went to town and fetched the shopping. (i.e. he is back from town)

cf. Он пошёл/поехал/побежал в город за покупками.

He has gone to town to fetch the shopping. (and has not yet returned)

N.B. Do not confuse this verb (perfective) with the imperfective сходить meaning 'to get down, to get off'.

(b) из. исходи́ть; изъе́здить; избе́гать

This prefix indicates that the movement is in various directions over a whole area. These verbs are transitive.

Милиция исходила весь город, но не нашла преступников.

The police combed the whole town but didn't find the criminals.

Similarly: изъе́здить

избе́гать (note stress and distinguish from избега́ть 'to avoid')

Note that -ездить is used instead of -езжать with both prefixes.

2. лезть/ла́зить (to climb) and гнать/гоня́ть* (to drive —animals etc.). These two verbs have double imperfectives.

лезть and гнать belong to the 'specific' type,
ла́зить and гоня́ть to the 'general' type.

Present:	лезть	гнать	ла́зить	гоня́ть
	ле́зу	гоню́	ла́жу	гоня́ю
	ле́зешь	го́нишь	ла́зишь	гоня́ешь
	ле́зет	го́нит	ла́зит	гоня́ет
	ле́зем	го́ним	ла́зим	гоня́ем
	ле́зете	го́ните	ла́зите	гоня́ете
	ле́зут	го́нят	ла́зят	гоня́ют
Past:	лез	(regular)	(regular)	(regular)
	ле́зла			
	ле́зли			

When used in compounds, (c.f. ездить) the verb лазить changes to -лезать

e.g. влезать/влезть to climb in

Note that the verb разгоня́ть (literally 'to drive away', 'to disperse') is used figuratively in the reading passage.

разгонять плохое
    настроение   to dispel a bad mood.

(199) боле́ть *1. to be ill. 2. to ache.* The infinitives of the two verbs are the same, but боле́ть 'to be ill' is a 1a verb.

Он болеет.   He is ill.

---

* The reflexive form of this verb (гоня́ться) means 'to chase' and takes за + inst. Собаки часто гоняются за кошками. Dogs often chase cats.

болéть 'to ache' is 2nd conjugation.

У него голова болит.	He has a headache.
У меня глаза болят.	My eyes are sore.

Note that both verbs take their perfective in за-.

заболéть	(1a conjugation)	to fall ill
заболéть	(2nd conjugation)	to begin to ache

(200) *Adjectives and pronouns in the neuter*. It has already been pointed out that the neuter forms мнóгое and всё can be used on their own.

мнóгое	many things
всё	everything

Similarly, notice in the reading passage:

сáмое глáвное	the main thing
однó	one thing (Он беспокоился только об одном)

The neuter form то is frequently used as a means of joining clauses. The rough English equivalent would be 'the fact', although in most cases it does not need to be translated. It is especially useful when dealing with verbs which govern oblique cases or are followed by prepositions. For example, consider the verb радоваться + dative = to be pleased about. In English we can say: I am pleased *about his coming home* so soon. In Russian this is impossible, unless the italicised phrase is changed into a noun. The phrase cannot go into the dative as it stands (or indeed into any case). Russian here inserts the pronoun то in the required case (here the dative), and adds a clause beginning with что:

Я радуюсь *тому*, что он так скоро вернётся домой.

Similarly note the following:

Он сожалел *о том*, что невозможно дольше остаться.
He regretted (the fact) that it was impossible to stay any
   longer.
Несмотря *на то*, что у него болела голова…
Despite the fact that his head was aching…
Павлу удалось убедить Давида *в том*, что…
Pavel managed to persuade David (of the fact) that…

(201) *Words of quantity in the oblique cases.* Words such as
много, немного, сколько? take a genitive noun when they
are in the nominative or accusative, but as in the case of
numerals, the situation in the other cases is quite different.
Both the word of quantity itself and the noun go into the
appropriate case. The oblique cases of these words follow
the soft plural adjective declension:

Nom.	несколько	мно́го
Acc.	несколько	мно́го
Gen.	нескольких	мно́гих
Dat.	нескольким	мно́гим
Inst.	несколькими	мно́гими
Prep.	нескольких	мно́гих

e.g.   У *многих* англичан старые автомобили.
       Many Englishmen have old cars.

Во *скольких* русских   In how many Russian
   городах?   towns?
С *немногими* людьми   With a few people

Note 1. мало cannot decline like the other words.
Instead one must use немно́го or не́сколько, sometimes
supported by только

e.g.   только в немногих   in few cases
                случаях

Note 2. The rule that человек is used with сколько? and несколько does not apply in the oblique cases.

e.g. о нескольких *людях*

(202) некоторый; некоторые. некоторый in the singular means 'some', 'a certain', and is usually used in expressions of time.

| через некоторое время | some time later |
| с некоторого времени | for some time now |

некоторые (plural) also means some, certain ones, and is much more definite than несколько

Вчера я купил несколько книг. Жена уже прочитала некоторые из них.

Yesterday I bought *some* books. My wife has already read *some* of them. (i.e. specific ones)

It often translates English 'several'.

Standing alone as a pronoun it can mean 'several people' (cf. многие):

Некоторые говорят, что... Some (several) people say that . . .

(203) *Distance.* Distance is expressed by в + prepositional.

Мы живём в двухстах километрах от Ленинграда.
We live 200 kilometres from Leningrad.

(204) óба (*both*) *and* полторá (*one and a half*). These are subject to the same rules as два; три; четыре, i.e. they take the genitive singular except in phrases in the oblique cases.

óба has the feminine form óбе
полторá has the feminine form полторы́

| Thus: | óба товарища | both comrades |
| | óбе сестры | both sisters |

Their declensions are as follows:

	оба		полтора	
	Masc./Neuter	*Fem.*	*Masc./Neuter*	*Fem.*
Nom.	óба	óбе	полторá	полторы́
Acc.	óба	óбе	полторá	полторы́
Gen.	обóих	обéих	полу́тора	
Dat.	обóим	обéим	полу́тора	
Inst.	обóими	обéими	полу́тора	
Prep.	обóих	обéих	полу́тора	

Thus: с обоими братьями   with both brothers

об обеих книгах   about both the books

около полутора
часов   About an hour and a half

(205) *Compounds with* пол- (*half*).

1. пол-+nouns in the genitive (half of . . .)

пол+час	полчасá	half an hour
пол+бутылка	полбуты́лки	half a bottle
пол+век	полвéка	half a century
пол+год	полгóда	half a year
пол+цена	полцены́	half price

Note that accompanying adjectives go in the nominative plural when the whole word is in the nominative or accusative.

интересные полчаса   an interesting half an hour

2. пол-+nouns in the nominative (the middle of . . .)
There are only two common examples:

пол+день	пóлдень	midday
пол+ночь	пóлночь	midnight

Note the distinction between полдня́   half a day

пóлдень   midday

In the oblique cases of both types of noun the пол- is expanded to полу- and the noun itself is declined in the appropriate case.

e.g.   в полубутылке   in a half-bottle
       после первого
          получа́са   after the first half hour

In the case of полдень and полночь in the oblique cases, the y is always stressed.

до полу́дня   before midday
после полу́ночи   after midnight
между полу́днём и полу́-   between midday and mid-
   ночью   night

(206) *Some irregular noun plurals.*

1. A small group of neuter nouns take a plural in -и instead of the normal -a.

The commonest are: плечо́   (shoulder)   plural: пле́чи
                   коле́но (knee)   коле́ни
                   у́хо   (ear)   у́ши
                   я́блоко (apple)   я́блоки

The genitive plural of коле́но is коле́ней
                       of у́хо   is ушѐй

All other plural forms are regular.

2. Nouns in -ёнок and -онок. These nouns denote the young of animals and change their ending in the plural to -ята and -ата.

Declension of телёнок (a calf) in the plural:

Nom.	теля́та
Acc.	теля́т
Gen.	теля́т
Dat.	теля́там
Inst.	теля́тами
Prep.	теля́тах

Similarly:

		pl.
ко́шка (cat) gives	котёнок (kitten)	котя́та
сло́н (elephant)	слонёнок (baby elephant)	слоня́та
медве́дь (bear)	медвежо́нок (bear cub)	медвежа́та
волк (wolf)	волчо́нок (wolf cub)	волча́та etc.

Notice also цыплёнок (a chicken). The name comes from цып-цып used for calling chickens.

соба́ка (a dog) does not give one of these nouns, the word for puppy being щено́к (pl. щеня́та by analogy).

ребя́та (from ребёнок) does not mean 'children', but 'lads'. The normal word for 'children' is, of course, де́ти.

3. дя́дя (uncle) and тётя (aunt) have irregular plural genitive:

$$дя́дя — дя́дей$$
$$тётя — тётей$$

(207) на *with geographical names*. Certain areas of Russia — mostly mountainous — are used with на instead of в = 'in'

c   instead of из = 'from'

e.g.	Урал	на Ура́ле	in the Urals
	Кавка́з	на Кавка́зе	in the Caucasus
	Алта́й	на Алта́е	in the Altai
	Украи́на	на Украи́не	in the Ukraine

(208) шашлы́чная. Moscow and other large Russian towns have restaurants which specialise in certain dishes. The nouns to denote them are adjectival like столо́вая etc. and include:

шашлы́чная	(shashlik = шашлы́к)
пельме́нная	(Siberian dumplings = пельме́ни)
пирожко́вая	(pies = пирожки́)

столóвая, apart from meaning a dining-room in a private house, can be a canteen attached to a factory, institute, university etc., or a cheap municipal eating-place rather reminiscent of the wartime 'British restaurant'.

закýсочная is a snack bar. (закýски = hors d'œuvres)

Exercises

(1) Use the words in brackets in the correct case and complete the sentences by the addition of one of the following verbs as appropriate:

хотеть; ждать; искать; просить; требовать.

1. Это очень трудная задача. Её решение… (знание) высшей математики.
2. Три недели назад Пётр написал родителям. Он ещё… (письмо) от них.
3. Он… (карандаш) по всему дому, но ещё не нашёл его.
4. Мы… (чай) у официантки.
5. Все умные люди… (мир).
6. Преподаватель… (внимание) от своих студентов.
7. Катя… (тётя) к столу.
8. Студенты… (разрешение) курить.
9. Все… (счастье), но мало кто находит его.
10. Зрители с нетерпением… (начало) фильма.

(2) Use the words on the right to complete the following sentences:

1. Он коснулся… рукой.   стол; моё плечо; деньги; перчатки; балалайка.

2. Он очень боится…   самолёты; вода; волки; собаки; жизнь; суматоха в магазинах.

3. Он всегда слушается...	мать; голос совести; родители; слова хозяина.
4. Он почему-то избегает...	свои знакомые; взгляды этой девушки; такие случаи; контакт с иностранцами.
5. У них хватает...	деньги; талант; время; энергия.

(3) (a) Change the phrase много людей into the appropriate case and use to complete the following sentences:

1. Он интересуется...
2. Мы говорили о...
3. Мы мешаем здесь...
4. Она избегает...
5. Они разговаривали с...
6. Я хочу помогать...
7. У... не хватает денег на это.
8. Они шутят над...
9. Это касается...
10. Для... это невозможно.

(b) Use the above sentences as a basis for questions with сколько?

(4) Add the correct from of то and a preposition where necessary.

1. Это касается..., что мы обсуждали.
2. Мы радуемся..., что они сделали для нас.
3. Несмотря на..., что у меня не хватает денег, я решил купить новую машину.
4. Мы интересовались..., что она рассказывала.
5. Она убедила меня..., что это правда.
6. Он удивился..., что мы сказали.
7. Они говорили..., что приходится делать.

8. Это зависит..., как вы это понимаете.
9. Я принёс..., что ты попросил.
10. Они боятся..., что не знают.

(5) Give the Russian for:

1. one and a half kilometres from Kiev
2. with both hands
3. for both aunts
4. from both uncles
5. with one and a half rubles
6. before midnight
7. in half a tumbler of water
8. about a day and a half
9. He walked to the centre of Moscow in half a day.
10. with five wolf cubs
11. The six kittens chased Masha round the room.
12. The puppy chased the chickens round the garden.
13. He likes bear-cubs but he's afraid of bears.
14. Well lads, I'm off to the Caucasus tomorrow.
15. He returned some time later.

(6) What is wrong with the following statements about the reading passage? Provide correct versions.

1. Давиду было жаль, что скоро увидит семью.
2. Давид не интересуется горами.
3. Давид хотел осмотреть Волгу с самолёта.
4. У Давида осталось много денег.
5. У Давида виза была недействительна.
6. Жене Давида всё равно, когда вернётся муж.
7. Давид раньше мечтал пройти пешком по всей западной части Советского Союза.
8. Тбилиси находится к северо-западу от Москвы.
9. Автостоповцы платят пятьсот рублей за километр.
10. Когда ездишь автостоповцем, надо купить билеты у кондуктора.

11. Давид стал думать о подарках, которые он надеялся получить от своих товарищей.
12. Давид решил осмотреть ГУМ, потому что ему так нравится суматоха в больших магазинах.
13. Он не раз уже осмотрел магазины в центре.
14. Павел вовремя появился на Красной площади.
15. Что-то коснулось плеча Давида. Это была тяжёлая рука одного московского милиционера.

LESSON 19

Счастливого пути!

Тре́тье октября́. Шесть часо́в. Гости́ница «Бухаре́ст». Ве́чером поли́л си́льный о́сенний дождь, поду́л холо́дный ве́тер. Ка́ждый гость, входя́щий в гости́ницу, вздыха́л облегчённо, как то́лько переходи́л в удо́бное тепло́ в вестибю́ле. Лю́ди, собира́ющиеся вы́йти на у́лицу, де́лали вид, бу́дто риску́ют само́й жи́знью и заку́тывались поту́же в пальто́. Гру́ппа иностра́нцев, оде́тых по-ле́тнему, вслух поблагодари́ли Бо́га за центра́льное отопле́ние.

«Ско́ро наста́нет зима́, вы́падет пе́рвый снег», — поду́мал Дави́д про себя́. Они́ на́чали бы́ло поднима́ться по ле́стнице, как вдруг Па́вел заме́тил свои́х роди́телей, стоя́щих у газе́тного прила́вка. Дави́д был не́сколько удивлён, когда́ уви́дел их, так как он уже́ попроща́лся на заво́де с Са́шей, и накану́не Па́вел переда́л ему́ приве́т от ма́тери. Одна́ко Па́вел объясни́л, что они́ уже́ давно́ реши́ли проводи́ть его́ всей семьёй на самолёт. «Снача́ла мне самому́ хоте́лось, — доба́вил он с улы́бкой, — что́бы они́ оста́лись до́ма, но они́ наста́ивали на том, что э́то невозмо́жно, и я наконе́ц убеди́лся, что они́ пра́вы. Отноше́ния с роди́телями, кста́ти, значи́тельно улучши́лись с тех пор, как мы обсужда́ли «отцо́в и дете́й»!»

Давид был о́чень дово́лен э́тим и ве́село поздоро́вался со свои́ми друзья́ми. Са́ша неме́дленно предложи́л, что́бы они́ прошли́ в рестора́н вы́пить во́дки, и Дави́д охо́тно согласи́лся. Он реши́л освободи́ться от пода́рков, ку́пленных им, поспеши́л к ли́фту, нажа́л бы́ло кно́пку, но вдруг уви́дел знако́мые слова́, напи́санные больши́ми бу́квами на доще́чке — *«Закры́т на ремо́нт»*. «Чёрт возьми́!», — сказа́л он вслух и напра́вился к ле́стнице. Он с трудо́м добра́лся до тре́тьего этажа́, получи́л ключ от дежу́рной и оста́вил свои́ поку́пки в но́мере. Когда́ он вошёл в рестора́н, Орло́вы уже́ сиде́ли за сто́ликом. Все места́ бы́ли за́няты кро́ме одного́ и он с благода́рностью подсе́л к свои́м друзья́м. Он призна́лся, что он не прочь вы́пить стака́нчик во́дки. Са́ша без труда́ убеди́л его́ в том, что нельзя́ пить во́дку на пусто́й желу́док. На́до что́-то пое́сть, хоть заку́ску. Де́ло ко́нчилось тем, что Са́ша заказа́л для всех роско́шный обе́д.

Развесели́лась вся компа́ния. Утомлённый англича́нин совсе́м забы́л о свое́й уста́лости и уча́ствовал в оживлённом разгово́ре со все́ми — с Орло́выми, с официа́нткой, да́же с гостя́ми, сидя́щими за сосе́дними сто́ликами. Все обме́нивались всевозмо́жными то́стами, пожела́ниями, приве́тами. Станови́лось всё веселе́е и Дави́д говори́л всё гро́мче. Наконе́ц ста́ло невозмо́жно разобра́ть, что он говори́л. То́лько Са́ша отлича́лся от други́х тем, что он вы́пил всего́ два стака́нчика и ка́ждые пять мину́т смотре́л на часы́. В че́тверть деся́того он сказа́л Дави́ду, что пора́ сходи́ть в но́мер собра́ть его́ ве́щи в доро́гу. Мину́т де́сять спустя́ они́ все стоя́ли на тротуа́ре пе́ред гости́ницей. У Дави́да был тума́н в глаза́х — к ру́сской во́дке он ещё не привы́к — но че́рез не́которое вре́мя на све́жем во́здухе ему́ ста́ло лу́чше. Дождь уже́ переста́л, но везде́ па́хло о́сенью. Дави́д вздро́гнул от хо́лода, но Са́ша то́лько сказа́л: «Подожди́те мину́точку, схожу́ за маши́ной», — и исче́з за угло́м. «За чьей маши́ной?» — спроси́л Дави́д. В отве́т на непонима́ющий взгляд Дави́да, Па́вел объясни́л, что оте́ц в тот са́мый день купи́л себе́ но́вый «Запоро́жец», владе́ет им всего́ не́сколько часо́в и собира́ется подвезти́ его́ в аэропо́рт.

В тот моме́нт подъе́хала блестя́щая маши́на. Па́вел по́днял чемода́ны и положи́л их в бага́жник, они́ все се́ли в маши́ну и Па́вел кри́кнул: — Пое́хали!

Ска́зано — сде́лано. Че́рез не́сколько секу́нд они́ е́хали по направле́нию к аэропо́рту «Шереме́тьево». «Не забу́дь!» — сказа́л Па́вел шёпотом. «Па́па о́чень горди́тся свои́м «Запоро́жцем». Понима́ешь?» Дави́д кивну́л голово́й и неме́дленно уве́рил Са́шу в том, что стра́шно лю́буется «Запоро́жцами». Са́ша был о́чень дово́лен э́тими слова́ми и маши́на сейча́с же набра́ла ско́рость. Но то́лько на мину́точку — ведь в тот день он вёл э́ту маши́ну в пе́рвый раз. К тому́ же он отвы́к за после́дние го́ды от езды́. Он перешёл на другу́ю ско́рость и да́льше они́ е́хали споко́йно по Ленингра́дскому проспе́кту. Наконе́ц появи́лся на горизо́нте огро́мный аэропо́рт, освещённый ты́сячами огне́й — Шереме́тьево.

Они́ прие́хали ро́вно в де́сять часо́в. Везде́ стоя́ли зна́ки «*Стоя́нка маши́н запрещена́*», но Са́ше вско́ре удало́сь поста́вить маши́ну недалеко́ от гла́вного зда́ния аэропо́рта. Тепе́рь Дави́д в пе́рвый раз призна́лся, что всегда́ чу́вствует себя́ пло́хо в самолётах, что он предпочита́л бы е́хать сухи́м путём, что он да́же бои́тся предстоя́щего полёта. «Зна́ете, — сказа́л он, — э́то совсе́м не лётная пого́да. А е́сли лётчику, ска́жем, придётся сде́лать вы́нужденную поса́дку на́ море, что тогда́ бу́дет, а? Пла́вать не уме́ю. Заче́м же таки́м глу́пым о́бразом же́ртвовать собо́й?» Э́тим ко́нчился разгово́р и Орло́вы никогда́ не узна́ют, шути́л он и́ли нет. Ведь для мно́гих люде́й англи́йский ю́мор непоня́тен.

Как то́лько они́ вошли́ в аэропо́ртовскую столо́вую, им сра́зу же попа́лась на глаза́ одна́ небольша́я гру́ппа пассажи́ров. Их бы́ло пя́теро. Это бы́ли гла́дко вы-

бритые мужчи́ны. Они́ бы́ли оде́ты в хоро́шие англи́й-
ские костю́мы. То и де́ло они́ ука́зывали на меню́, но
очеви́дно официа́нтка, стоя́щая во́зле них, ничего́ не
понима́ла. Оди́н из них безуспе́шно по́льзовался
словарём. «Ка́жется, ва́ши това́рищи нужда́ются в
перево́дчике», — сказа́л Са́ша. Дави́д подошёл к ним и
его́ встре́тили гро́мким «Ура́». Очеви́дно он по́льзовался
большо́й популя́рностью среди́ свои́х колле́г. Англи-
ча́не всегда́ восхища́ются людьми́, владе́ющими ино-
стра́нными языка́ми. Во вре́мя их пребыва́ния в Москве́
Дави́д не раз помога́л им, когда́ они́ нужда́лись в его́
сове́те.

Оказа́лось, что англича́не то́же вы́пили сли́шком
мно́го во́дки и они́ то́лько хоте́ли заказа́ть чёрного ко́фе.
Дави́д объясни́л официа́нтке, в чём де́ло, заказа́л ко́фе
для всей компа́нии, и все ско́ро опра́вились от похме́лья.

Че́рез полчаса́ разда́лся го́лос ди́ктора по громко-
говори́телю: Объявля́ется поса́дка на самолёт, вы-
лета́ющий по маршру́ту Москва́—Ло́ндон в два́дцать
три часа́ три́дцать мину́т.

Дави́д гру́стно попроща́лся со свои́ми друзья́ми,
поблагодари́л их ещё раз за гостеприи́мство и по́мощь,
ока́занные и́ми за после́дние неде́ли и отпра́вился с
други́ми англича́нами к самолёту. По пути́ они́ прошли́
ми́мо самолётов, принадлежа́щих ра́зным авиакомпа-
па́ниям — «Эр Франс», «Боа́к», «Лю́фтганза», «Ал-
Ита́лия» и не́которых огро́мных аэробу́сов Аэрофло́та.
Наконе́ц они́ дошли́ до своего́ ТУ 114. Дави́д повер-
ну́лся, махну́л Орло́вым руко́й и исче́з в самолёте. Разда́-
лся оглуши́тельный шум, самолёт покати́лся по
взлётной доро́жке и взлете́л. Он набра́л высоту́ и че́рез
две мину́ты появи́лся в после́дний раз ма́ленькой то́чкой
на горизо́нте. Провожа́ющие вско́ре потеря́ли его́ и́з
виду.

Че́рез три с полови́ной часа́ самолёт сде́лал поса́дку
в Ло́ндонском аэропорту́. Дави́ду каза́лось, что полёт

пролетéл мѝгом. Вскóре пóсле взлёта он заснýл крéп-
ким сном. Во сне он вѝдел цéлый ряд неприя́тностей —
угóн самолёта банди́тами, вы́нужденную посáдку в
густóм лесý, авáрию в горáх — факти́чески, однáко,
никакóй беды́ не произошлó.

По прибы́тии он поцеловáл женý, тéсно обня́л дочь,
как ни в чём не бывáло, и сказáл женé, что это прóсто
рáдость летáть на такóм самолёте.

Vocabulary

(по)лить (лью, льёшь)	to pour	вслух	aloud
вздыхáть, вздохнýть (вздохнý, вздохнёшь)	to sigh	выпадáть, вы́пасть (вы́падет)	to fall (of snow)
облегчённый	relieved	лéстница	stairs; ladder
теплó	warmth	газéтный (adj. from газéта)	newspaper
собирáться, собрáться (соберýсь, соберёшь-ся)	to be about to	прилáвок	counter
		нéсколько	somewhat
		передавáть, передáть привéт	to send a greeting
бýдто	as if	привéт	greeting(s)
дéлать вид, бýдто	to look as if, pretend	провожáть, проводи́ть	to accompany
рисковáть, рискнýть (рискнý, рискнёшь) +instrumental	to risk	добавля́ть, добáвить (добáвлю, добáвишь)	to add
		настáивать, настоя́ть на+prepositional	to insist on
закýты-ваться, закýтаться	to wrap oneself up	отношéние	relationship
		кстáти	by the way
тугóй (comparative тýже)	tight	улучшáть(ся), улýчшить-(ся)	to improve
грýппа	group		

(не)дово́лен/ дово́льна + instrumental — (dis)satisfied with

(по)здоро́ваться с + instrumental — to greet

неме́дленно — immediately

освобожда́ть(ся), освободи́ть(ся) от + genitive — to free (oneself) from, get rid of

нажима́ть, нажать (нажму́, нажмёшь) — to press on, to push (button)

кно́пка — button, bell-push

бу́ква — letter (of alphabet)

доще́чка — board

ремо́нт — repair

с трудо́м — with difficulty

добира́ться добра́ться до + genitive — to reach, get to

ключ — key

оставля́ть, оста́вить (оста́влю, оста́вишь) — to leave (something somewhere)

благода́рность (f.) — gratitude

подса́живаться, подсе́сть к + dative — to join (people already sitting down)

я не прочь + infinitive — I wouldn't mind . . .

без труда́ — without difficulty

желу́док — stomach

зака́зывать, заказа́ть (закажу́, зака́жешь) — to order (a meal), something in a shop)

роско́шный — luxurious, slap-up (of meal)

компа́ния — company (people present)

утомля́ть, утоми́ть (утомлю́, утоми́шь) — to tire out

уста́лость (f.) — tiredness, fatigue

уча́ствовать в + prepositional — to take part in

оживлённый — lively

разгово́р — conversation

сосе́дний — neighbouring, next

обме́ниваться, обменя́ться + instrumental — to exchange

пожела́ние — wish (best wishes)

разбира́ть, разобра́ть — to make out, decipher

отлича́ться от + genitive — to be distinguished, differ from

собира́ть, собра́ть — to collect, gather

тротуа́р — pavement

тума́н — fog

у него́ тума́н в глаза́х — his eyes have blurred over

привыка́ть, привы́кнуть (past, привы́к, привы́кла) к + dat. — to get used to

во́здух — air

на свежем воздухе	in the open air
пахнуть (пахну, пахнешь, past, пах, пахло) + inst.	to smell of
вздрагивать, вздрогнуть	to shudder, shiver
холод	cold
подвозить, подвезти	to give a lift to
владеть + instrumental	to own; have a command of (language)
подъезжать, подъехать	to approach
блестящий	brilliant
багажник	boot (in car)
крикнуть (perf. of кричать)	to shout (see note)
сказано — сделано	no sooner said than done
шёпот	whisper
гордиться (горжусь, гордишься) + inst.	to be proud of
кивать, кивнуть головой	to nod
уверять, уверить, в + prepositional	to assure of
(по)любоваться + instrumental	to admire
набирать, набрать скорость; высоту	to gather speed; gain height
вести машину	to drive (car)
отвыкать, отвыкнуть (past, отвык, -ла) от + gen.	to get out of the way of, become unaccustomed to
езда	driving
проспект	avenue
огромный	huge
огонь (gen. огня)	fire, light
знак	sign, notice
стоянка	parking
ставить машину	to leave one's car
сухой	dry
путь (m.) (see note)	way
сухим путём	overland
предстоять	to lie ahead, be forthcoming
лётный	(concerned with, suitable for) flying
делать посадку	to land, make a landing
вынужденный	forced
глупый	foolish, stupid
(по)жертвовать + instrumental	to sacrifice
юмор	humour, sense of humour
гладкий	smooth
гладко выбритый	clean shaven
то и дело	now and again
указывать, указать (укажу, укажешь) на + асс.	to point at

меню — menu

безуспе́шный — unsuccessful

(вос)по́льзо-
ваться + inst. — to use; enjoy (popularity)

слова́рь (m.) — dictionary

нужда́ться в + pre-positional — to need

ура́! — hurrah!

популя́р-ность (f.) — popularity

колле́га — colleague

восхища́ться, восхити́ть-ся (восхи-щу́сь, восхи-ти́шься) + inst. — to admire (a quality in some-one)

сове́т — advice

сли́шком — too (much)

оправля́ться, опра́виться (опра́в-люсь, опра́вишь-ся) от + gen. — to recover from

похме́лье — a thick head (from drinking), hang-over

ди́ктор — announcer

громкогово-ри́тель (m.) — loudspeaker

объявля́ть, объяви́ть (объявлю́, объяви́шь) — to announce

поса́дка — boarding (of air-craft); landing

вылета́ть, вы́лететь — to take off

гостеприи́м-ство — hospitality

ока́зывать, оказа́ть по́мощь — to give help

принадле-жа́ть (as лежа́ть i.e. 2nd conj.) + dative — to belong to

авиакомпа́-ния — airline

аэробу́с — air-bus

маха́ть (машу́, ма́шешь), махну́ть (махну́, махнёшь) + instru-mental — to wave

оглуши́тель-ный — deafening

(по)кати́ться — to (begin to) taxi (see note)

взлётная (и поса́доч-ная) доро́жка — runway

взлета́ть, взлете́ть — to take off

то́чка — dot, point

и́з виду — out of sight

миг — moment, instant

сон — sleep; dream

ви́деть во сне — to dream about

неприя́т-ность (f.) — unpleasantness, trouble

уго́н — hijack(-ing)

банди́т — bandit, hijacker

ава́рия — crash

факти́чески	in fact	как ни в чём	as if there was
по + preposi-	on (arrival etc.)	не быва́ло	nothing wrong,
tional	(see note)		up
прибы́тие	arrival	ра́дость (f.)	joy, delight

Language notes

(209) *Participles.*

1. Participles derive from verbs.

e.g.   чита́ть   (to read) > чита́ющий   (reading)
напи́са́ть (to write) > напи́санный (written)

2. They have the form of adjectives.

чита́ющ*ий*   чита́ющ*ая*
напи́санн*ый*   напи́санн*ая*

3. They can be either present — чита́ющий   (reading)
or past — напи́санный (written)

4. They can be active — чита́ющий что-то (reading
something)
or passive — напи́санный кем-то (written
by somebody)

5. Their function is equivalent to a relative clause (i.e. like all adjectives, they are linked to nouns).

Де́вушка, чита́ющая кни́гу = Де́вушка, кото́рая чита́ет
кни́гу.

(The girl reading the book)

Письмо́, напи́санное по-ру́сски = Письмо́, кото́рое кто-
то написа́л...

(The letter written in Russian)

6. The participle, being an adjective, declines according to gender, number and case, and agrees with its noun.

с де́вушк*ой*, чита́ющ*ей*
кни́гу   with the girl reading a book

в письм*е*, написанн*ом* по-   in the letter written in
русски   Russian

Russian has two present participles — one active, one
passive;
and two past participles — one active, one
passive.

In this lesson we are dealing only with the present active
participle (читающий) and the past passive participle
(написанный). These are the two participles which most
commonly occur in other European languages.

(210) *Present active participles.* The present active participle
replaces the т of the 3rd person plural of the present tense
(читаю/т) with щ and adds adjective endings (-ий, -ее,
-ая, -ие etc.—remember spelling rule).

Thus:

любить	— любят	— любящ-	— любя́щий
писать	— пишут	— пишущ-	— пи́шущий
следовать	— следуют	— следующ-	— сле́дующий
идти	— идут	— идущ-	— иду́щий
понимать	— понимают	— понимающ-	— понима́ющий
краснеть	— краснеют	— краснеющ-	— красне́ющий
спать	— спят	— спящ-	— спя́щий

Note. In the participial form, reflexive verbs *never* change
-ся to -сь.

e.g.   учиться — учатся — учащ- (ся) — уча́щийся

The present active participle should, in theory, always
replace a relative clause in the *present* tense.

Я вижу человека, сидящего в углу.   =который *сидит*
в углу.

However, in practice, it frequently replaces a *past* relative clause.

Я *увидел* человека, сидящего в углу.

I saw a person (who *was*) sitting in the corner.

(The past active participle is described in Lesson 20.)

(211) *Past passive participles.*

1. To form the past passive participle, replace the -ть of the perfective infinitive with -нн- and add adjective endings.

(In the case of imperfective verbs, past passive participles have virtually disappeared from the language.) Only transitive verbs (logically) can provide passive participles.

Thus:

прочита/ть   — прочитанн-   — прочи́танный
написа/ть   — написанн-   — напи́санный
потеря/ть   — потерянн-   — поте́рянный
увиде/ть   — увиденн-   — уви́денный
заинтересова/ть — заинтересованн- — заинтересо́ванный

(Thus: заинтересованные стороны — the interested parties)

Note. The stress on these participles falls on the syllable before -анн etc.

2. Verbs in -ить. With these verbs the и changes to е or ё before -нный.

Thus: получить — полученн- — полу́ченный
       уверить — уверенн- — уве́ренный
       решить   — решенн-   — решённый

Note. Stressed ё is found in verbs whose 2nd person singular of the future perfective is stressed on the ending.

Thus: реши́шь — решённый
       уве́ришь — уве́ренный

3. Verbs of the 2nd conjugation with a consonant change in the 1st person singular. In these verbs the consonant change is repeated in the past passive participle.

Thus:	встретить	встречу	встре́ченный
	купить	куплю	ку́пленный
	обратить	обращу	обращённый
	заплатить	заплачу̀	запла́ченный
	любить	люблю	влюблённый (in love)

Exception: увидеть   увижу   уви́денный

4. Past passive participles from compounds of the verbs нести; везти; вести; идти are formed from the future perfective stem.

Thus:	принести	принесу	принесённый
	подвезти	подвезу	подвезённый
	ввести	введу	введённый
	найти	найду	на́йденный

5. Some verbs take their past passive participle in -тый, They are:

(a) All verbs ending in -нуть.

вынуть — вы́нутый

(b) Most verbs of one syllable (with or without prefixes).

пробить — проби́тый	умыть	— умы́тый
взять — взя́тый	снять	— сня́тый
закрыть — закры́тый	открыть — откры́тый
покрыть — покры́тый	занять	— за́нятый
понять — поня́тый	поднять — по́днятый
выпить — вы́питый	спеть	— спе́тый
начать — нача́тый	одеть	— оде́тый
надеть — наде́тый	раздеть — разде́тый

(212) *The short form of the past passive participle.*

1. Adjectives. As in the case of most adjectives, passive
participles also have a short form, when used predicatively.

e.g.	*masculine*	*neuter*	*feminine*	*plural*
Long:	постро́ен-ный	постро́ен-ное	постро́ен-ная	постро́ен-ные
Short:	постро́ен	постро́ено	постро́ена	постро́ены
Long:	оде́тый	оде́тое	оде́тая	оде́тые
Short:	оде́т	оде́то	оде́та	оде́ты

Note. Apart from the shortened endings, the only change
is from double -нн- to single -н-

e.g.	Де́ло уже́ решено́.	The affair is already decided.
	Они́ бы́ли оде́ты по-летнему.	They were dressed in summer clothes.
	Дверь была́ откры́та.	The door was open.

2. Adverbs. Past passive participles can also be used to
form adverbs. The neuter short form is used, but in the case
of participles in double -нн-, both letters are retained.

Thus:	ожида́ть	неожи́данно	unexpectedly
	откры́ть	откры́то	openly
	облегчи́ть	облегчённо	with relief

(213) *The passive with the past passive participle.* The short
form of the past passive participle can be used to form the
passive (cf. English).

e.g.	The house was built in 1960.	Дом был постро́ен в 1960ом году́.
	He was killed.	Он был уби́т.

The agent goes in the instrumental.

He was killed by Russian soldiers.	Он был уби́т ру́сскими солда́тами.

However, as has been previously noted, Russian has various ways of forming the passive. The sentence: Дом был построен... can also be rendered—

1. by the reflexive verb   Дом построился...
2. by the 3rd person plural   Дом (object) построили...

The sentence: Дом был построен моим отцом.

> The house was built by my father.

can be rendered by changing the sentence into the *active* but retaining the English passive word order.

> Дом (object) построил мой отец (subject).

(214) *Participial adjectives and nouns.*

1. Participles sometimes become adjectives in their own right.

e.g. блестя́щий   (brilliant)   за́нятый   (busy)
сле́дующий   (next)   откры́тый   (open)
бу́дущий   (future)   закры́тый   (closed)
настоя́щий   (real, present)   риско́ванный (risky)
подходя́щий (suitable)

2. Some have become adjectival nouns.

e.g. отдыха́ющий   holidaymaker
провожа́ющий   person seeing somebody off on a
                     journey
(не)куря́щий   (non)smoker
уча́щиеся   students

(215) *Verbs governing the instrumental.*

владе́ть to own, to have a command (of a language)
Он владеет небольшой дачей. Она владеет пятью языками.

горди́ться to be proud of
Я горжусь сыном.

жéртвовать to sacrifice
Он пожертвовал собой.
занимáться to be occupied with; to study
Он занимается спортом.
любовáться to admire; to enjoy looking at
Они любуются природой.
отличáться to be distinguished by
Она отличается (от других) своей красотой.
пáхнуть to smell of
Пахнет весной. Пахнет цветами.
пóльзоваться to use; to enjoy (popularity, success etc.)
Он пользуется лифтом. Она пользуется большой
    популярностью.
рисковáть to risk
Он рискует головой. (He is risking his neck.)
управлять to be in charge of
Он управляет авиакомпанией.
махáть to wave
Она махнула рукой.
кивáть to nod
Он кивнул головой.
кончáться to end in
Дело кончилось тем, что они расстались навсегда.
обмéниваться to exchange
Они обменялись взглядами.
восхищáться to admire (a person, or quality in him or
    his works)
Я восхищаюсь произведениями Пушкина.

(216) *Further uses of the instrumental.*

   1. After (не)довóлен (dis)pleased with.

e.g.   Она очень довольна новой работой.
       She is pleased with her new work.
       Они слишком довольны собой.
       They are too self-satisfied.

2. To indicate manner.

e.g.　всей семьёй　　　　　as a whole family, 'en famille'
　　　большими буквами　in capital letters
　　　шёпотом　　　　　　in a whisper
　　　сухим путём　　　　by land (lit. by the dry way)
　　　таким образом　　　in this way
　　　мигом　　　　　　　in a flash
　　　спать крепким сном　to sleep soundly

3. To indicate comparison.

e.g.　Самолёт появился *маленькой точкой*. (like a small
　　　dot)

(217) *Verbs in* -нуть.

1. Some perfective verbs in -нуть are used to describe
one single action.

They are formed from verbs whose imperfective aspect
denotes repeated actions.

e.g.　стуча́ть perf.—сту́кнуть (to knock once)
　　　　(cf. normal perfective—постуча́ть)
　　　крича́ть perf.—кри́кнуть (to shout once)
　　　　(cf. normal perfective—закрича́ть)

Other verbs in this category are: косну́ться to touch (once)
　　　　　　　　　　　　　　　　рискну́ть to risk (once)

2. The suffix -нуть does not always have this function.
For instance, the following perfectives do *not* carry this
implication:

исче́знуть; отвы́кнуть; привы́кнуть; вздохну́ть; отдох-
ну́ть; верну́ть(ся); загляну́ть; вы́нуть; просну́ться;
засну́ть.

3. A few verbs in -нуть lose the suffix in the past tense.

e.g.   исчéзнуть   Past: исчéз; исчéзло; исчéзла;
                             исчéзли.

        привы́кнуть   Past: привы́к; привы́кло; привы́кла;
                             привы́кли.

        отвы́кнуть   Past: отвы́к; отвы́кло; отвы́кла;
                             отвы́кли.

The other verb to remember which has a shortened past
tense is

        умерéть   Past: ýмер; умерлó; умерлá; умерлú.

4. Some verbs in -нуть are imperfective. (very few—
commonest, пáхнуть to smell).

218) катúться *and* катáться. This is a verb of motion like
идтú/ходúть. Катúться is the specific verb.

Самолёт катится по   The plane is taxiing along
    дорожке.   the runway.
Perf. Самолёт покатился...   The plane began to taxi . . .

The general verb катáться is also used for various forms
of 'going for pleasure'.

e.g.   кататься на лыжах   to ski
        кататься на велоси-
            педе   to go for a spin on a bike
        кататься на машине   to go for a drive   etc.

The perfective form покататься means 'to do a little
boating, skiing etc.'

(219) путь. This is probably the most bizarre noun in

Russian. It is accompanied by *masculine* adjectives, but its declension hovers between masculine and feminine:

	Singular	*Plural*
Nom.	путь	пути́
Acc.	путь	пути́
Gen.	пути	путе́й
Dat.	пути́	путя́м
Inst.	путём	путя́ми
Prep.	пути́	путя́х

(220) ты́сяча.

освещённый тысячами *огней*   illuminated by thousands of lights

Note that тысяча is being used here as a noun, not a numeral. Thus огней is in the genitive plural (thousands *of lights*).

Compare:

с двумя тысячами *огнями*   with two thousand lights

Note. свет (light) cannot be used in the plural. Use огонь (also = 'fire').

(221) по + *prepositional*. This preposition is used with verbal nouns (English: 'on doing...')

e.g. прибыть   по его прибытии   on his arrival
    возвраща́ться   по его возвращении   on his return

(222) *The noun suffix* -ость. This suffix is used to form *feminine* nouns from adjectives.

уста́лый	уста́лость	fatigue
молодо́й	мо́лодость	youth
ста́рый	ста́рость	old age
глу́пый	глу́пость	stupidity

но́вый	но́вость	news
промы́шленный	промы́шленность	industry
го́рдый	го́рдость	pride
стра́нный	стра́нность	strangeness
тру́дный	тру́дность	difficulty
то́нкий	то́нкость	thinness, fineness; subtlety
терпели́вый	терпели́вость	patience
ре́зкий	ре́зкость	sharpness
неприя́тный	неприя́тность	unpleasantness
неожи́данный	неожи́данность	unexpectedness
сла́дкий	сла́дкость	sweetness
ре́дкий	ре́дкость	rarity
бли́зкий	бли́зость	nearness
бе́дный	бе́дность	poverty
рад	ра́дость	joy
уве́рен	уве́ренность	confidence etc., etc.

Exercises

(1) Form phrases with present active participles.

Model: Челове́к, кото́рый стои́т на углу́ — Челове́к, стоя́щий на углу́

1. Огни́, кото́рые освеща́ют аэропо́рт
2. Жена́, кото́рая собира́ется вы́йти
3. Студе́нт, кото́рый ку́рит папиро́су
4. Конце́рт, кото́рый приближа́ется к концу́
5. Лю́ди, кото́рые покупа́ют пода́рки
6. Преподава́тель, кото́рый владе́ет англи́йским языко́м
7. Де́ти, кото́рые иду́т в шко́лу
8. Ко́шка, кото́рая спит в кре́сле
9. Ту́чи, кото́рые плыву́т по не́бу
10. Кни́ги, кото́рые опи́сывают сове́тскую жизнь
11. Тури́сты, кото́рые отдыха́ют на ю́ге
12. Пассажи́ры, кото́рые ра́дуются со́лнечным дням

(2) Form phrases with past passive participles.

Model: Человек, которого описали дети — Человек,
    описанный детьми

1. Аэропорт, который освещали тысячи огней
2. Решение, которое приняли все
3. Слова, с которыми он обратился к жене
4. Вещи, которые туристы купили в ГУМе
5. Телеграмма, которую отправила тётя
6. Книги, которые Иван получил от отца
7. Свитер, который сняла Маша
8. Джинсы, которые надела Ольга
9. Время, которое пассажиры потеряли на вокзале
10. Товарищи, которых они подвезли на станцию метро
11. Деньги, которые родители заплатили за билет
12. Реформы, которые ввёл Александр II

(3) Replace the clauses introduced by который in the same
way as above, but remember that this time the participle
must also agree in case.

(a) Present active participles.

1. Это не касается людей, которые работают в Москве.
2. Мы часто встречаемся с туристами, которые про-
    водят несколько дней в Ленинграде.
3. Мы спим в очень приятном номере с окнами, которые
    выходят на юг.
4. Она думает о родителях, которые отдыхают на Алтае.
5. Мы не понимаем гида, который говорит по-русски.
6. Я не хочу разбудить дядю, который спокойно спит
    перед телевизором.

(b) Past passive participles.

1. Русские солдаты освободили многие страны, которые
    раньше заняли фашисты.

2. Он поднялся на третий этаж с чемоданами, которые привезли гости.

3. Она очень интересуется письмом, которое она получила вчера.

4. Мы с женой очень нуждались в помощи, которую нам оказали наши друзья.

5. Они все восхищались старыми книгами, которые отец нашёл в букинистическом магазине.

6. Я очень сочувствую туристам, которых утомила суматоха в магазинах.

(4) Write passive sentences instead of the following, using past passive participles in the short form.

1. Это удивило его.
2. Нас засыпали вопросами.
3. Он отправил письмо вчера.
4. Все студенты прочитают эту книгу.
5. Уложили чемоданы.
6. Эти слова беспокоили его.
7. Много туристов посетило дом-музей Пушкина.
8. За последние годы в Москве построили много новых кварталов.
9. Бесчисленные вопросы утомили его.
10. Выпили много.

(5) Make up sentences using these elements and supplying prepositions where necessary:

1. Иван Петрович/владеть/три/европейский язык/ кроме/русский.
2. Его товарищи/настоять/то, что/никогда не/привыкнуть/жизнь/английская столица.
3. Мать/гордиться/своя старшая дочь/только потому, что/она/так похож/её муж.
4. Студенты/каждая неделя/заниматься/переводы/с/ русский язык. Они/стать/отличные переводчики.

5. Ольга Сергеевна/отличаться/своя красота/все свои коллеги.

6. Лётчик/быть/убить/бандиты/. Сожаление/он/не удаться/спасти самолёт/угон.

7. Ответ/зависеть/люди/участвовать/эти разговоры.

8. С тех пор, как/Пётр Борисович/жениться/Анна Павловна,/он всегда/нуждаться/деньги.

9. Когда он/вести/машина,/я/казаться/что мы все/ рисковать жизнь.

10. «Я недоволен/жизнь/эта квартира»,/ — сказать/он/я/ шёпот./«Везде/пахнуть/старая пища.»

(6) Derivation of words. Here are some sentences in which the italicised words are not yet known. They are, however, connected etymologically with verbs you have already met. Try to spot the verbs concerned and deduce the meanings of the new words.

1. *Гордый* отец смотрел с удовольствием на сына.

2. Он отвык от этой глупой *привычки*.

3. Там было *приблизительно* двести человек.

4. В футбольной команде одиннадцать *игроков*.

5. После аварии нашли пять пассажиров в *спасательной* лодке. Все другие *жертвы* погибли (= perished).

6. Мама готовит в кухне. Какой приятный *запах*!

7. После его *женитьбы* на Тане, они жили в Новосибирске.

8. Музыка — его любимое *занятие*.

9. Сейчас в магазинах большой *выбор*.

10. Он человек твёрдых *убеждений*.

11. Оркестр играл под *управлением* Мравинского.

12. В случае *нужды* позвоните мне.

13. Они очевидно веселились и *смех* раздавался по комнате.

14. В *отличие* от других он свободно говорит по-русски.

15. В ответ на его вопрос, она просто дала *кивок*.

16. Какая от этого *польза*?

17. Для английских учащихся русское *правописание* очень трудно.

18. Все принимают *участие* в игре.

19. В Англии пользуются *свободой* слова и свободой *собраний*.

20. По *окончании* школы он поступит в университет.

(7) Translate into Russian:

1. I couldn't make out the words written on the board.

2. Vanya is lagging behind (use the past perfective) the others in school and the teacher has at last managed to persuade his parents that they have to help him at all costs.

3 Until the policeman came up, we hadn't noticed the words *No parking*.

4. Relations between England and the Soviet Union have improved in recent years.

5. The pilot's brilliant career ended by (=тогда, когда) his making a forced landing in the Caucasus.

6. He assured us of the good (use добрый) wishes of all Soviet people.

7. Sasha made various unsuccessful attempts to change gear then asked me to change places (=поменяться+ inst.) with him. I must confess that I was very pleased at this, as my wife is always afraid when he's driving the car.

8. Spring was in the air (use пахнуть), the girls were all dressed in their summer clothes, the river was sparkling in the sun. Volodya exchanged glances with the girl sitting beside him and whispered something to her. She nodded and he sighed with relief. Now he was certain that she didn't want to marry him.

LESSON 20

Стра́нные совпаде́ния

Оди́н популя́рный журна́л, издава́емый в Ло́ндоне, неда́вно описа́л любопы́тный приме́р того́, как иногда́ окружа́ющая обстано́вка и приро́да мо́гут оказа́ть одина́ковое влия́ние на люде́й соверше́нно разли́чного скла́да ума́ и хара́ктера, созда́ть у них одина́ковые мы́сли и настрое́ния. Собы́тия, опи́сываемые в журна́ле, происходи́ли мно́го лет наза́д. Расска́зывается, как одна́жды знамени́тый англи́йский писа́тель Арту́р Ко́нан Дойль, путеше́ствуя по Швейца́рии, останови́лся на не́сколько дней в ма́ленькой гости́нице, нося́щей назва́ние «Шваренба́хская». Гости́ница свое́й мра́чностью произвела́ на писа́теля незабыва́емое впечатле́ние. Госте́й в ней почти́ никогда́ не быва́ло, и каза́лось, о ней забы́л весь мир. Ко́нан Дойль реши́л, что она́ мо́жет служи́ть идеа́льным фо́ном для детекти́вного расска́за, де́йствие кото́рого происходи́ло бы в её стена́х.

В воображе́нии писа́теля ста́ло уже́ образо́вывается содержа́ние тако́го расска́за: владе́лец гости́ницы — мра́чный стари́к. Ра́ньше, когда́ жена́ его́ ещё была́ жива́, он ве́чно жа́ловался на неё. Мно́го лет он ворча́л и крича́л на э́ту бе́дную же́нщину. Постоя́нные ссо́ры роди́телей си́льно влия́ли на их еди́нственного сы́на, кото́рый, не́жно попроща́вшись с ма́терью, наконе́ц поки́нул роди́тельский дом. Жена́ старика́, не пережи́в разлу́ки с сы́ном, умерла́. Мра́чный владе́лец мно́го лет вёл одино́кую жизнь в гости́нице, и наконе́ц, ожесточи́вшись от го́ря и нужды́, реши́л уби́ть пе́рвого пу́тника, останови́вшегося в его́ гости́нице на ночле́г, и огра́бить его́.

Тако́й пу́тник появля́ется, и, когда́ он засыпа́ет в отведённой ему́ ко́мнате, сумасше́дший стари́к убива́ет его, ещё не заме́тив, что э́тот пу́тник во мно́гом похо́дит на уше́дшего сы́на. В уби́том он вдруг с у́жасом узнаёт своего́ сы́на, верну́вшегося по́сле многоле́тних путеше́ствий заграни́цей.

«Отли́чно!» — поду́мал писа́тель и стал набра́сывать план расска́за. На сле́дующий день, зайдя́ в ме́стную библиоте́ку, Конан Дойль стал там чита́ть то́мик расска́зов Мопассана. Каково́ же бы́ло его́ удивле́ние, когда́ в нём он обнару́жил расска́з на заду́манную им те́му. По́зже ему́ удало́сь установи́ть, что э́тот вели́кий францу́зский писа́тель, как и он, то́же не́когда остана́вливался в гости́нице «Шваренба́хская».

Об э́том удиви́тельном совпа́дении мы́слей двух писа́телей, жи́вших и твори́вших в ра́зное вре́мя и в ра́зных стра́нах, Конан Дойдь расска́зывал свои́м друзья́м.

Но как бы порази́лся Конан Дойль, заключа́ет статья́, е́сли бы он узна́л, что за сто лет до него́ неме́цкий писа́тель Цахариас Вернер опубликова́л траге́дию под назва́нием «Два́дцать четвёртое февраля́», де́йствие кото́рой происходи́ло, как и у Мопассана, в мра́чной обстано́вке гости́ницы «Шваренба́хская». Те́мой для траге́дии Вернера послужи́ла, ока́зывается, не вы́мышленная исто́рия, а де́йстельное преступле́ние, совершённое в XVIII ве́ке.

Vocabulary

совпаде́ние	coincidence	влия́ние	influence
популя́рный	popular	разли́чный	various; different
издава́ть,			(see note)
изда́ть	to publish	ум	mind
любопы́тный	curious; inquisitive	склад ума́	mentality
приме́р	example	создава́ть,	
окружа́ть,		созда́ть	to create
окружи́ть	to surround	собы́тие	event
одина́ковый	identical	знамени́тый	famous
		писа́тель (m.)	writer

Швейца́рия	Switzerland
остана́вливаться, останови́ться в гости́нице	to stay, put up at an hotel
назва́ние	name (not used of people)
мра́чность (f.)	gloom
впечатле́ние	impression
производи́ть, произвести́ впечатле́ние на + accusative	to make an impression on
незабыва́емый	unforgettable
(по)служи́ть + dative	to serve
фон (детекти́вный)	background
расска́з	(detective) story
в стена́х + genitive	within the walls of
воображе́ние	imagination
образо́вывать, образова́ть	to form
владе́лец (gen. sing. владе́льца)	owner, proprietor
мра́чный	gloomy
ве́чный	eternal
(по)жа́ловаться на + accusative	to complain about
ворча́ть (2nd conj.) на + accusative	to grumble at
ссо́ра	quarrel

(по)влия́ть на + accusative	to have an influence on
еди́нственный	only (adjective)
покида́ть, поки́нуть	to leave
не́жный	tender, gentle, affectionate
роди́тельский (adj. from роди́тели)	parental
пережива́ть, пережи́ть	survive
разлу́ка	separation, parting
одино́кий	lonely
ожесточа́ться, ожесточи́ться	to become embittered
го́ре	grief
пу́тник	wayfarer
ночле́г	stay, lodging for the night
(о)гра́бить (гра́блю, гра́бишь)	to rob
отводи́ть, отвести́	to assign (a room etc.)
сумасше́дший	mad
походи́ть на + accusative	to resemble
узнава́ть, узна́ть	to recognise
путеше́ствие	journey
ме́стный	local
како́в (short form of како́й)	what
удивле́ние	surprise

обнару́жи-
вать,
  обнару́-
  жить   to discover
заду́мывать,   to plan, conceive
  заду́мать   the idea of
те́ма   theme, subject
устана́вли-
  вать,   to establish (a
  установи́ть   fact), ascertain
вели́кий   great
францу́зский   French
не́когда   at one time,
                  formerly

(со)твори́ть   to create
заключа́ть,
  заключи́ть   to conclude
статья́   article (news-
                  paper)
неме́цкий   German
(о)публико-
  ва́ть   to publish
траге́дия   tragedy
вымышля́ть,   to invent (past
  вы́мыслить   part. = fictional)
преступле́ние   crime
соверша́ть,   to commit; per-
  соверши́ть   form; carry out

Language notes

(223) *Present passive participles.* These participles are formed by adding the normal adjective endings to the 1st person plural of the present tense of imperfective verbs.

Thus: чита́ть   — чита́ем   — чита́емый
       люби́ть   — лю́бим   — люби́мый
       организова́ть — организу́ем — организу́емый

Exception: compounds in -дава́ть and -знава́ть retain the infinitive stem.

Thus: продава́ть — продаём *but* продава́емый
       узнава́ть — узнаём *but* узнава́емый

This is much the least common of all the participles in modern Russian and many verbs have lost the form completely. It is virtually never used in spoken Russian and is considered bookish. The majority of verbs which do form this participle are regular 1st conjugation verbs. The two commonest examples of the present passive participle have become adjectives in their own right. They are:

люби́мый   — favourite
уважа́емый — lit. esteemed (used for 'Dear Sir' in business
              letters)

Note also незабыва́емый — unforgettable.

The use of the present passive participle, rather than its equivalent in the past, indicates either

1. that the 'action' of the participle coincides in time with the action of the main verb:

Предметы, изучаемые нашими студентами, не особенно интересуют их.

The subjects studied by our students do not particularly interest them.

or .2. that the action is repeated:

Они всегда удивлялись впечатлению, производимому отцом на гостей.

They were always surprised by the impression their father made on the guests.

Cf. also the 1st sentence of the reading passage:

…журнал, издаваемый в Лондоне, недавно описал…

or 3. that the 'action' is still continuing long after it was initiated:

cf. reading passage:

События, описываемые в журнале, происходили много лет назад.

The events described in the magazine happened many years ago.

Here the description of events was obviously undertaken on one occasion in the past, but they are still being described, whenever anyone reads the article (cf. English — 'the events which *are* described').

(224) *Past active participles.* These are formed from both imperfective and perfective verbs. Remove -л from the past tense and add the suffix -вший.

Thus:
    читáть — читá/л — читáвший
    жить — жи/л — жúвший
    снять — сня/л — снявший
    возвращáться — возвраща/л/ся — возвращáвшийся
    говорúть — говорú/л — говорúвший

Note 1. The stress is usually identical with that of the infinitive.

Note 2. As always in the case of participles, the reflexive suffix -ся never changes.

Note 3. If the past tense does not end in -л (нёс, помог, рос, влез etc.), there is no в in the participle. Simply add -ший etc.

нести — нёс — нёсший
помочь — помог — помóгший
расти — рос — рóсший
влезть — влез — влéзший

Exceptions:

1. идти and compounds give шéдший, происшéдший etc. (*Note* сумасшéдший = mad; Он с ума сошёл. He is mad.)
2. вести and compounds give вéдший, провéдший etc.
3. исчéзнуть — исчéзнувший.

Aspects. The distinction between the aspects is as one would expect.

    Thus: Мáльчик, снимáвший свúтер = Мáльчик, котóрый снимáл свúтер. The boy who *was taking off* his sweater

    Мáльчик, снявший свúтер = Мáльчик, котóрый снял свúтер. The boy who *had taken off* his sweater.

Note. When these past active participles are imperfective, they can be replaced by *present* active participles (see note (210)).

(225) *Use of verbal adverbs.*

1. These must not be confused with participles. As their English counterparts are often a present participle form in -ing, this is a real danger.

2. They are adverbs and thus cannot decline.

3. They are formed only from *active* verbs.

4. Participles are intimately connected with nouns. They describe nouns in the same way that adjectives do:

The *fat* boy. (Which boy? — the fat one.)
The boy *who stood on the burning deck*. (Which boy? — the one who stood on the burning deck.)

However a verbal adverb is more closely connected with the main *verb* in a clause or sentence. It can tell you when, why, how etc. the action of this verb takes place. Thus instead of standing for a relative (который) clause as a participle does, it stands for clauses beginning with such conjunctions as когда; после того, как; так как.

Here is an English example which should help you to differentiate between participle and verbal adverb.

(a) Participle:

The boy *smoking* a cigarette is only twelve years old. (Which boy? — the boy smoking a cigarette.)
Russian: Мальчику, *курящему* папиросу, только двенадцать лет.

(b) Verbal adverb:

The twelve year old boy sat in an armchair *smoking* a cigarette.

(What were the attendant circumstances? Was he doing anything else at the same time as sitting in the chair? — Yes. He was smoking.)

Russian: Двенадцатилетний мальчик сидел в кресле, *куря* папиросу.

5. As verbal adverbs have a vital connection with the main verb in a clause or sentence, it follows that they can *only refer to the subject* of that clause or sentence. Thus, if in the sentence: He was looking at the boy smoking a cigarette, you used a verbal adverb —

Он смотрел на мальчика, *куря* папиросу.

the implication would be that the subject 'he' is smoking, not the boy.

The lesson to be drawn from this is clear: if the English word in -ing is connected with any other word but the subject, it must always be translated by a Russian participle. A verbal adverb is quite impossible.

The choice of imperfective or perfective depends on the relationship in time with the main verb. Verbal adverbs can be used in present, past or future sentences (see notes (226) and (227)).

(226) *Imperfective verbal adverbs.* Remove the 3rd person plural ending (-ют, -ут, -ят, -ат) of the present tense and add -я (or -a when the spelling rule demands it).

Thus:

читáть	— читá/ют	— читáя
говори́ть	— говор/я́т	— говоря́
жить	— жив/у́т	— живя́
организовáть	— организу́/ют	— организу́я
слы́шать	— слы́ш/ат	— слы́ша
лежáть	— леж/áт	— лёжа

Exceptions:

1. Verbs in -давать/-знавать/-ставать and their compounds retain the infinitive stem.

e.g.   дава́ть —   даю́т *but* дава́я
        узнава́ть —   узнаю́т *but* узнава́я
        отставать — отстают *but* отставая

2. быть gives бу́дучи.

Reflexive verbs: the verbal adverb always takes the -сь form.

        занима́ться —   занима/ют/ся — занима́ясь
переписываться — переписыва/ют/ся — переписываясь

N.B. Some verbs do not have this form. They include:

1. Verbs with no vowel in the stem of the present tense. e.g. ждать (ждут); пить (пьют).
2. Verbs in -нуть (пахнуть).
3. Verbs with infinitive in -чь (мочь).
4. писать; петь.

Use of the imperfective verbal adverb.

N.B. This verbal adverb is only used when the actions of the main verb and the verbal adverb coincide in time.

Thus: Он сидел за столом, кончая письмо.
        He sat at the table finishing the letter.

Note that the English 'finishing the letter' etc. can be ambiguous if it comes first in the English sentence. It is often used for 'having finished the letter'. In a sentence such as:

    Finishing the letter before dinner, he went out to post it.

the imperfective verbal adverb is clearly impossible. A *perfective* verbal adverb (see note (227) would have to be used.

(227) *Perfective verbal adverbs.* Remove the -л from the past

tense of the perfective verb. Add -в (or, much less commonly, -вши).

Thus: прочита́ть — прочита́/л — прочита́в
       уви́деть — уви́де/л — уви́дев
       узна́ть — узна́/л — узна́в
      засну́ть — засну́/л — засну́в

Exceptions:

1. Reflexive verbs must have the full suffix in — вши.

Thus: заня́ться — заня́вшись
    заинтересова́ться — заинтересова́вшись
       встре́титься — встре́тившись

2. A few verbs frequently form alternative perfective verbal adverbs from the future perfective stem. The commonest are compounds of идти́, вести́, нести́. They add -я like imperfective verbal adverbs.

e.g.   принести́ — принесу́т — принеся́
     уйти́ — уйду́т — уйдя́
   вы́вести — вы́ведут — вы́ведя

A few other verbs have these alternative forms, but these are rarer than those formed regularly.

e.g.   встре́титься — встре́тясь *or* встре́тившись
     уви́деть — уви́дя *or* уви́дев

3. Verbs whose past tense ends in a consonant without -л add -ши.

Thus: вы́расти — вы́рос — вы́росши
     умере́ть — у́мер — уме́рши
      влезть — влез — вле́зши
  привы́кнуть — привы́к — привы́кши
     помо́чь — помо́г — помо́гши

Use of the perfective verbal adverb. It is used for an action taking place prior to the action of the main verb.

Thus:

(a) Past.   Верну́вшись домой, он поцеловал жену.
(b) Present. Верну́вшись домой, он всегда целует жену.
(c) Future.   Верну́вшись домой, он поцелует жену.

It will be seen from this that although perfective, this verbal adverb can be used in conjunction with the present tense.

Note. In the negative form the perfective verbal adverb often translates 'without doing something'.

e.g. Не поняв ни слова, он согласился на этот план.
      Without having understood a single word, he agreed to the plan.

(228) узнава́ть *to recognise* (*perfective* узнать). This verb is easily confused with the perfective узнать (from знать) meaning 'to find out', 'to learn'.

The present tense of узнава́ть has stressed endings.

я узна́ю	мы узнаём
ты узнаёшь	вы узнаёте
он узнаёт	они узнаю́т

The future perfective of both узнава́ть and знать has stress on the stem.

я узна́ю	мы узна́ем
ты узна́ешь	вы узна́ете
он узна́ет	они узна́ют

(229) служи́ть *to serve*. It takes dative of the person — Он служит *мне* — instrumental of the capacity. — Это послужило *темой* для трагедии. This served *as a subject* for a tragedy.

(230) *Different*. ра́зный/разли́чный can both be used in the sense of 'various' or 'differing'.

e.g.   Лю́ди соверше́нно различного/ра́зного хара́ктера.
   People of completely different character (one from the
      other).
   У меня́ ра́зные/разли́чные кни́ги.
   I have various books.

   In the first example ра́зный/разли́чный is the opposite of одина́ковый.

But note that only ра́зный can be used as the opposite of тот же са́мый.

e.g.   Они́ жи́ли в ра́зных стра́нах.
   They lived in different countries.
   Они́ жи́ли в ра́зное вре́мя.
   They lived at different times.

Exercises

(1) Using the present passive participle, give alternatives to the following phrases:

1. вопро́с, кото́рый ча́сто обсужда́ют
2. слова́, кото́рые невозмо́жно забы́ть
3. статьи́, кото́рые публику́ет «Пра́вда»
4. впечатле́ния, кото́рые произво́дит э́тот писа́тель
5. впечатле́ние, кото́рое создаёт э́тот а́втор
6. профе́ссор, кото́рого лю́бят все студе́нты
7. конфере́нция, кото́рую организу́ют все европе́йские
   стра́ны
8. аэропо́рт, кото́рый освеща́ет мно́го огне́й
9. музе́й, кото́рый посеща́ют ты́сячи тури́стов

(2) Using the past active participle, give alternatives to the following phrases:

1. милиционе́р, кото́рый вдруг останови́лся

2. мальчик, который влез на дерево
3. женщина, которая умылась холодной водой
4. студент, который писал по-французски
5. преступник, который исчез, Бог знает куда
6. преподаватели, которые заинтересовались этим вопросом
7. люди, которые сошли с ума
8. старик, который ожесточился от горя
9. родители, которые жили за городом
10. писатель, который провёл бо́льшую часть жизни заграницей

(3) Recast the following sentences by using verbal adverbs:

1. Никита нежно обнял мать, потом вернулся в город.
2. Путники испугались, потому что они увидели чёрные тучи на горизонте.
3. Когда Федя прочитает письмо от Тани, он всё поймёт.
4. Когда он лежал на постели, он мечтал о далёких странах.
5. Он встретил товарища, когда возвращался домой.
6. Как только он узнал об аварии в горах, он поспешил туда как можно скорее.
7. Так как я не знаю его адреса, не могу написать ему.
8. Так как он живёт в деревне, он всегда удивляется современным сооружениям, когда бывает в Москве.
9. Он опоздал на концерт и решил посмотреть фильм.
10. Он гулял по парку и любовался цветами.

(4) Give the Russian for:

1. A picture in the local paper made a great impression on the famous German writer.
2. It is very curious that Kolya resembles his uncle more than his father.

3. We complained to the hotel-keeper about the noise, the cold and the bad food.
4. You shouldn't pay too much attention to articles in these cheap magazines.
5. This tragedy greatly influenced the mood of the travellers.
6. I cannot agree to (соглашаться на + accusative) these impossible conditions.
7. I don't know why you are always grumbling at me.
8. We shouted at the dogs, but they had already killed five chickens.

(5) Write out a translation of the reading passage.

(6) Answer the following questions on the text in Russian:

1. Какая обстановка создала одинаковые мысли и настроения у двух человек «совершенно различного склада ума и характера»?
2. Кто эти два человека?
3. Они жили в разных странах. В каких?
4. В какой стране путешествовал тогда Конан Дойль?
5. Почему он никогда не забудет впечатления, произведённого гостиницей на него?
6. Какие книги писал Конан Дойль?
7. В чём нуждается писатель, кроме карандаша или пишущей машинки, если он хочет творить что-нибудь оригинальное?
8. Этот рассказ оригинален?
9. Сколько было детей у владельца гостиницы?
10. Почему умерла его жена?
11. Почему владелец гостиницы убил сына?
12. Сколько времени сын путешествовал заграницей?
13. Чему Конан Дойль сильно удивился в библиотеке?
14. О каком втором любопытном совпадении не знал Конан Дойль?
15. Откуда Цахариас Вернер взял тему для трагедии?

RUSSIAN READING PASSAGES

Где поставить телевизор?
(Some sound advice for television addicts)

Прежде чем решить этот вопрос, следует подумать: из
one must

какого места комнаты вы будете смотреть программу,
сколько человек будет ее смотреть.

Некоторые считают: чем больше экран, тем лучше
consider

телевизор. Надо иметь в виду, что большой экран
bear in mind

требует большой комнаты.

Расстояние между экраном и глазом зрителя должно
быть в 5–7 раз больше величины диагонали телевизион-
size

ного экрана. С такого расстояния человеческий глаз уже
human

не замечает линий и точек, из которых состоит изобра-
lines   consists   image

жение, меньше утомляется.

Полезный совет (Useful advice)
(Do's and don't when giving books)

В подарок — книгу. Это хороший обычай, но он тре-
custom

бует, как говорится, «знания предмета».
as   they say

Книгу нужно выбирать очень тщательно, зная при-
carefully

близительно хотя бы, какая может обрадовать того,
if only

кому вы хотите сделать подарок.

Не дарите неизвестных вам по содержанию книг.
present   unknown

Никогда не надписывайте их. Надписывать книгу имеет
inscribe

право только ее автор.

В книгу можно вложить поздравительную открытку.
enclose   greetings

Полезный совет
(How to find your books more easily)

Некоторые книжные шкафы устроены так, что книги в
<u>arranged</u>
них размещаются в два ряда. Вам нужна книга из
<u>are housed</u>
заднего ряда, и вы нередко перерываете весь шкаф,
<u>back</u>   <u>disorganise</u>
чтобы найти ее. Не поленитесь, выберите время и
<u>be lazy</u>
составьте список для каждой полки. Переписывайте
<u>shelf</u>   <u>make a list of</u>
книги слева направо в том порядке, в каком они стоят.
<u>order</u>
Теперь, пользуясь списком, вы сразу найдете нужный
том, вытащив из переднего ряда всего три—четыре
<u>pulling out</u>   <u>front</u>
книги.

Правила хорошего тона   (Good manners)

На улице, в магазине, во дворе, в парке, на бульваре
следует здороваться не только с теми, кто вам хорошо
знаком, но и с теми, кого вы только знаете в лицо. Это
<u>by sight</u>
те, кто живет с вами в одном доме, те, кого вы постоянно
<u>the same</u>
видите за прилавком своего магазина.

  Вполне уместно приветствовать и вовсе незнакомых
<u>totally appropriate</u>   <u>to greet</u>   <u>completely</u>
лиц, если вы вместе с ними поднимаетесь в лифте
<u>people</u>
своего дома, едете в купе железнодорожного вагона.
<u>compartment</u>   <u>railway</u>   <u>carriage</u>

Родителям
(Hints to parents on reading to children)

Папа пришел с работы и принес книгу. Дошкольник
<u>boy of preschool</u>
<u>age</u>

Коля рад, он с любопытством рассматривает картинки,
           curiosity   *examines*

просит почитать книгу. Папа, поужинав, подсел к сыну,
спросил, что почитать. Сын указал пальцем картинку:
                        indicated finger

«Про это». Папа прочитал. У Коли заблестели глаза. Он
поспешно указывает: «Вот про это и еще вот про это...
hastily

вот про это». Папа читает, а сын во время чтения
                                          reading

засыпает.

    Рассказы лучше читать по одному в день: потом
                              one a day

рассмотреть картинки, попросить ребёнка рассказать
отдельные места рассказа: обратить его внимание на
separate

главное в нем. Нельзя дать готовые рецепты разговора
о прочитанном. Его можно вести примерно так: почему
                                 roughly

так называется книга или рассказ? Что тебе больше
всего понравилось? Почему? Почему герой поступил
так? А как бы поступил ты? Придумай продолжение
                                  think up

книги, рассказа. Что бы ты изменил в них? и т.д.

    Книги надо умело выбирать для ребенка, учить его
                skillfully

пользоваться книгой.

К летнему сезону
(Clothes for the summer season)

Лучше всего подобрать несколько предметов, гармони-
            select   *harmo-*

рующих между собой по цвету, рисунку, ткани, и,
nising   *pattern*   *cloth*

варьируя их, составлять костюмы. Молодые и среднего
varying

возраста стройные женщины могут взять для отдыха
           shapely

две пары брюк — длинные и короткие и юбку, а к ним
                                      skirt

подобрать несколько кофт: одну типа мужской рубаш-
            jacket   in the   men's
                      style of

ки, другую — открытую, без рукавов, она может быть и

трикотажной, и еще одну типа туники.
   knitted   tunic

   Жилет может не только дополнить костюм, состоя-
  waistcoat   complement

щий из блузки и брюк, но и превратиться в самостоя-
      blouse   be turned into   independent

тельное платье с застежкой спереди. Для прохладной
     dress   fastening at the front   cool

погоды стоит взять трикотажный свитер, куртку, плащ.
                                jacket

Женщины более старшего возраста или полные могут
                               stout

заменить брюки юбками.
  replace

   Нужно подготовить заранее и купальный костюм.
      get ready   beforehand   bathing costume

Открытый купальник подходит молодым и стройным
               suit

женщинам. Остальные должны предпочесть купальники
        the rest

более закрытые, иногда специально скрывающие фигуру.
                         concealing the figure

   Яркая косынка, пояс с декоративными украшениями
       scarf   decorations

или шляпа с большими полями придадут костюму
                brim   lend, give

новое звучание. Шляпы на одтыхе могут быть из
lease of life (lit. sound)

соломки с полями, из ткани в виде панамы или шапочки
  straw   in the form of

с козырьком, защищающим от солнца.
    peak

Правила хорошего тона
(Good manners at table)

Люди воспитанные легко вам простят, если вы где-
      well bred

нибудь на банкете, или просто в ресторане за товарище-

ским ужином возьмете рыбу не той вилкой, что

fork

предназначается для закуски, или, боже упаси, коснетесь

is intended   God forbid

её ножом. Кстати, не так уж трудно разобраться во

knife   to get the hang of

всём этом нехитром инструментарии для праздничной

simple   implements   festive

трапезы и увидеть, что возле тарелки у вас лежит и

meal   plate

специальный широкий нож с тупыми краями, которым

blunt   edges

как раз и следует прикасаться к рыбе. Но вот если вы

to touch

начнёте громко чавкать, повернётесь спиной к соседу

munch   turn your back on

или будете целиком поглощены лишь тем, что сами

поглощаете за обедом, вас, конечно, сочтут человеком

swallow   will consider

невежливым, не только малообщительным, но просто

rude   unsociable

не умеющим себя вести...

Правила хорошего тона... по существу опираются,

in essence   are based

как и требования хорошего вкуса, на здравый смысл,

demands   taste   common sense

на законы человеческого такта, который вырабатывает-

laws   can be cultivated

ся без особого труда у каждого, кто требователен к себе

particular   demanding

и внимателен к людям.

Родителям
(How to satisfy children's curiosity)

Дошкольник хочет всё знать. Отвечать на многие
вопросы ребёнка нелегко. Главное, не отмахиваться от

to brush them aside

них, проявлять к ним интерес, стараться на них отве-

to show   to try

тить, побуждать детей к новым вопросам.

to prompt

Услышав вопрос, не торопитесь на него отвечать.
       hurry
Надо заставить ребенка самого подумать, возбудить
       to make, force   to arouse
его интерес встречным вопросом, направить ум ребенка
              counter   to direct
на наблюдение.
    observation.

«Мама! Почему пластилин твердый, а вчера был
                 plasticine
мягкий?» — спрашивает Наташа. Мама советует дочке
положить его на теплую плиту. Девочка сама находит
                        stove
ответ, что от тепла пластилин становится мягче, а от
холода — тверже.

На прогулке дети увидели аиста и спрашивают у
    a walk   stork
воспитательницы: «Почему у аиста длинный клюв?» —
(nursery) teacher   beak
«Где аист добывает себе пищу?» — спрашивает детей
            obtain
воспитательница. Дети, подумав, приходят к выводу,
                                              conclusion
что длинный клюв аисту нужен, чтобы добывать пищу
в болоте. Воспитательница использует эту беседу для
   marsh   utilises   chat
расширения знаний детей. Она спрашивает, а какой
   widening
клюв у утки? Почему? Какой клюв у дятла? Почему?
       duck   woodpecker
и т.д.

И мама Наташи и воспитательница помогли детям
самим найти ответы на свои вопросы; взрослые учат
ребят понимать окружающий их мир.

Чтобы не заблудиться
(How to find your bearings without a compass)

Кому из нас не случалось блуждать в незнакомом лесу?
                         to wander
Тут могла бы выручить карта или компас. Но когда ни
   come to your aid

того ни другого нет? Как же тут поступить? Стороны
directions
горизонта нетрудно определить по положению Солнца,
to determine   position
Луны и звёзд. Но могут тут помочь вам и часы. Для
moon   stars
этого часы в горизонтальном положении направляют
часовой стрелкой на Солнце. Линия, проходящая из
(watch) hand
центра часов через середину угла, образованного часовой
middle
стрелкой и направлением на цифру 12 циферблата,
figure   dial
укажет, где находится север—юг. При этом до 12 часов
юг будет вправо от Солнца, а после 12 часов — влево.

Народная метеорология
(Popular weather-forecasting)

Высокая круглая радуга — к хорошей погоде, низкая и
round   rainbow
пологая — к ненастью. Если радуга после дождя скоро
gently   bad weather
sloping
пропадает — к ясной погоде.
vanishes

Если радуга вдоль земли (с севера на юг), то надо
the ground
ожидать дождя, а если поперек земли (с востока на
across
запад), то будет хорошая погода.

Чем зеленее радуга, тем больше будет дождя. Если в
радуге больше красного цвета, то погода прояснится.
will clear up

Если лягушки прыгают на берегу и квакают, то жди
frogs   jump   croak
дождя. Лягушки урчат — на дождь, громко кричат —
rumble
на хорошую погоду, молчат — перед холодной по-
годой.

Если при приближении грозовых туч пчелы не
thunder   bees

прячутся в ульи, дождя не будет. Если утром пчелы не
    hide   hives

летят в поле, а сидят по ульям и гудят — жди дождя.
                          buzz

Если летом без ветра лес сильно шумит, будет дождь.

Родителям
(Don't inhibit your child)

— Мама! — кричит с порога сын. — Ты знаешь, что мы
                  threshold

сегодня учили!

— Зачем в грязных ботинках идешь в комнату? —
       dirty   boots

одергивает его мать.
 snubs

Мальчик снял обувь и пытается опять рассказать о
         shoes   tries

том, что поразило его в школе. Но мать его не слушает.
     amazed

— Садись ешь, а то все остынет, — говорит она сыну.
              will get cold

— Рассказывать будешь потом!

Но мальчику больше не хочется рассказывать. Так
бездушно самый близкий человек погасил хороший
heartlessly   squashed

порыв.
impulse

Если же ребенок чувствует, что родители не равно-
                                indif-

душны к его заботам и маленьким открытиям, что для
ferent   worries   discoveries

них важны его школьные дела, — тогда интерес к тому,
что он узнал в школе, не только сохраняется, но и
закрепляется.
is strengthened.

Интересуясь учебными делами детей, вы поможете
им лучше и глубже понять, какое большое значение
                                 importance

имеют в жизни знания, разрешить возникающие у них
                    resolve   arising

сомнения.

Осторожно, электричество!
(Be careful with electricity)

Проводка в помещении не должна касаться токопро-
  wiring   premises   carrying
водящих предметов — радиаторов отопления, газовых,
electric
current
водопроводных труб, цементного пола и т.д.
  water supply

    Ввертывая или вывертывая электрические лампочки,
  screwing in   unscrewing   bulbs
выключайте ток. И даже при выключенном напряжении
          current   voltage
на всякий случай не прикасайтесь к металлическим
деталям патрона.
parts of the socket.

    Не оставляйте конец провода свободным, если дру-
гим концом он включен в сеть: если не вы, так кто-
                     circuit
нибудь другой может нечаянно прикоснуться к нему и
                      accidentally
получить сильный удар током.
            shock

Полезный совет
(Diet in the spring)

Весной меньше всего свежих фруктов и овощей. Про-
                                vegetable
шлогодние овощи уже невкусны, а свежих еще нет.
Чтобы возместить недостаток витаминов в пище, надо
      make up for   lack
есть больше зелени — зеленого лука, петрушки и т.д.
                        onions   parsley
Зелень можно добавлять ко многим супам, салатам,
соусам, можно ей посыпать картошку и т.д.

    Весеннее молоко отличается особенно приятным
вкусом и большой питательностью. Надо пить много
                food value

молока свежего и кислого, приправлять пищу сметаной
                                sour   to season
и сливками. И как можно чаще готовить молочные
           cream
блюда.

Neighbourliness

Маленький Ваня звонит у двери. На пороге появляется
сосед.

— А, это ты, Ваня, входи, входи! — говорит он. — Ну,
что тебе нужно на этот раз? Что пришел одолжить?
                                              to borrow
Стакан или тарелку?

— Нет, папочка просил одолжить штопор.

— Ах, штопор! — обрадовался сосед. — Скажи папе,
что я его сейчас сам принесу.

*   *   *

В кино один из зрителей встает со своего места,
пробирается вдоль ряда и выходит из зала. Через
   edges his way
несколько минут он возвращается и спрашивает у
мужчины, сидящего в начале ряда:

— Это я вам наступил на ногу, когда выходил?
                  stepped on
— Да, но прошу вас, не беспокойтесь: мне не больно.

— О нет, я только хотел убедиться, что я действительно попал в свой ряд.

*   *   *

— Папа, ты получал когда-нибудь двойки?
                                    a '2'
— Очень редко, сынок. Помню, однажды получил
двойку и так расстроился, что мои родители, твои
        was upset
дедушка и бабушка, не на шутку испугались: стали меня
утешать, предлагать конфеты, но я еще долго не мог
to comfort   sweets

успокоиться, и они вместе со мной пошли в кино. Ты
to calm down
что вздыхаешь?

— Не надо меня утешать, папа. Собирайся и пойдем
в кино.

Television addicts

— Дети, — обратилась воспитательница к классу, —
сегодня вечером будет полное затмение луны. Это —
eclipse
явление очень редкое, и я надеюсь, что все вы его
phenomenon
посмотрите. Запомните, начало в двадцать часов.

— По какой программе: по первой или второй? —
заинтересовались ученики.

*   *   *

Medical advice

Доктор больному:

— Вам, дорогой мой, требуется полный покой,
никаких забот. Советую вам снова выйти на работу.

*   *   *

— Константин, ты теперь не так хорошо одет, как
тогда, когда мы поженились.

— Ошибаешься, дорогая, на мне тот же самый
you're mistaken
костюм, что был в день свадьбы, двадцать лет назад.
wedding

*   *   *

— Посоветуйте, что мне взять на обед, — обращается
посетитель к официанту.

— Как вам сказать? Меньше всего сегодня жалуются
на бифштекс.

Транспорт

В народном хозяйстве СССР большое значение имеет
      national economy
транспорт. Посредством транспорта отдельные районы
            by means of
страны соединяются друг с другом в одно хозяйственное
        are linked
целое. Огромна роль транспорта во внешних связях
        huge   role   overseas communi-
                                          cations
Советского Союза.

С ростом промышленности и сельского хозяйства,
   growth   agriculture
с освоением новых районов возрастают и перевозки на
   the opening up   volume of freight is growing
всех видах транспорта: железнодорожном, морском,
     types   sea
речном, автомобильном, воздушном. Из-за обширности
  river   air   vast extent
территории страны особенно много перевозок падает на
железные дороги. Это самый важный вид транспорта.
Независимо от климата железные дороги круглый год
   irrespective of   all the year round
перевозят огромные массы ценных грузов.
                              valuable freights

В Советском Союзе свыше 128 тыс. км железных
дорог. От центра Европейской части железные дороги
расходятся в разные стороны, пересекая всю страну.
   radiate   cross
Они идут к Донбассу, к портам Черного моря, на
Кавказ, на Волгу и в Среднюю Азию, на Урал и далее в
Сибирь и на Дальний Восток (Сибирская магистраль);
            the Far East   Trans-Siberian railway
ряд дорог идет из центра на север и на запад. Новые
железнодорожные линии строились больше всего на
востоке, особенно в Казахстане и в Сибири, а также на
севере Европейской части СССР.

Речной транспорт по сравнению с железнодорожным
дешевле, хотя скорость перевозки медленнее. По рекам
            speed of transportation

перевозятся грузы, наиболее удобные для водного
        the most   water
транспорта из-за большого объема. Волга — основной
                    volume   principal
речной путь. По нему перевозится больше всего грузов.
После постройки каналов волжский речной путь со-
        construction
единил самые отделенные друг от друга районы, и его
            remote
значение возросло. Широко используется Северная
Двина для транспортировки леса. Много леса и хлеба
                            timber   corn
переправляется по рекам Сибири.
    is transported

Ленинград

Ленинград, расположенный на берегах реки Невы и на
                situated
островах ее дельты, — один из самых красивых городов
        delta
мира. Гранитные набережные окаймляют реку, притоки
                embankments   border   tributaries
и каналы; громадные мосты связывают друг с другом
            massive
бесчисленные острова. На улицах и площадях города
много памятников и замечательных зданий, построен-
            monuments
ных выдающимися русскими архитекторами.
        leading

У входа в Финский залив расположены судострои-
                        gulf   shipbuilding
тельные верфи и порт.
        yards

Ленинград — самый крупный после Москвы промышленный и культурный город Советского Союза. В
нем развито машиностроение, судостроение.
        is developed

В научных учреждениях Ленинграда ученые ведут
                                            scientists
важные для всей страны исследования, а бесчисленные
                            research

учебные заведения rотовят инженеров, врачей, педа-
educational establishments

гогов, агрономов. Мировое значение имеет находящаяся
agronomists   worldwide

под Ленинградом Пулковская обсерватория. В музеях

Ленинграда хранятся ценности громадного историче-
are kept   valuable items

ского и художественного значения. Ленинград — город-
artistic

герой. Защитники Ленинграда во время Великой
defenders   2nd world

Отечественной войны стойко и мужественно выдержали
war (1941–5)   staunchly   bravely   withstood

вражескую блокаду, прорвали кольцо фашистских
enemy   broke through   ring

войск и разбили их отборные части.
troops   smashed   crack   units

Дети

Велика забота государства о детях. Для самых малень-
state

ких в городах открыты тысячи постоянных яслей.
creches

Миллионы детей обслуживаются яслями. Для детей
are served

более старшего возраста построены детские сады,
nurseries

дворцы и дома пионеров, стадионы и парки.
palaces

Миллионы детей ежегодно отдыхают в пионерских
yearly

лагерях, санаториях, на экскурсионно-туристических
camps

базах. Путевка в пионерский лагерь стоит недорого.
voucher

Обычно родители оплачивают в среднем меньше факти-
pay   on average

ческой стоимости содержания ребенка в пионерском
cost   maintaining

лагере или санатории. Немало детей отдыхает бесплатно.

В пионерских лагерях дети проводят свой отдых организованно. Много времени уделяется прогулкам и
is devoted

походам в окрестности лагеря, физкультуре и спорту.
hikes

В различных кружках дети занимаются фотографией,
clubs

играют в шахматы, собирают полевые цветы и т.д. По
wild flowers

вечерам регулярно устраиваются занимательные беседы
absorbing

вокруг костра.
camp-fire

Многие дети проводят свой отдых в специальных лагерях-санаториях. Таким пионерским лагерем-санаторием, например, является всесоюзная детская здрав-
is   the all-union   sana-

ница «Артек». Этот лагерь знают дети всей страны. Он
torium

расположен в Крыму, на берегу Черного моря. В этом лагере отдыхают и сотни детей из-за границы.
hundreds

Мальчики и девочки

Из чего только сделаны мальчики?	
Из чего только сделаны мальчики?	
Из колючек, ракушек и зелёных	колючка
лягушек —	prickle, thorn
Вот из этого сделаны мальчики.	ракушка
	cockle-shell
Из чего только сделаны девочки?	
Из чего только сделаны девочки?	
Из конфет, и пирожных, и сластей	пирожное
всевозможных —	fancy cake
Вот из этого сделаны девочки.	сласти
	sweetmeats

Маршак (перевод с английского)
Marshak (Translation from the English)

Пе́рвое сентября́

Пе́рвое
Сентября́!
Пе́рвое
Сентября́!
Пе́рвое
Сентября́ —
Сла́вный день   сла́вный   glorious
Календаря́, —

Потому́ что в э́тот день
Все девчо́нки   девчо́нка = де́вочка
И мальчи́шки   мальчи́шка = ма́льчик
Городо́в
И дереве́нь
Взя́ли су́мки,
Взя́ли кни́жки
Взя́ли за́втраки
Под мы́шки   под мы́шки   under their
                             arms
И помча́лись в пе́рвый раз   (по)мча́ться   to rush
В класс!

Э́то бы́ло в Барнау́ле,
В Ленингра́де
И в То́ржке,
В Благове́ще́нске
И в Ту́ле,
На Дону́
И на Оке́,
И в стани́це,   стани́ца   Cossack village
И в ау́ле,   ау́л   village in Caucasus
И в далёком кишла́ке.   кишла́к   village in central
                             Asia

Э́то бы́ло
На морско́м

Берегу́,
Там, где бе́рег
Изгиба́ется   изгиба́ться to curve
В дугу́,   дуга́ arc
Где ребя́та
По-грузи́нски
Говоря́т,
Где. на за́втрак
Нося́т
Сла́дкий виногра́д.   виногра́д grapes

Э́то бы́ло
На Алта́е,
Ме́жду гор.   ме́жду here used with
Э́то бы́ло   genitive
На Валда́е,
У озёр.   о́зеро lake
Э́то бы́ло
На Днепре́
Среди́ поле́й,
Там, где шко́ла
За ствола́ми   ствол tree trunk
Тополе́й.   то́поль (m.) poplar

Кто успе́л
Прожи́ть на све́те   свет (here) world
Во́семь лет,
Тех сего́дня
До обе́да
До́ма нет, —

Потому́ что в э́тот день
Все девчо́нки
И мальчи́шки
Городо́в
И дереве́нь

Взя́ли су́мки,
Взя́ли кни́жки,
Взя́ли за́втраки
Под мы́шки
И помча́лись в пе́рвый раз
В класс!

Марша́к
Marshak

Фома́

В одно́м переу́лке
Стоя́ли дома́.
В одно́м из домо́в
Жил упря́мый Фома́.   упря́мый   stubborn

Ни до́ма, ни в шко́ле,
Нигде́, никому́ —
Не ве́рил
Упря́мый Фома́
Ничему́.

На у́лицах сля́коть,   сля́коть   slush
И до́ждик,
И град.
«Наде́ньте кало́ши», —   кало́ши   galoshes
Ему́ говоря́т.

«Непра́вда, —
Не ве́рит Фома́, —
Э́то ложь...»   ложь   a lie
И пря́мо по лу́жам   лу́жа   a puddle
Идёт без кало́ш.

Моро́з.   моро́з   frost
Надева́ют ребя́та коньки́.   коньки́   skates
Прохо́жие по́дняли воротники́.   воротни́к   collar

Фоме́ говоря́т:
«Наступи́ла зима́».
В труса́х
На прогу́лку выхо́дит Фома́.

наступи́ть   to set in
трусы́   shorts

Идёт в зоопа́рке
С экску́рсией он.
«Смотри́те, — ему́ говоря́т, —
Э́то слон».
И сно́ва не ве́рит Фома́:
«Э́то ложь.
Совсе́м э́тот слон
На слона́ не похо́ж».

Одна́жды
Присни́лся упря́мому сон,
Как бу́дто шага́ет по Афри́ке он.
С небе́с
Африка́нское со́лнце печёт,
Река́ под назва́нием Ко́нго
Течёт.

ему́ присни́лся сон   he
      dreamt
шага́ть   to stride, step
небеса́   plural of не́бо
печь   to bake; scorch

течь   to flow

Подхо́дит к реке́
Пионе́рский отря́д.
Ребя́та Фоме́
У реки́ говоря́т:
«Купа́ться нельзя́:
Аллига́торов тьма».
«Непра́вда», —
Друзья́м отвеча́ет Фома́.

отря́д   detachment

тьма   a tremendous
      number

Трусы́ и руба́шка
Лежа́т на песке́.
Упря́мец плывёт
По опа́сной реке́.

песо́к   sand

упря́мец=упря́мый
      челове́к
опа́сный   dangerous

Близка́
Аллига́тора хи́щная
Пасть.
«Спаса́йся, несча́стный,
Ты мо́жешь пропа́сть!»

хи́щный greedy
пасть (f.) jaws
несча́стный wretch
пропа́сть to be done for

Но слы́шен ребя́там
Знако́мый отве́т:
«Прошу́ не учи́ть,
Мне оди́ннадцать лет!»

Уже́ крокоди́л
У Фомы́ за спино́й.
Уже́ крокоди́л
Поперхну́лся Фомо́й;
Из па́сти у зве́ря
Торчи́т голова́.
До бе́рега
Ве́тер доно́сит слова́:
«Непра́...
Я не ве́...»
Аллига́тор вздохну́л
И, сы́тый,
В зелёную во́ду нырну́л.

спина́ back

поперхну́ться + inst. to
    choke over
торча́ть to stick out

доноси́ть to carry (of
    sounds)

нырну́ть to dive

Трусы́ и руба́шка
Лежа́т на песке́.
Никто́ не плывёт
По опа́сной реке́.

Просну́лся Фома́,
Ничего́ не поймёт,
Трусы́ и руба́шку
Со сту́ла берёт.

Фома́ удивлён,

Фома́ возмущён:
«Непра́вда, това́рищи,
Э́то не сон!»

возмущённый indignant

Ребя́та,
Найди́те тако́го Фому́
И э́ти стихи́
Прочита́йте ему́.

Серге́й Михалков
Sergei Mikhalkov

Старик со сторублевым билетом

Давно́ заме́чено, что лю́ди, чья жизнь прохо́дит в
постоя́нном движе́нии — маши́нисты, моряки́, лётчики,
movement   engine drivers   sailors
шофёры, — быва́ют несколько суеве́рны. Суеве́рны бы́ли
superstitious
и мы, конду́кторы моско́вского трамва́я.

Бо́льше всего́ мы боя́лись старика́ со сторубле́вым
100 ruble
креди́тным биле́том. Е́сли говори́ть без предвзя́тостей,
bank-note   bias
то стари́к был да́же дово́льно прия́тный — умы́тый,
ла́сковый и культу́рный. Из карма́на его́ пальто́ всегда́
endearing
торча́ла аккура́тно сло́женная профе́ссорная либера́ль-
folded
ная газе́та «Ру́сские ве́домости».
gazette

Стари́к всегда́ сади́лся в трамва́й ра́нним у́тром, как
то́лько мы выходи́ли из па́рка и в су́мке у нас бы́ло 60
копе́ек ме́лочи, вы́данной нам на сда́чу. Бо́льше ме́лочи
change
нам не дава́ли.

Стари́к влеза́л в трамва́й и с предупреди́тельной
courteous

улыбкой протягивал кондуктору сторублевую бумажку.
      held out   note

Сдачи, конечно, не было. Но старик ее и не требовал.

Он покорно сходил на первой же остановке и дожидался
   obediently   waited for
следующего трамвая.

Там повторялась та же история.

Так, пересаживаясь из вагона в вагон, старик бесплатно ездил на службу изо дня в день и из месяца в
                         work
месяц.

Сторублевая бумажка была всегда одна и та же. Мы,
кондукторы линии 8, давно знали на память ее номер —
123715. Мы мстили старику тем, что иногда язвительно
          paid back   sarcastically
говорили:

— Предъявите ваш билет номер 123715 и выметайтесь
    present   clear off
из вагона.

Старик никогда не обижался. Он охотно протягивал
                      took offence
нам бумажку и так же охотно и даже торопливо,
                                         hurriedly
стараясь никого не затруднить, выходил из вагона.
  trying   to cause trouble

Паустóвский
Paustovsky, Autobiography

Мой товарищ по гимназии, поляк Фицовский
                  grammar school

У него были свои чудачества, раздражавшие учителей.
               eccentricities   which annoyed the teachers.

Например, он разговаривал со своим соседом по парте
                                            desk
на чистейшем русском языке, но так, что порой нельзя
  purest   at times
было понять ни слова. Достигалось это простым
                    This came about

способом. Все ударения в словах Фицовский делал
_{method} _{stresses}
неправильно и говорил очень быстро.
_{incorrectly}

Фицовский заставил меня изучить международный
_{international}
язык «эсперанто». У этого языка, выдуманного варшав-
_{Warsaw}
ским окулистом Заменгофом, было то достоинство, что
_{virtue}
он был легок.

На этом языке печаталось в разных странах много
_{were printed}
газет. В этих газетах меня интересовали столбцы
_{columns}
адресов тех людей, которые хотели переписываться на
эсперанто.

По примеру Фицовского, я начал переписываться с
несколькими эсперантистами в Англии, Франции,
Канаде и даже Уругвае. Я посылал им открытики с
_{sent}
видами Киева, а взамен получал открытки с видами
_{views} _{in exchange}
Глазго, Эдинбурга, Парижа, Монтовидео и Квебека.
Постепенно я начал разнообразить свою переписку. Я
_{gradually} _{to vary}
просил присылать мне портреты писателей и иллюстри-
_{to send}
рованные журналы. Так у меня появился прекрасный
портрет Байрона, присланный молодым английским
врачом из города Манчестера, и портрет Виктора Гюго.
Его мне прислала молоденькая француженка из
Орлеана. Она была очень любопытна и задавала много
вопросов — правда ли, что все русские офицеры говорят
по-французски и т.д.

Паустóвский
Paustovsky, *Autobiography*

APPENDIX

Part I. Survey of grammatical forms

(Note: The conjugation of verbs is not dealt with in this appendix. To find the required information, consult the appropriate entries in the index.)

Nouns

Gender:

Masculine

(a) All nouns ending in a consonant or in -й:

стол; шкаф; ма́льчик; дом; сад; лес; челове́к; трамва́й; чай; слу́чай; геро́й; алюми́ний.

(b) A large number of nouns in -ь:

автомоби́ль	car	ого́нь	fire
день	day	портфе́ль	briefcase
дождь	rain	путь	way
календа́рь	calendar	рубль	ruble
ка́мень	stone	руль	steering-wheel
карто́фель	potatoes	слова́рь	dictionary
кора́бль	ship	у́голь	coal
ко́рень	root	у́ровень	level
Кремль	Kremlin	я́корь	anchor
ла́герь	camp		

This group includes all nouns ending in -ель:

преподава́тель	teacher	писа́тель	writer etc.

and all names of months ending in -ь:

янва́рь	January	сентя́брь	September.

(c) A few nouns ending in -a or -я denoting people (declined feminine, but accompanying adjectives masculine):

де́душка	grandfather	мужчи́на	man
дя́дя	uncle	Илья́	Ilya
Ва́ня	Vanya	Серёжа	Seryozha

(d) ко́фе (indec.) coffee.

Feminine

(a) Nouns ending in -a and -я with few exceptions (see masculine and neuter):

ко́мната; кни́га; же́нщина; сестра́; му́зыка
тётя; дере́вня; неде́ля.

(b) Nouns ending in -ия:

фами́лия; траге́дия; исто́рия.

(c) Most nouns ending in -ь, including all abstract nouns in -ость (but see under Masculine):

грудь	breast	па́мять	memory
дверь	door	пло́щадь	town square
крова́ть	bed	посте́ль	bed(ding)
мысль	thought	смерть	death
ночь	night	соль	salt
о́сень	Autumn	тетра́дь	exercise book
о́чередь	queue		
глу́пость	stupidity	уста́лость	tiredness

Neuter

(a) Nouns ending in -o or -e:

окно́; ме́сто; письмо́; метро́; пальто́; кино́
по́ле; мо́ре; го́ре.

(b) Nouns ending in -ие or -ье:

зда́ние; зна́ние; продолже́ние; воскресе́нье.

(c) Nouns ending in -мя:

вре́мя; и́мя.

Declensions:

SINGULAR

Masculine and Neuter Nouns

	Hard			Soft			
Nom.	стол	отец	место	герой	рубль	поле	здание
Acc.	стол	отца*	место	героя*	рубль	поле	здание
Gen.	,, а	,, а	,, а	,, я	,, я	,, я	,, я
Dat.	,, у	,, у	,, у	,, ю	,, ю	,, ю	,, ю
Inst.	,, ом	,, ом	,, ом	,, ем	,, ем	,, ем	,, ем
Prep.(о)	,, е	,, е	,, е	,, е	,, е	,, е	,, и

Feminine Nouns

	Hard		Soft	
Nom.	стена	буря	ночь	история
Acc.	,, у	,, ю	,, ь	,, ю
Gen.	,, ы	,, и	,, и	,, и
Dat.	,, е	,, е	,, и	,, и
Inst.	,, ой (or ою)	,, ей (or ею)	,, ью	,, ей (or ею)
Prep.(о)	,, е	,, е	,, и	,, и

Animate nouns.

PLURAL

Masculine and Neuter Nouns

Hard

Nom.	столы	отцы	места
Acc.	,, ы	,, ов*	,, а
Gen.	,, ов	,, ов	,, —
Dat.	,, ам	,, ам	,, ам
Inst.	,, ами	,, ами	,, ами
Prep.(о)	,, ах	,, ах	,, ах

Soft

Nom.	герои	рубли	поля	здания
Acc.	,, ев*	,, и	,, я	,, я
Gen.	,, ев	,, ей	,, ей	,, й
Dat.	,, ям	,, ям	,, ям	,, ям
Inst.	,, ями	,, ями	,, ями	,, ями
Prep.(о)	,, ях	,, ях	,, ях	,, ях

Feminine Nouns

	Hard		Soft	
Nom.	стены	бури	ночи	истории
Acc.	,, ы	,, и	,, и	,, и
Gen.	,, —	,, ь	,, ей	,, й
Dat.	,, ам	,, ям	,, ам**	,, ям
Inst.	,, ами	,, ями	,, ами**	,, ями
Prep.(о)	,, ах	,, ях	,, ах**	,, ях

* Animate nouns. ** Spelling rule.

N.B. Alternative instrumental endings in -ою and -ею are given in brackets. These forms are not very common in modern Russian. Similar endings will be found in adjective and pronoun declensions.

Notes on the declension of regular nouns

(1) Nouns with stems ending in ж, ш, щ, ч, ц and with *unstressed* endings take their instrumental singular in -ем (masc. and neuter) and -ей (feminine):

товáрищ — товáрищем;   тýча — тýчей

(2) Nouns with stems ending in -ц and with *unstressed* endings take their genitive plural in -ев:

мéсяц — мéсяцев

(3) Nouns with stems ending in ж, ш, щ, ч take their genitive plural in -ей:
товáрищ — товáрищей

(4) Nouns in -a, -o and -я, preceded by two consonants, usually have one

of the fleeting vowels -e- or -o- between the two consonants in the genitive plural:

ло́дка — ло́док   окно́ — о́кон   дере́вня — дереве́нь
сестра́ — сестёр   письмо́ — пи́сем   ку́хня — ку́хонь
ча́шка — ча́шек   число́ — чи́сел   спа́льня — спа́лен*

   * Note—no soft sign in genitive plural of спа́льня.

Notes on irregular noun declensions

(1) A few nouns insert a suffix in all cases except nominative and accusative singular.

   (a) мать; дочь

Nom.	мать	ма́тери	дочь	до́чери
Acc.	мать	матере́й	дочь	дочере́й
Gen.	ма́тери	матере́й	до́чери	дочере́й
Dat.	ма́тери	матеря́м	до́чери	дочеря́м
Inst.	ма́терью	матеря́ми	до́черью	дочерьми́*
Prep.	ма́тери	матеря́х	до́чери	дочеря́х

   * Note soft sign.

   (b) вр емя; имя

Nom.	вре́мя	времена́
Acc.	вре́мя	времена́
Gen.	вре́мени	времён
Dat.	вре́мени	времена́м
Inst.	вре́менем	времена́ми
Prep.	вре́мени	времена́х

(2) путь is a masculine noun, but is declined as a feminine noun in the singular, except in the instrumental.

Nom.	путь	пути́
Acc.	путь	пути́
Gen.	пути́	путе́й
Dat.	пути́	путя́м
Inst.	путём	путя́ми
Prep.(о)	пути́	путя́х

(3) Nouns ending in -анин and -янин take nominative plural in -ане, -яне, accusative and genitive plural in -ан, -ян.

граждани́н   (citizen)   — гра́ждане, гра́ждан
крестья́нин   (peasant)   — крестья́не, крестья́н

Likewise: христиа́нин   (Christian)
         англича́нин   (Englishman)
         армяни́н   (Armenian)   etc., etc.

(4) Nouns ending in -ёнок and -онок take nominative plural in -ята, -ата, accusative and genitive plural in -ят, -ат.

котёнок (kitten) — котя́та, котя́т
волчо́нок (wolf cub) — волча́та, волча́т

Likewise: ребёнок (child)
           телёнок (calf)
           медвежо́нок (bear cub)

(5) A group of masculine and neuter nouns take nominative plural in -ья, and retain the soft sign throughout the plural declension. The genitive plural is in -ьев.

Nom. бра́тья
Acc. бра́тьев
Gen. бра́тьев
Dat. бра́тьям
Inst. бра́тьями
Prep. бра́тьях

Likewise: стул (chair)
           лист (leaf)
           перо́ (feather)
           де́рево (tree)
           крыло́ (wing)

The nouns друг (friend), муж (husband) and сын (son) also take their plural in -ья, but the genitive plural is in -ей (no soft sign).

друг — друзья́, друзе́й
муж — мужья́, муже́й
сын — сыновья́, сынове́й

(6) Several neuter nouns ending in -о take nominative and accusative plural in -и.

я́блоко (apple) — я́блоки (genitive plural — я́блок)
(but о́блако (cloud) — облака́) (genitive plural — облако́в)
плечо́ (shoulder) — пле́чи (genitive plural — плеч)
коле́но (knee) — коле́ни (genitive plural — коле́ней)
у́хо (ear) — у́ши (genitive plural — уше́й)

Also the masculine noun сосе́д (neighbour) — сосе́ди (Genitive plural — сосе́дей)

(7) Some hard masculine nouns take nominative plural in stressed -a. The stress remains on the ending throughout the plural declension.

бе́рег	(shore)	берега́	луг	(meadow)	луга́
век	(century)	века́	мех	(fur)	меха́
ве́чер	(evening)	вечера́	но́мер	(number)	номера́
глаз	(eye)	глаза́	о́стров	(island)	острова́
го́лос	(voice)	голоса́	па́рус	(sail)	паруса́

го́род	(town)	города́	па́спорт	(passport)	паспорта́
дом	(house)	дома́	по́езд	(train)	поезда́
до́ктор	(doctor)	доктора́	по́яс	(belt)	пояса́
ку́пол	(dome)	купола́	рука́в	(sleeve)	рукава́
лес	(forest)	леса́	цвет	(colour)*	цвета́

* цвет meaning 'flower' takes the regular plural цветы́.

(8) After the prepositions в and на, some masculine nouns take prepositional singular in stressed -у.

бе́рег	(shore)	на берегу́	мост	(bridge)	на мосту́
глаз	(eye)	в глазу́	нос	(nose)	на носу́
год	(year)	в году́	порт	(port)	в порту́
Дон	(Don river)	на Дону́	рот	(mouth)	во рту́
Крым	(Crimea)	в Крыму́	сад	(garden)	в саду́
лёд	(ice)	на льду́	у́гол	(corner)	в углу́
лес	(forest)	в лесу́	час	(hour)	в часу́*
лоб	(forehead)	на лбу́	шкаф	(cupboard)	в шкафу́
луг	(meadow)	на лугу́			

* в четвёртом часу́ between three and four o'clock.

(9) A few masculine nouns take a partitive genitive in -у (ю).

мёд	(honey)	мёду;	суп	(soup)	су́пу;	чай	(tea) ча́ю;
са́хар	(sugar)	са́хару;	сыр	(cheese)	сы́ру		

(10) A few masculine nouns have a genitive plural the same as the nominative singular.

Nom. singular: глаз (eye) Gen. plural: глаз

Likewise	во́лос	(hair)	Gen. plural:	воло́с
	раз	(time)	рука́в	(sleeve)
	сапо́г	(boot)	солда́т	(soldier)
	цыга́н	(gipsy)	челове́к	(person)
	чуло́к	(stocking)		

(11) The genitive plural of nouns only found in the plural.

(a) Genitive plural in -ов:

очки́	(spectacles)	очко́в
часы́	(clock, watch)	часо́в
весы́	(scales)	весо́в
штаны́	(trousers)	штано́в

(b) Genitive plural in -ей:

де́ти	(children)	дете́й
лю́ди	(people)	люде́й
роди́тели	(parents)	роди́телей
са́ни	(sledge)	сане́й
щи	(cabbage soup)	ще́й

(c) Genitive plural with no ending:

воро́та	(gate)	воро́т
де́ньги	(money)	де́нег
кани́кулы	(school holidays)	кани́кул
но́жницы	(scissors)	но́жниц
су́мерки	(twilight)	су́мерек
су́тки	(24 hours)	су́ток
черни́ла	(ink)	черни́л

Stress patterns in noun declensions

In many Russian nouns the stress remains constant (either on the ending or a particular syllable of the stem) throughout the singular and plural declension. However it must be admitted that a considerable number of nouns do not conform to this general pattern, and the following notes represent an attempt to classify these other patterns.

(1) *Masculine nouns.* Most masculine nouns have regular (i.e. fixed) stress throughout. There are two principal deviations from this:

(a) In some masculine nouns the stress moves from stem to ending throughout the plural.
  e.g. суп (soup)

	Singular	Plural
Nom.	суп	супы́
Acc.	суп	супы́
Gen.	су́па	супо́в
Dat.	су́пу	супа́м
Inst.	су́пом	супа́ми
Prep.	(в) су́пе	супа́х

This pattern is found in all masculine nouns which take plural in -a and the following:

друг	(friend)	род	(type, kind)
круг	(circle)	сын	(son)
лес	(forest)	том	(volume)
мир	(world)	цвет	(flower)
мост	(bridge)	час	(hour)
муж	(husband)	шкаф	(cupboard)
пол	(floor)		

N.B. One exception to this is the prepositional case of nouns taking -y in the prepositional. This ending is *always* stressed.

(b) In others the stress moves from stem to ending in all the *oblique* cases of the plural.
  e.g., зуб (a tooth)

	Singular	Plural
Nom.	зуб	зу́бы
Acc.	зуб	зу́бы
Gen.	зу́ба	зубо́в
Dat.	зу́бу	зуба́м
Inst.	зу́бом	зуба́ми
Prep.	(в) зу́бе	зуба́х

Also in the following nouns:

волк	(wolf)	ко́рень	(root)
во́лос	(hair)	па́рень	(lad)
зверь	(animal)		
ка́мень "	(stone)		

(2) *Neuter nouns*

(a) In many neuter nouns the singular declension has stress on the endings throughout, the plural on the stem.

e.g., окно́ (a window)

	Singular	Plural
Nom.	окно́	о́кна
Acc.	окно́	о́кна
Gen.	окна́	о́кон
Dat.	окну́	о́кнам
Inst.	окно́м	о́кнами
Prep.	(в) окне́	о́кнах

Also in the following nouns:

вино́	(wine)	письмо́	(letter)
кольцо́	(ring)	стекло́	(windowpane)
лицо́	(face, person)	число́	(number, date)
перо́	(feather)		

(b) In some others the situation is the reverse (i.e. stress on the stem throughout the singular and on the ending throughout the plural).

e.g. де́ло (affair, thing)

	Singular	Plural
Nom.	де́ло	дела́
Acc.	де́ло	дела́
Gen.	де́ла	дел
Dat.	де́лу	дела́м
Inst.	де́лом	дела́ми
Prep.	(о) де́ле	дела́х

Also in the following nouns:

ме́сто	(place)	пра́во	(a right)
мо́ре	(sea)	се́рдце	(heart)
о́блако	(cloud)	сло́во	(word)
по́ле	(field)		

(3) *Feminine nouns*. Most feminine nouns retain the stress of the nominative singular throughout singular and plural declensions. But note:

(a) Some feminine nouns are stressed on the ending throughout the singular, on the stem throughout the plural.

e.g. жена (a wife)

	Singular	Plural
Nom.	жена́	жёны
Acc.	жену́	жён
Gen.	жены́	жён
Dat.	жене́	жёнам
Inst.	женой	жёнами
Prep.	(о) жене́	жёнах

Also in the following:

беда́	(calamity)	пчела́	(bee)
весна́	(spring)	семья́*	(family)
война́	(war)	сестра́*	(sister)
гроза́	(thunder storm)	страна́	(country)
игра́	(game)	толпа́	(crowd)
изба́	(hut)	трава́	(grass)

* Stressed on ending in genitive plural — семе́й; сестёр

(b) Some are stressed on endings except in the accusative singular and nominative and accusative plural.

e.g. гора́ (a mountain)

	Singular	Plural
Nom.	гора́	го́ры
Acc.	го́ру	го́ры
Gen.	горы́	гор
Dat.	горе́	гора́м
Inst.	горой	гора́ми
Prep.	(на) горе́	гора́х

Also in the following:

вода́	(water)	нога́	(a foot, leg)
голова́	(head)	река́	(river)
доска́	(a board)	рука́	(hand, arm)
душа́	(soul)	сторона́	(side, direction)

(c) Some are stressed on the stem except in the plural *oblique* cases.

e.g. вещь (a thing)

	Singular	Plural
Nom.	вещь	ве́щи
Acc.	вещь	ве́щи
Gen.	ве́щи	веще́й
Dat.	ве́щи	веща́м
Inst.	ве́щью	веща́ми
Prep.	(о) ве́щи	веща́х

Also in the following:

дверь	(door)	пло́щадь	(town square)
дочь	(daughter)	роль	(role)
ло́шадь	(horse)	сеть	(circuit)
мать	(mother)	ско́рость	(speed)
ме́лочь	(a trifle)	смерть	(death)
но́вость	(novelty, piece of news)	степь	(steppe)
ночь	(night)	часть	(part)
о́чередь	(queue)	че́тверть	(quarter)

Nouns used with на+*prepositional to describe location* (see note (99))

(1) Buildings etc.

вокза́л	на вокза́ле	at the station
заво́д	на заво́де	at the works, factory
по́чта	на по́чте	at the post office
ры́нок	на ры́нке	at the market
стадио́н	на стадио́не	at the stadium
ста́нция	на ста́нции	at the station (small)
телегра́ф	на телегра́фе	at the telegraph office
фа́брика	на фа́брике	at the factory

(2) Streets etc.

бульва́р	на бульва́ре	on the boulevard, avenue
пло́щадь	на пло́щади	on the square
у́лица	на у́лице	in the street

(3) Activities

конфере́нция	на конфере́нции	at the conference
конце́рт	на конце́рте	at the concert
ле́кция	на ле́кции	at the lecture
рабо́та	на рабо́те	at work
собра́ние	на собра́нии	at the meeting
спекта́кль	на спекта́кле	at the performance
уро́к	на уро́ке	at the lesson

(4) Academic

курс	на (пе́рвом) ку́рсе	in the (first etc.) year (of study)
факульте́т	на факульте́те	in the . . . faculty

(5) Nature

во́здух	на све́жем во́здухе	in the open air
двор	на дворе́	outside
(But note:	во дворе́	in the yard)
мо́ре	на́ мо́ре	at sea
не́бо	на не́бе	in the sky

(6) Points of the compass

се́вер	на се́вере	in the north
юг	на ю́ге	in the south
восто́к	на восто́ке	in the east
за́пад	на за́паде	in the west

(7) Geographical

Алта́й	на Алта́е	in the Altai
Кавка́з	на Кавка́зе	in the Caucasus
Украи́на	на Украи́не	in the Ukraine
Ура́л	на Ура́ле	in the Urals etc.

Adjectives

Declension:

Endings		Masculine	Neuter	Feminine	Plural
hard	Nom.	бел-ый	бел-ое	бел-ая	бел-ые
	Acc.	,, ый	,, ое	,, ую	,, ые
	Gen.	,, ого	,, ого	,, ой	,, ых
	Dat.	,, ому	,, ому	,, ой	,, ым
	Inst.	,, ым	,, ым	,, ой(ою)	,, ыми
	Prep.	,, ом	,, ом	,, ой	,, ых
soft	Nom.	син-ий	син-ее	син-яя	син-ие
	Acc.	,, ий	,, ее	,, юю	,, ие
	Gen.	,, его	,, его	,, ей	,, их
	Dat.	,, ему	,, ему	,, ей	,, им
	Inst.	,, им	,, им	,, ей(ею)	,, ими
	Prep.	,, ем	,, ем	,, ей	,, их
hard ending in г, к, х	Nom.	ярк-ий	ярк-ое	ярк-ая	ярк-ие
	Acc.	,, ий	,, ое	,, ую	,, ие
	Gen.	,, ого	,, ого	,, ой	,, их
	Dat.	,, ому	,, ому	,, ой	,, им
	Inst.	,, им	,, им	,, ой	,, ими
	Prep.	,, ом	,, ом	,, ой	,, их
soft ending in ж, ч, ш, щ	Nom.	хоро́ш-ий	хоро́ш-ее	хоро́ш-ая	хоро́ш-ие
	Acc.	,, ий	,, ее	,, ую	,, ие
	Gen.	,, его	,, его	,, ей	,, их
	Dar.	,, ему	,, ему	,, ей	,, им
	Inst.	,, им	,, им	,, ей(ею)	,, ими
	Prep.	,, ем	,, ем	,, ей	,, их
hard* with accented endings	Nom.	втор-о́й	втор-о́е	втор-а́я	втор-ы́е
	Acc.	,, о́й	,, о́е	,, у́ю	,, ы́е
	Gen.	,, о́го	,, о́го	,, о́й	,, ы́х
	Dat.	,, о́му	,, о́му	,, о́й	,, ы́м
	Inst.	,, ы́м	,, ы́м	,, о́й(ою)	,, ы́ми
	Prep.	,, о́м	,, о́м	,, о́й	,, ы́х

*Regardless of last letter of stem

Declension of третий *and adjectives derived from names of animals:*

	Masculine	Neuter	Feminine	Plural
Nom.	тре́тий	тре́тье	тре́тья	тре́тьи
Acc.	тре́тий	тре́тье	тре́тью	тре́тьи
Gen.	тре́тьего	тре́тьего	тре́тьей	тре́тьих
Dat.	тре́тьему	тре́тьему	тре́тьей	тре́тьим
Inst.	тре́тьим	тре́тьим	тре́тьей(ею)	тре́тьими
Prep.	тре́тьем	тре́тьем	тре́тьей	тре́тьих

Adjectives relating to animals are declined in the same way:

волк — во́лчий, во́лчье, во́лчья, во́лчьи   etc. — wolf's

медве́дь — медве́жий, медве́жье, медве́жья, медве́жьи   etc. — bear's

Declension of the possessive adjectives:

мой, твой

	Masculine	Neuter	Feminine	Plural
Nom.	мой	моё	моя́	мои́
Acc.	мой	моё	мою́	мои́
Gen.	моего́	моего́	мое́й	мои́х
Dat.	моему́	моему́	мое́й	мои́м
Inst.	мои́м	мои́м	мое́й(ею)	мои́ми
Prep.	моём	моём	мое́й	мои́х

наш, ваш

	Masculine	Neuter	Feminine	Plural
Nom.	наш	на́ше	на́ша	на́ши
Acc.	наш	на́ше	на́шу	на́ши
Gen.	на́шего	на́шего	на́шей	на́ших
Dat.	на́шему	на́шему	на́шей	на́шим
Inst.	на́шим	на́шим	на́шей	на́шими
Prep.	на́шем	на́шем	на́шей	на́ших

Comparative of adjectives in -e

бога́тый	rich	бога́че	ни́зкий	low	ни́же
большо́й	big	бо́льше	плохо́й	bad	ху́же
бли́зкий	near	бли́же	просто́й	simple	про́ще
высо́кий	high	вы́ше	по́здний	late	по́зже
го́рький	bitter	го́рче	ра́нний	early	ра́ньше
глубо́кий	deep	глу́бже	ре́дкий	rare	ре́же
гла́дкий	smooth	гла́же	сла́дкий	sweet	сла́ще
гро́мкий	loud	гро́мче	ста́рый	old	ста́рше
густо́й	thick	гу́ще	стро́гий	strict	стро́же
далёкий	far	да́льше	сухо́й	dry	су́ше
дешёвый	cheap	деше́вле	трёрдый	firm, hard	тве́рже
дорого́й	dear	доро́же	то́лстый	fat	то́лще
до́лгий	long (time)	до́льше	то́нкий	thin	то́ньше
жа́ркий	hot	жа́рче	туго́й	stiff	ту́же
круто́й	steep	кру́че	ти́хий	quiet	ти́ше
кре́пкий	strong	кре́пче	у́зкий	narrow	у́же

коро́ткий	short	коро́че	хоро́ший	good	лу́чше
лёгкий	light, easy	ле́гче	ча́стый	frequent	ча́ще
молодо́й	young	моло́же	чи́стый	clean	чи́ще
ма́ленький	little	ме́ньше	широ́кий	wide	ши́ре
ме́лкий	small	ме́льче			

Pronouns

Personal pronouns

Nom.	я	ты	он/оно́	она́	мы	вы	они́
Acc.	меня́	тебя́	его́	её	нас	вас	их
Gen.	меня́	тебя́	его́	её	нас	вас	их
Dat.	мне	тебе́	ему́	ей	нам	вам	им
Inst.	мно́й(ю)	тобо́й(ю)	им	ей(ю)	на́ми	ва́ми	и́ми
Prep. (о)	мне	тебе́	нём*	ней*	нас	вас	них*

* н in every case after a preposition.

Reflexive pronoun

Nom.	—
Acc.	себя́
Gen.	себя́
Dat.	себе́
Inst.	собо́й(ю)
Prep. (о)	себе́

Interrogative pronouns

			Masc.	Neuter	Fem.	Plural
Nom.	кто	что	чей	чьё	чья	чьи
Acc.	кого́	что	чей	чьё	чью	чьи
Gen.	кого́	чего́	чьего́	чьего́	чьей	чьих
Dat.	кому́	чему́	чьему́	чьему́	чьей	чьим
Inst.	кем	чем	чьим	чьим	чьей(ею)	чьи́ми
Prep. (о)	ком	чём	чьём	чьём	чьей	чьих

The negative pronouns никто́ and ничего́ are declined like кто and что.

Demonstrative pronouns

	Masculine	Neuter	Feminine	Plural
Nom.	э́тот	э́то	э́та	э́ти
Acc.	э́тот	э́то	э́ту	э́ти
Gen.	э́того	э́того	э́той	э́тих
Dat.	э́тому	э́тому	э́той	э́тим
Inst.	э́тим	э́тим	э́той(ою)	э́тими
Prep. (об)	э́том	э́том	э́той	э́тих

Nom.	тот	то	та	те
Acc.	тот	то	ту	те
Gen.	того́	того́	той	тех
Dat.	тому́	тому́	той	тем
Inst.	тем	тем	той(ою)	те́ми
Prep. (о)	том	том	той	тех

Other pronouns

	Masculine	Neuter	Feminine	Plural
Nom.	весь	всё	вся	все
Acc.	весь	всё	всю	все
Gen.	всего́	всего́	всей	всех
Dat.	всему́	всему́	всей	всем
Inst.	всем	всем	всей(е́ю)	все́ми
Prep. (обо)	всём	всём	всей	всех
Nom.	оди́н	одно́	одна́	одни́
Acc.	оди́н	одно́	одну́	одни́
Gen.	одного́	одного́	одно́й	одни́х
Dat.	одному́	одному́	одно́й	одни́м
Inst.	одни́м	одни́м	одно́й(о́ю)	одни́ми
Prep. (об)	одно́м	одно́м	одно́й	одни́х
Nom.	сам	само́	сама́	са́ми
Acc.	сам	само́	саму́/само́е	са́ми
Gen.	самого́	самого́	само́й	сами́х
Dat.	самому́	самому́	само́й	сами́м
Inst.	сами́м	сами́м	само́й(о́ю)	сами́ми
Prep. (о)	само́м	само́м	само́й	сами́х

VERBS

Notes on irregularities in the conjugation af irregular verbs

(1) Consonantal changes in the 1st person singular of present and future perfective of some 2nd conjugation verbs. The following changes are invariable:

1.	т > ч	лете́ть	— лечу́	(to fly)
2.	ст > щ	мсти́ть	— мщу	(to take revenge)
3.	д > ж	сиде́ть	— сижу́	(to sit)
4.	с > ш	носи́ть	— ношу́	(to carry)
5.	з > ж	вози́ть	— вожу́	(to take, convey)
6.	б > бл	люби́ть	— люблю́	(to love)
7.	в > вл	пра́вить	— правлю́	(to drive etc.)
8.	п > пл	спать	— сплю	(to sleep)

(2) Verbs in -авать (compounds in -давать and -ставать) lose the syllable -ав- throughout the present tense:

давать — даю, даёшь   (to give)
вставать — встаю, встаёшь   (to stand up)

(3) Verbs in -овать lose the -ов- of the infinitive, which is replaced by -у- throughout the present or future perfective tense:

советовать — советую, советуешь (to advise)

(4) Alphabetical list of other irregularities in common Russian verbs.

N.B. This list includes only (a) simple verbs (i.e. not compounded with prefixes: the compound verbs are conjugated in the same way, e.g. выбрать, набрать etc. are conjugated as брать); (b) compound verbs, where the prefix illustrated here is only one of a number of prefixes which can be used similarly. Here again all the verbs with other prefixes are conjugated in the same way, e.g. открыть, покрыть etc. are conjugated as закрыть.

бежа́ть (run)	бегу́, бежи́шь, бежи́т, бежи́м, бежи́те, бегу́т
бить (hit, beat)	бью, бьёшь
боро́ться (struggle)	борю́сь, бо́решься
боя́ться (be afraid)	бою́сь, бои́шься
брать (take)	беру́, берёшь
брить (shave)	бре́ю, бре́ешь
везти́ (take, convey)	везу́, везёшь, past вёз, везла́
вести́ (take, lead)	веду́, ведёшь, past вёл, вела́
взять (p.) (take)	возьму́, возьмёшь
вы́нуть (p.) (take out)	вы́ну, вы́нешь
вяза́ть (knit, tie)	вяжу́, вя́жешь
гнать (drive)	гоню́, го́нишь
дать (p.) (give)	дам, дашь, даст, дади́м, дади́те, даду́т
есть (eat)	ем, ешь, ест, еди́м, еди́те, едя́т past ел; е́ла
е́хать (go, travel)	е́ду, е́дешь
ждать (wait)	жду, ждёшь
жить (live)	живу́, живёшь
забы́ть (p.) (forget)	забу́ду, забу́дешь
закры́ть (p.) (close)	закро́ю, закро́ешь
заня́ть (p.) (occupy)	займу́, займёшь
звать (call)	зову́, зовёшь
идти́ (go, walk)	иду́, идёшь, past шёл, шла
иска́ть (look for)	ищу́, и́щешь
каза́ться (seem)	кажу́сь, ка́жешься
класть (put)	кладу́, кладёшь, past клал, кла́ла
лезть (climb)	ле́зу, ле́зешь, past лез, ле́зла
лечь (p.) (lie down)	ля́гу, ля́жешь, ля́гут, past лёг, легла́
лить (pour)	лью, льёшь
маха́ть (wave)	машу́, ма́шешь
мочь (be able)	могу́, мо́жешь, мо́гут, past мог, могла́
мыть (wash)	мо́ю, мо́ешь
наде́ть (p.) (put on)	наде́ну, наде́нешь
наде́яться (hope)	наде́юсь, наде́ешься
нача́ть (p.) (begin)	начну́, начнёшь
нести́ (carry)	несу́, несёшь, past нёс, несла́
петь (sing)	пою́, поёшь
писа́ть (write)	пишу́, пи́шешь
пить (drink)	пью, пьёшь
плыть (swim)	плыву́, плывёшь
поня́ть (p.) (understand)	пойму́, поймёшь
посла́ть (p.) (send)	пошлю́, пошлёшь
приня́ть (p.) (take, accept)	приму́, при́мешь
пря́тать (hide)	пря́чу, пря́чешь

расти́ (grow)	расту́, растёшь, past рос, росла́
сесть (p.) (sit down; board)	ся́ду, ся́дешь, past сел, села́
сказа́ть (p.) (say)	скажу́, ска́жешь
спасти́ (p.) (save, rescue)	спасу́, спасёшь, past спас, спасла́
стать (p.) (become)	ста́ну, ста́нешь
течь (flow)	течёт, теку́т, past тёк, текла́
умере́ть (p.) (die)	умру́, умрёшь, past у́мер, умерла́
упа́сть (p.) (fall)	упаду́, упадёшь, past упа́л, упа́ла
хоте́ть (want)	хочу́, хо́чешь, хо́чет, хоти́м, хоти́те, хотя́т

(p.) = perfective verb.

(5) Alphabetical list of common verbs governing cases other than the accusative.

(N.B. In the case of many of the *dative* verbs, the dative is used for the indirect object. These verbs, of course, also take a direct object in the accusative.)

боя́ться	to be afraid of	gen.
ве́рить	to believe (person or thing)	dat.
владе́ть	to possess; have a command of	inst.
восхища́ться	to admire	inst.
горди́ться	to be proud of	inst.
дава́ть	to give to	dat.
достига́ть	to reach, attain	gen.
ждать	to wait for	gen.
жела́ть	to wish (for)	gen.
же́ртвовать	to sacrifice	inst.
заболе́ть	to fall ill with (disease)	inst.
зави́довать	to envy	dat.
занима́ться	to be busy with	inst.
звони́ть	to ring up, phone	dat.
избега́ть	to avoid	gen.
интересова́ться	to be interested in	inst.
иска́ть	to look for	gen.
каза́ться	to seem, appear	inst.
каса́ться	to touch; concern	gen.
кома́ндовать	to command	inst.
любова́ться	to enjoy (sight of), admire	inst.
меша́ть	to disturb; prevent	dat.
обеща́ть	to promise (someone)	dat.
объясня́ть	to explain to	dat.
ожида́ть	to expect	gen.
ока́зываться	to turn out to be	inst.
отвеча́ть	to answer (someone)	dat.
отправля́ть	to send to	dat.
подража́ть	to imitate	dat.
пока́зывать	to show to	dat.
покупа́ть	to buy for	dat.
по́льзоваться	to use; enjoy (popularity etc.)	inst.
помога́ть	to help	dat.

пра́вить	to rule, govern; drive, steer (car etc.)	inst.
принадлежа́ть	to belong to	dat.
проси́ть	to ask for	gen.
пуга́ться	to be frightened of	gen.
ра́доваться	to be glad about	dat.
рискова́ть	to risk	inst.
руководи́ть	to manage, lead	inst.
слу́шаться	to obey	gen.
сообща́ть	to inform	dat.
сочу́вствовать	to sympathise with	dat.
станови́ться	to become	inst.
тре́бовать	to demand	gen.
увлека́ться	to be keen on	inst.
удивля́ться	to be surprised at	dat.
управля́ть	to administer	inst.
учи́ть	to teach (a subject)	dat.
учи́ться	to learn (a subject)	dat.
хвали́ться	to boast of, about	inst.
хоте́ть	to want	gen.

Verbs used with various prepositions.

(1) Verbs followed by на + accusative:

влия́ть на	to influence, have an influence on
ворча́ть на	to grumble at
смотре́ть на	to look at
жа́ловаться на	to complain of, about
крича́ть на	to shout at
наде́яться на	to rely on
обраща́ть внима́ние на	to pay attention to
походи́ть на	to resemble
производи́ть впечатле́ние на	to make an impression on
соглаша́ться на	to agree to
серди́ться на	to be angry with

(2) Verbs followed by на + prepositional:

игра́ть на	to play (musical instrument)
наста́ивать на	to insist on

(3) Verbs followed by в + accusative:

ве́рить в	to believe in
игра́ть в	to play (game)

(4) Verbs followed by в + prepositional:

нужда́ться в	to need, be in need of
сомнева́ться в	to doubt
убежда́ть(ся) в	to convince of (be convinced of)
уверя́ть в	to assure of
уча́ствовать в	to take part in
принима́ть уча́стие в	

(5) Verbs followed by от + genitive:

зави́сеть от	to depend on
защища́ть(ся) от	to defend (oneself) against
освобожда́ть(ся) от	to free (oneself) from
отвыка́ть от	to get out of the habit of
отка́зываться от	to deny
отлича́ться от	to differ from, be distinguished from
отстава́ть от	to lag behind, be left behind by
пря́тать(ся) от	to hide from
скрыва́ть(ся) от	to hide from
спаса́ть(ся) от	to save (oneself) from, rescue from

(6) Verbs followed by к + dative:

гото́виться к	to prepare for
приближа́ться к	to approach
привыка́ть к	to get used to, become accustomed to
принадлежа́ть к	to be one of, a member of, belong to
обраща́ться к	to turn to, to address
относи́ться к	to have an attitude towards; to treat (someone in a certain way)

Prepositions

Accusative	Genitive	Dative	Instrumental	Prepositional	Meaning
	без				without
		благо-да́ря			because of, thanks to
в					into, to
				в	in, at
	вдоль				along
	вме́сто				instead of
	во́зле				beside, near
	вокру́г				around
	для				for
	до				before, until; as far as
за					behind, beyond (motion); for (in return for)

Accusative	Genitive	Dative	Instrumental	Prepositional	Meaning
			за		behind, beyond (not motion); for (e.g. to call for); at (table)
	из(о)				from, out of
	из-за				from behind; because of (an adverse condition)
	из-под				from under
		к(о)			towards; to (people)
	кро́ме				except, apart from
			ме́жду		between
	ми́мо				past
на					onto, to; for (time)
				на	on, at
		навст-ре́чу			to meet, towards
			над(о)		above
	нака-ну́не				on the eve of
				о/об/обо	about, concerning
	о́коло				near; approximately
	от(о)				from, away from
			пе́ред(о)		in front of; before
		по			along; according to

Accusative	Genitive	Dative	Instrumental	Prepositional	Meaning
				по	upon (with verbal nouns)
под(о)					under (motion)
			под(о)		under (no motion)
	подле				beside, near
	после				after
				при	at the time of, in the reign of; in the presence of; beside (and an integral part of); belonging to
про					about, concerning
	против				against, opposite
	ради				for the sake of
	с				off, from; since
			с		with
		согласно			according to
	(по)-среди				among; in the middle of
	у				near by; at the house of; in the possession of (to have)
через					across, through; via; in (=after a certain length of time has elapsed

Part II. Other useful information

(a) *First names and their corresponding diminutives*

Male		Female	
Алекса́ндр	Са́ша/Шу́ра	А́нна	А́ннушка
Алексе́й	Алёша	Валенти́на	Ва́ля
Бори́с	Бо́ря	Варва́ра	Ва́ря
Васи́лий	Ва́ся	Ве́ра	Ве́рочка
Влади́мир	Воло́дя	Екатери́на	Ка́тя, Катю́шка
Григо́рий	Гри́ша	Еле́на	Ле́на, Ле́ночка
Дми́трий	Ми́тя	Елизаве́та	Ли́за
Ива́н	Ва́ня	Ири́на	Йра, Ири́ночка
Илья́	Илью́ша	Зинаи́да	Зи́на
Константи́н	Ко́стя	Любо́вь	Лю́ба
Лев	Лёва	Мари́я	Ма́ша
Михаи́л	Ми́ша	Наде́жда	На́дя
Никола́й	Ко́ля	Ната́лья	Ната́ша
Па́вел	Па́ша, Па́влик	Ни́на	Ни́ночка
Пётр	Пе́тя	О́льга	Оля
Серге́й	Серёжа	Со́фья	Со́ня
Фёдор	Фе́дя	Татья́на	Та́ня
Юрий	Ю́ра		

(b) *The Continents:*

Continent		Inhabitant (male/female)	Adjective
Австра́лия	(Australia)	австрали́ец/австрали́йка	австрали́йский
А́зия	(Asia)	азиа́т	азиа́тский
Аме́рика	(America)	америка́нец/америка́нка	америка́нский
А́фрика	(Africa)	африка́нец/африка́нка	африка́нский
Евро́па	(Europe)	европе́ец	европе́йский

(c) *Countries*

		Inhabitant (male/female)	Adjective
А́встрия	(Austria)	австри́ец/австри́йка	австри́йский
А́нглия	(England)	англича́нин/англича́нка	англи́йский
Бе́льгия	(Belgium)	бельги́ец/бельги́йка	бельги́йский
Болга́рия	(Bulgaria)	болга́рин/болга́рка	болга́рский
Брази́лия	(Brazil)	брази́лец/брази́льянка	брази́льский
Велико-брита́ния	(Great Britain)	брита́нец/брита́нка	брита́нский
Ве́нгрия	(Hungary)	венге́рец/венге́рка	венге́рский
Герма́ния	(Germany)	не́мец/не́мка	неме́цкий
Голла́ндия	(Holland)	голла́ндец/голла́ндка	голла́ндский
Гре́ция	(Greece)	грек/греча́нка	гре́ческий
Да́ния	(Denmark)	датча́нин/датча́нка	да́тский
Еги́пет	(Egypt)	египтя́нин/египтя́нка	еги́петский
Ирла́ндия	(Ireland)	ирла́ндец/ирла́ндка	ирла́ндский
Испа́ния	(Spain)	испа́нец/испа́нка	испа́нский
Йндия	(India)	инди́ец/индиа́нка	инди́йский
Ита́лия	(Italy)	италья́нец/италья́нка	италья́нский
Кана́да	(Canada)	кана́дец/кана́дка	кана́дский

Кита́й	(China)	кита́ец/китая́нка	кита́йский
Норве́гия	(Norway)	норве́жец/норве́жка	норве́жский
По́льша	(Poland)	поля́к/по́лька	по́льский
Португа́лия	(Portugal)	португа́лец/португа́лка	португа́льский
Росси́я	(Russia)	ру́сский/ру́сская	ру́сский
Румы́ния	(Rumania)	румы́н/румы́нка	румы́нский
Соединён-ные Шта́-ты Аме́-рики (США)	(U.S.A.)	америка́нец/америка́нка	американский
Ту́рция	(Turkey)	ту́рок/турча́нка	туре́цкий
Уэ́льс	(Wales)	валли́ец/валли́йка	уэ́льсский
Финля́ндия	(Finland)	финн/фи́нка	фи́нский
Фра́нция	(France)	францу́з/францу́женка	францу́зский
Чехосло-ва́кия	(Czechoslo-vakia)	чехослова́к/чехосло-ва́чка	чехослова́цкий
Швейца́рия	(Switzerland)	швейца́рец/швейца́рка	швейца́рский
Шве́ция	(Sweden)	швед/шве́дка	шве́дский
Шотла́ндия	(Scotland)	шотла́ндец/шотла́ндка	шотла́ндский
Югосла́вия	(Yugoslavia)	югосла́в/югосла́вка	югосла́вский
Япо́ния	(Japan)	япо́нец/япо́нка	япо́нский

(d) *The 15 independent republics of the Soviet Union:*

Republics	Capital cities
1. Росси́йская Сове́тская Федерати́вная Социалисти́-ческая Респу́блика (РСФСР) (Russian Soviet Federative Socialist Republic)	Москва́
2. Украи́нская Сове́тская Социалисти́ческая Респу́блика (Ukraine)	Ки́ев
3. Белору́сская ССР (White Russia)	Минск
4. Молда́вская ССР (Moldavia)	Кишинёв
5. Лито́вская ССР (Lithuania)	Ви́льнюс
6. Латви́йская ССР (Latvia)	Ри́га
7. Эсто́нская ССР (Estonia)	Та́ллин
8. Грузи́нская ССР (Georgia)	Тбили́си
9. Армя́нская ССР (Armenia)	Ерева́н
10. Азербайджа́нская ССР (Azerbaidzhan)	Баку́
11. Каза́хская ССР (Kazakhstan)	Алма-Ата́
12. Туркме́нская ССР (Turkmenistan)	Ашхаба́д
13. Кирги́зская ССР (Kirghizia)	Фру́нзе
14. Таджи́кская ССР (Tadzhikistan)	Душанбе́
15. Узбе́кская ССР (Uzbekistan)	Ташке́нт

(e) *Notices and signs in Russia:*

ВНИМАНИЕ	ATTENTION
СТОП	STOP
ПЕРЕХОД	PEDESTRIAN CROSSING
ОСТАНОВКА АВТОБУСА	BUS STOP
ОСТАНОВКА ТРОЛЛЕЙБУСА	TROLLEYBUS STOP

ОСТАНОВКА ТРАМВАЯ	TRAM STOP
БЕРЕГИСЬ АВТОМОБИЛЯ	BEWARE OF TRAFFIC
СТОЯНКА ТАКСИ	TAXI RANK
АВТОБУС РАБОТАЕТ БЕЗ КОНДУКТОРА	DRIVER OPERATED BUS
К СЕБЕ	PULL
ОТ СЕБЯ	PUSH
ВХОД	ENTRANCE
ВЫХОД	EXIT
ВЫХОДА НЕТ	NO EXIT
ЗАПАСНОЙ ВЫХОД	EMERGENCY EXIT
ПЕРВЫЙ ЭТАЖ	GROUND FLOOR
ВТОРОЙ ЭТАЖ	FIRST FLOOR
ЛИФТ	LIFT
КАССЫ	BOOKING OFFICES
СПРАВОЧНОЕ БЮРО	ENQUIRY OFFICE
ЗАЛ ОЖИДАНИЯ	WAITING ROOM
КУРИТЕЛЬНАЯ КОМНАТА	SMOKING ROOM
ТУАЛЕТ (М)	TOILET (GENTLEMEN)
ТУАЛЕТ (Ж)	TOILET (LADIES)
ДЛЯ ЖЕНЩИН	LADIES ONLY
ВХОД ВОСПРЕЩЁН	NO ENTRY
НЕ КУРИТЬ	NO SMOKING
ОСТОРОЖНО, ОКРАШЕНО	WET PAINT
СКОРАЯ ПОМОЩЬ	FIRST AID
МЕДПУНКТ	FIRST AID POST
О ПОЖАРЕ ЗВОНИТЬ 01	IN CASE OF FIRE DIAL 01
МЕТРО	UNDERGROUND
К ПОЕЗДАМ	TO THE TRAINS
ПОЕЗД СЛЕДУЕТ ДО СТАНЦИИ...	THIS TRAIN IS FOR...
ВЫХОД В ГОРОД	WAY OUT
КАССЫ-АВТОМАТЫ	TICKET MACHINES
ОПУСТИТЕ 5 КОПЕЕК	INSERT 5 KOPECKS
В СЛУЧАЕ НЕВЫДАЧИ БИЛЕТА— НАЖМИТЕ КНОПКУ ВОЗВРАТА МОНЕТ	PRESS BUTTON FOR RETURN OF COIN
СТОЙТЕ СПРАВА, ПРОХОДИТЕ СЛЕВА	STAND ON THE RIGHT, PASS ON LEFT
БЕЖАТЬ ПО ЭСКАЛАТОРУ ВОСПРЕЩАЕТСЯ	NO RUNNING ON THE ESCALATOR
НЕ МЕШАЙТЕ ВХОДУ И ВЫХОДУ	KEEP CLEAR OF THE DOORS
ТЕЛЕФОН	TELEPHONE
ТЕАТРАЛЬНАЯ КАССА	THEATRE BOX-OFFICE
КАССА ПРЕДВАРИТЕЛЬНОЙ ПРОДАЖИ БИЛЕТОВ	ADVANCE BOOKING OFFICE
ПОСЛЕ 3-ГО ЗВОНКА ВХОД В ЗРИТЕЛЬНЫЙ ЗАЛ ВОСПРЕЩЁН	NO ENTRY INTO THE AUDITORIUM AFTER THE 3rd BELL
РАБОТАЕТ КРУГЛОСУТОЧНО	24-HOUR SERVICE

ENGLISH RUSSIAN VOCABULARY

Notes on using this vocabulary:

(1) *Verbs.* For details of the conjugation of common irregular verbs, see the list of such verbs in the Appendix Part I. These verbs are marked * in the vocabulary. Where the infinitive does not give a definite clue to the conjugation, it is followed in the vocabulary by the appropriate figure, i.e. (1a), (1b) or (2).

(2) *Nouns.* Figures—(A1), (A2) etc.—in brackets after nouns indicate that these nouns have some irregular feature. The figures refer to the section on irregular nouns in the Appendix Part I, p. 350.

(3) *Abbreviations.* The following abbreviations are used:

acc.	accusative	intrans.	intransitive
adj.	adjective	m.	masculine
adv.	adverb	n.	neuter
conj.	conjunction	nom.	nominative
dat.	dative	perf.	perfective
dem.	demonstrative	pl.	plural
dim.	diminutive	prep.	prepositional or prepositional or preposition
f.	feminine	pron.	pronoun
gen.	genitive	rel.	relative
imp.	imperfective	trans.	transitive
indec.	indeclinable		
inst.	instrumental		

N.B. Numbers in brackets after an entry refer to the relevant language note.

[A]
to be able, (с)мочь*; (с)уметь (1a)
about (adv.), вокру́г, круго́м

about (prep.), о+prep.; про+acc.; насчёт+gen.
about (approx.), о́коло+gen.; приблизи́тельно

above, над + inst.
abroad, заграни́цу; заграни́цей
to accept, принима́ть/приня́ть
accurate, аккура́тный, то́чный
to ache, (за)боле́ть (2)
to act, поступа́ть/-и́ть
action, де́йствие
to add, добавля́ть/-вить
address (noun), а́дрес (А7)
to address, обраща́ться/-ти́ться
    к + dat.
to administer, управля́ть + inst.
to admire, восхища́ться/-ти́ться
    + inst.
to admit, признава́ться/при-
    зна́ться
advice, сове́т
to advise, (по)сове́товать
aeroplane, самолёт
affair, де́ло
to be afraid, боя́ться + gen.;
    (ис)пуга́ться + gen.
after, по́сле + gen.; по́сле того́,
    как (conj.)
after all, в конце́ концо́в
afterwards, пото́м; по́сле э́того
again, опя́ть; сно́ва; ещё раз
against, про́тив + gen.
age, во́зраст
ago, (тому́) наза́д
to agree, соглаша́ться/согла-
    си́ться
agriculture, се́льское хозя́йство
agronomist, агроно́м
ah!, ах!
aha!, ага́!
aim, цель (f.)
air, во́здух; возду́шный
airbus, аэробу́с
airhostess, стюарде́сса
airline, авиакомпа́ния
airport, аэропо́рт
alarm-clock, буди́льник
alive, живо́й

all, весь/всё/вся/все
to allow, позволя́ть/-ить
almost, почти́; чуть не
along, по + dat.; вдоль + gen.
aloud, вслух
already, уже́
also, то́же; та́кже
although, хотя́
aluminium, алюми́ний
always, всегда́
among, среди́ + gen.
anchor, я́корь (m.)
ancient, дре́вний
and, и; а
and so on, и так да́лее
anecdote, анекдо́т
angry, серди́тый
to be angry at, (рас)серди́ться
    на + acc.
animal, зверь (m.); живо́тное
    (domestic)
to announce, объявля́ть/-ви́ть
announcer, ди́ктор
answer (noun), отве́т
to answer, отвеча́ть/отве́тить на
    + acc. (question etc.)
any, любо́й; како́й-нибудь (see
    178)
anyone, кто́-нибудь (178)
anything, что́-нибудь (178)
anywhere, где́-нибудь (178);
    куда́-нибудь
apparently, ка́жется
to appear, появля́ться/-ви́ться
appearance, появле́ние
appetite, аппети́т
apple, я́блоко (А6)
to appreciate, оце́нивать/оцени́ть
to approach, приближа́ться/
    прибли́зиться; подходи́ть/по-
    дойти́; подъезжа́ть/подъе́хать
approach (noun), приближе́ние
appropriate, уме́стный

approximately, о́коло+gen.; приблизи́тельно

architect, архите́ктор

to arise, возника́ть/-нуть

arm, рука́

armchair, кре́сло (gen. pl. кре́сел)

Armenian, армяни́н (A3)

around, вокру́г+gen.; круго́м (adv.)

to arrange, устра́ивать/устро́ить

arrival, прибы́тие

to arrive, приходи́ть/прийти́; приезжа́ть/-е́хать

art, иску́сство

art gallery, карти́нная галере́я

article, статья́

artist, худо́жник

artistic, худо́жественный

as, как; так как (=because)

as far as, до+gen.

as if, как бу́дто

as soon as, как то́лько

as usual, как обы́чно

(I am) ashamed, (мне) сты́дно

to ask, спра́шивать/спроси́ть (question); (по)проси́ть (request)

to assure, уверя́ть/-ить

at, в+prep.; на+prep.; у+gen.

at first, снача́ла

at first sight, с пе́рвого взгля́да

at last, наконе́ц

at least, по кра́йней ме́ре

at the front, спереди́

attempt, попы́тка

attention, внима́ние

attentive, внима́тельный

attractive, привлека́тельный

auditorium, зри́тельный зал

August, а́вгуст

aunt, тётя (gen. pl. тётей)

author, а́втор

autumn, о́сень (f.)

avenue, проспе́кт

average, сре́дний

to avoid, избега́ть/избежа́ть+ gen.

[B]

back (adj.), за́дний

back (adv.), наза́д, обра́тно

back (noun), спина́

background, фон

backwards, наза́д

bad, плохо́й

bag, су́мка

balalaika, балала́йка

bang!, бац!

bank (for money), банк

bank (of river), бе́рег (A7; A8)

banknote, бума́жка; креди́тный биле́т

banquet, банке́т

bath, ва́нна

bathroom, ва́нная

battleship, бронено́сец

to be, быть; явля́ться+inst.

bear, медве́дь (m.)

beautiful, краси́вый

beauty, красота́

because, потому́ что

because of, из-за+gen.; благо- даря́+dat.

to become, станови́ться/стать+ inst.

to become accustomed, привы- ка́ть/-нуть к+dat.

bed, посте́ль (f.); крова́ть (f.)

bedroom, спа́льня (gen. pl. спа́- лен)

bee, пчела́

beetroot soup, борщ

before (conj.), пре́жде чем

before (prep.), пе́ред+inst.; до+ gen.

beforehand, зара́нее

to begin, начина́ть(ся)/нача́ть (ся); стать (only perf.)

beginning, нача́ло
to behave, поступа́ть/-и́ть; вести́ себя́
behind, за + inst. or acc.
to believe, (по)ве́рить + dat.
bell, звоно́к
to belong to, принадлежа́ть + dat.
belt, по́яс (A7)
bench, скаме́йка
beside, ря́дом с + inst.; во́зле + gen.
better, лу́чше; лу́чший
between, ме́жду + inst.
beyond, за + inst. or acc.
bicycle, велосипе́д
big, большо́й
bigger, бо́льше; бо́льший
birch, берёза
bird, пти́ца
birthday, день рожде́ния
black, чёрный
block of flats, кварта́л; дом (A7)
blockade, блока́да
blonde, блонди́нка
blood, кровь (f.)
blouse, блу́зка
blow (noun), уда́р
to blow, (по)ду́ть
blue, си́ний
blunt, тупо́й
to blush, (по)красне́ть (1a)
board, доска́, доще́чка (dim.)
to boast of, (по)хвали́ться + inst.
boat, ло́дка (gen. pl. ло́док)
to boil, кипе́ть (2)
book, кни́га
book-case, кни́жный шкаф (A8)
boorish, некульту́рный
boot (car), бага́жник
boot, боти́нок; сапо́г (A10)
(I am) bored, (мне) ску́чно
to be bored, скуча́ть
boredom, ску́ка

to be born, роди́ться
boss, хозя́ин, нача́льник
both, о́ба/о́бе (204)
bottle, буты́лка (gen. pl. буты́лок)
box, я́щик
boy, ма́льчик
bread, хлеб
breakfast, за́втрак (to have breakfast), (по)за́втракать
breast, грудь (f.)
bridge, мост (A8)
bright, я́ркий
brilliant, блестя́щий
broadcast, переда́ча
brother, брат (A5)
brown, кори́чневый
brush, щётка
to build, (по)стро́ить
building, зда́ние; сооруже́ние
bulb (electric), ла́мпочка
bunch (flowers), буке́т
to burn, (с)горе́ть (2)
to burn down, сгора́ть/сгоре́ть
bus, авто́бус; авто́бусный
bus-stop, авто́бусная остано́вка
bustle, сумато́ха
busy, за́нятый
but, но; а; же
butter, ма́сло
button (push), кно́пка
to buy, покупа́ть/купи́ть
by, о́коло + gen.; у + gen.
by the way, кста́ти
buzz, гуде́ть (2)

[C]

cabbage soup, щи (pl.) (A11)
calamity, беда́
calendar, календа́рь (m.)
calf, телёнок (A4)
to call, звать (как вас зову́т?); называ́ть (not of people)

to call on, заходи́ть/зайти́ к+
    dat.
callbox, телефо́н-автома́т
camp, ла́герь (m.)
capital, столи́ца
capitalist, капитали́ст(и́ческий)
captain, капита́н
car, автомоби́ль (m.); маши́на
car-factory, автозаво́д
career, карье́ра
careful, осторо́жный; тща́тель-
    ный
cards, ка́рты
carpet, ковёр
carriage, ваго́н
to carry, (по)нести́*/носи́ть
cat, ко́шка
catch, лови́ть/пойма́ть
cathedral, собо́р
Caucasus, Кавка́з
caviare, икра́
to cease, перестава́ть/переста́ть
ceiling, потоло́к
central, центра́льный
centre, центр; середи́на
century, век
chair, стул (A5)
by chance, случа́йно
to change, изменя́ть(ся)/-и́ть(ся)
change (noun), сда́ча
change (small), ме́лочь (f.)
to change one's mind, переду́мы-
    вать/переду́мать
character, хара́ктер; геро́й
chat (noun), бесе́да; разгово́р
to chat, бесе́довать; разгова́ри-
    вать
cheap, дешёвый
cheese, сыр (A9)
chemistry, хи́мия
chess, ша́хматы
chess set, ша́хматный набо́р
chicken, цыплёнок (A4)
child, ребёнок (A4)

children, де́ти (A11)
choice, вы́бор
to choose, выбира́ть/вы́брать
cigarette, сигаре́та; папиро́са
cinema, кино́(теа́тр)
citizen, граждани́н (A3)
clean (adj.), чи́стый
to clean, (по)чи́стить
clean-shaven, гла́дко вы́бритый
clear, ясный
clever, у́мный
climate, кли́мат
to climb, (по)лезть*/ла́зить; под-
    нима́ться/-ня́ться
to climb into, влеза́ть/влезть
clock, часы́ (pl. A11)
to close, закрыва́ть(ся)/за-
    кры́ть(ся)*
cloth, ткань (f.)
cloud, о́блако (A6); ту́ча
coal, у́голь (m.)
coat, пальто́ (indec.)
coatpeg, ве́шалка
coffee, ко́фе (m. indec.)
coin, моне́та
coincidence, совпаде́ние
cold (adj.), холо́дный
cold (noun), хо́лод
collar, воротни́к
colleague, колле́га
to collect, собира́ть/собра́ть
collective farm, колхо́з
collective farmer, колхо́зник
college, институ́т
column (newspaper), столбе́ц
to come, приходи́ть/прийти́;
    приезжа́ть/прие́хать; насту-
    па́ть/-и́ть (of time)
comfortable, удо́бный
common sense, здра́вый смысл
communication, связь (f.)
company, компа́ния
comparison, сравне́ние
compartment, купе́

to compile, составля́ть/-вить
to complain of, (по)жа́ловаться на+acc.
complaint, жа́лоба
completely, совсе́м; вполне́; целико́м
comrade, това́рищ
concert, конце́рт
to conclude, заключа́ть/-и́ть
conclusion, вы́вод; заключе́ние
concrete, конкре́тный (=specific); бето́н
condition, состоя́ние; усло́вие
conductor (bus) кондуктор (A7)
to congratulate, (по)хвали́ть; поздравля́ть/-вить
conscience, со́весть (f.)
to consider, счита́ть/счесть; ду́мать
to consist of, состоя́ть из+gen.
to console, утеша́ть/-и́ть
constant, постоя́нный
contact, конта́кт
to continue, продолжа́ть/-и́ть
contrary to, вопреки́+dat.
(on the) contrary, наоборо́т
contrast, контра́ст
convenient, удо́бный
conversation, разгово́р
to convince of, убежда́ть/убеди́ть в+prep.
conviction, убежде́ние
to cook, (при)гото́вить
cooking, ку́хня
cool, прохла́дный
copeck, копе́йка (gen. pl. копе́ек)
corkscrew, што́пор
corn, хлеб
corner, у́гол (A8)
correct, пра́вильный
to correspond, перепи́сываться
cost (noun), сто́имость (f.)
to cost, сто́ить
cottage, до́мик

counter, прила́вок
countless, бесчи́сленный
country, страна́; дере́вня (not town)
coupon, тало́н
course, курс
to cover, покрыва́ть/покры́ть*
crank, чуда́к
crash, ава́рия
cream, сли́вки (pl.)
to create, создава́ть/созда́ть; (со)твори́ть
creche, я́сли (pl.)
crime, преступле́ние
Crimea, Крым (A8)
criminal, престу́пник
critical, крити́ческий
to cross, переходи́ть/перейти́; переезжа́ть/перее́хать; переправля́ться/перепра́виться
crossing, перехо́д
culture, культу́ра
cup, ча́шка (gen. pl. ча́шек)
cupboard, шкаф (A8)
curious, любопы́тный
current (electric), ток
curtain, за́навеска
custom, обы́чай
customs, тамо́жня

[D]

dance (noun), та́нец
to dance, танцева́ть
danger, опа́сность (f.)
dangerous, опа́сный
dark, тёмный
date, число́
daughter, дочь (f. A1a)
day, день (m.)
day after tomorrow, послеза́втра
day off, выходно́й день
dead, мёртвый
deaf, глухо́й

dear, дорогой
death, смерть (f.)
to decide, решать/-и́ть
decoration, украше́ние
deep, глубо́кий
to defend, защища́ть/защити́ть
defender, защи́тник
delegation, делега́ция
delta, де́льта
demand (noun), тре́бование
to demand, (по)тре́бовать
demanding, тре́бовательный
to depart, уходи́ть/уйти́; уез-
жа́ть/уе́хать
department store, универма́г
departure, отъе́зд
to depend on, зави́сеть (2) от+
gen.
depth, глубина́
to describe, опи́сывать/описа́ть
description, описа́ние
design, рису́нок
desk, пи́сьменный стол; па́рта
(school)
despite, несмотря́ на+асс.
to detain, заде́рживать/задер-
жа́ть (2)
detective story, детекти́вный ро-
ма́н
to develop, развива́ть(ся)/раз-
ви́ть(ся)
dial, цифербла́т
dictionary, слова́рь (m.)
to die, умира́ть/умере́ть*
different, ра́зный, разли́чный;
друго́й
difficult, тру́дный
dinner, обе́д
to direct, направля́ть/напра́вить
direction, направле́ние
dirty, гря́зный
to disappear, исчеза́ть/исче́знуть
to discuss, обсужда́ть/обсуди́ть
dish, блю́до

to disperse, расходи́ться/разой-
ти́сь
dissatisfied with, недово́льный+
inst.
distance, расстоя́ние
district, райо́н
to disturb, (по)меша́ть+dat.
to do, (с)де́лать
doctor, врач; до́ктор (А7)
dog, соба́ка
doll, ку́кла
dome, ку́пол (А7)
domestic, дома́шний
door, дверь (f.)
doubt, сомне́ние
down, вниз (motion)
downstairs, внизу́; вниз (motion)
dramatic, драмати́ческий
to draw, (на)рисова́ть
drawer, я́щик
drawing, рису́нок
dream, сон; мечта́ (daydream)
dress (noun), пла́тье
to dress, одева́ть(ся)/оде́ть(ся)*
to drink, (вы́)пить*
drink (noun), напи́ток
to drive a car, вести́*
to drive someone, везти́*/вози́ть
driver, шофёр
drop (noun), ка́пля
to drop, опуска́ть/опусти́ть
dry, сухо́й
duck, у́тка
during, во вре́мя+gen.
duty, обя́занность (f.)

[E]
ear, у́хо (А6)
early, ра́нний; ра́но
earrings, се́рьги (pl.)
earth, земля́
easily, без труда́
easy, лёгкий
to eat, (съ)есть*

eclipse, затмение
edition, издание
education, образование
eight, восемь
eight hundred, восемьсот
eight hundredth, восьмисотый
eighteen, восемнадцать
eighteenth, восемнадцатый
eighth, восьмой
eightieth, восьмидесятый
eighty, восемьдесят
electric, электрический
electricity, электричество
elderly, пожилой
elephant, слон
eleven, одиннадцать
eleventh, одиннадцатый
to embrace, обнимать/обнять
empty, пустой
to enclose, вкладывать/вложить
end, конец
enemy (noun), враг
enemy (adj.), вражеский
energy, энергия
engineer, инженер
England, Англия
English, английский
Englishman, англичанин (A3)
Englishwoman, англичанка
enough, достаточно+gen.
to enter, входить/войти; въез-
    жать/въехать в+асс.
to enter (university etc.), посту-
    пать/-ить в+асс.
entertainment, развлечение
entrance hall, передняя
especially, особенно
Esperanto, эсперанто
Esperantist, эсперантист
to establish, устанавливать/уста-
    новить
etcetera, и так далее
eternal, вечный
Europe, Европа

European, европейский
(on the) eve, накануне
even, даже
even if, хоть
evening (noun), вечер (A7)
evening (adj.), вечерний
event, событие
every, каждый
everyone, все
everything, всё
everywhere, везде
exact, точный
exactly, точно
exam, экзамен
example, пример (for example=
    например)
excellent, отличный
except, кроме+gen.
exchange,   обмениваться/об-
    меняться+inst.
in exchange, взамен
excuse me!, извините!
exercise book, тетрадь (f.)
to expect, ожидать
expert, эксперт
to explain, объяснять/объяснить
to export, вывозить/вывезти*
eye, глаз (A7)

[F]
face, лицо
fact, факт
factory, фабрика; завод
faculty, факультет
fairly, довольно
to fall, падать/упасть*
to fall (snow), выпадать/вы-
    пасть*
familiar, знакомый
family, семья
famous, знаменитый
far, далёкий; далеко
Far East, дальний восток
fast, быстрый; скорий

fast (of watch), часы́ спеша́т
fat, то́лстый, по́лный
father, оте́ц
favourite, люби́мый
to feel, (по)чу́вствовать (себя́)
few, ма́ло + gen.
field, по́ле
fifteen, пятна́дцать
fifteenth, пятна́дцатый
fifth, пя́тый
fiftieth, пятидеся́тый
fifty, пятьдеся́т
figure, фигу́ра; ци́фра
film, фильм
finally, наконе́ц
to find, находи́ть/найти́
fine (adj.), хоро́ший; прекра́сный
to fine, (о)штрафова́ть
finger, па́лец (gen. па́льца)
finish (noun), коне́ц; оконча́ние
to finish, конча́ть(ся)/-ить(ся)
fire, ого́нь (m.)
firm, фи́рма
first, пе́рвый
firstly, во-пе́рвых
fish, ры́ба
five, пять
flat (adj.), пло́ский
flat (noun), кварти́ра
fleeting, бе́глый
flight, полёт
flippant, несерьёзный
floor, пол (A8)
to flow, течь*
flower, цвет (A7)
fluently, свобо́дно
to fly, (по)лете́ть (2)/лета́ть
fog, тума́н
foggy, тума́нный
to fold, скла́дывать/сложи́ть
to follow, (по)сле́довать за + inst.
food, пи́ща
foodstore, гастроно́м
foot, нога́

for (prep.), для + gen.; на + acc. (purpose)
for (conj.), так как
for example, наприме́р
to forbid, запреща́ть/запрети́ть + dat.
to force, заставля́ть/заста́вить
forced, вы́нужденный
forehead, лоб (A8)
foreign, иностра́нный
foreigner, иностра́нец
forest, лес (A7; A8)
to forget, забыва́ть/забы́ть
to forgive, проща́ть/прости́ть
fork, ви́лка (gen. pl. ви́лок)
to form, образо́вывать/образова́ть
fortieth, сороково́й
fortunately, к сча́стью
forty, со́рок
four, четы́ре
fourteen, четы́рнадцать
fourteenth, четы́рнадцатый
fourth, четвёртый
free, свобо́дный
free (without paying), беспла́тно
to free, освобожда́ть/освободи́ть
freedom, свобо́да
freight, груз
fresh, све́жий
Friday, пя́тница
friend, друг (A5)
friendly, дру́жеский
to be frightened of, (ис)пуга́ться + gen.
frightening, стра́шный
frog, лягу́шка (gen. pl. лягу́шек)
from, из + gen.; от + gen.; с + gen.
from time to time, вре́мя от вре́мени
front (adj.), пере́дний
(at the) front, спереди́
frontier, грани́ца

frost, моро́з

fruit, фрукт

full, по́лный

full up (after meal), сыт (short adj.)

fur, мех (A7)

fur hat, папа́ха

furniture, ме́бель (f.)

further, да́льше, да́лее

future, бу́дущий; бу́дущее (noun)

[G]

gallery, галере́я

game, игра́

garden, сад (A8)

gate, воро́та (pl. A11)

to gather, собира́ть/собра́ть

in general, вообще́

generation, поколе́ние

to get, получа́ть/-и́ть; достава́ть/доста́ть

to get to know, (по)знако́миться с + inst.

to get on (bus, etc.), сади́ться/сесть*

to get up, встава́ть/встать*

gipsy, цыга́н (A10)

girl, де́вушка; де́вочка (little girl)

to give, дава́ть/дать*

to give up, броса́ть/бро́сить

glad, рад (short adj.)

glass, стекло́

glass (drinking), стака́н

glasses (spectacles), очки́ (pl. A11)

gloom, мрак

gloomy, мра́чный

glorious, сла́вный

glove, перча́тка

to go, идти́*/пойти́/ходи́ть; (по)е́хать*/е́здить

to go away, уходи́ть/уйти́; уезжа́ть/уе́хать

to go back, возвраща́ться/верну́ться

to go down, сходи́ть/сойти́; спуска́ться/спусти́ться

to go for a walk, гуля́ть

to go in, входи́ть/войти́; въезжа́ть/въе́хать

to go off, уходи́ть/уйти́; уезжа́ть/уе́хать

to go out, выходи́ть/вы́йти; выезжа́ть/вы́ехать

to go past, проходи́ть/пройти́; проезжа́ть/прое́хать

to go up, поднима́ться/подня́ться

God, Бог

God forbid, Бо́же упаси́!

gold, зо́лото; золото́й

good, хоро́ший

goodbye, до свида́ния

good morning!, до́брое у́тро!

good night!, споко́йной но́чи!

goods, това́ры

gradually, постепе́нно

grammar-school, гимна́зия

grandfather, дед, де́душка

grandmother, ба́бушка

granite, грани́т; грани́тный

grapes, виногра́д

grass, трава́

gratitude, благода́рность (f.)

great, вели́кий

green, зелёный

to greet, (по)здоро́ваться с + inst.; приве́тствовать

greeting, приве́т

grey, се́рый

grief, го́ре

group, гру́ппа

to grow, расти́*

grown-up, взро́слый

growth, рост

to grumble at, ворча́ть (2) на + acc.

to guess, дога́дываться/догада́ться

guest, гость (m.)
gulf, залив
guide, гид

[H]
habit, привычка
hail, град
hair, во́лос (A10); во́лосы (pl.)
half, полови́на
half an hour, полчаса́ (205)
hand, рука́
hand (watch), стре́лка
handle, ру́чка
to happen, случа́ться/случи́ться;
    происходи́ть/произойти́
happening, слу́чай, собы́тие
happiness, сча́стье
happy, счастли́вый
hard, твёрдый;.тру́дный (=diffi-
    cult)
hare, за́яц (gen. за́йца)
hat, шля́па
to have, y+gen. (у меня́...);
    име́ть (1a)
to have breakfast, dinner etc.
    (по)за́втракать; (по)обе́дать
    etc.
he, он
head, голова́
healthy, здоро́вый
to hear; (у)слы́шать
heart, се́рдце
heartless, безду́шный
heating, отопле́ние
heavy, тяжёлый
height, высота́; рост (of person)
hello, здра́вствуй(те); алло́ (tele-
    phone)
help, по́мощь (f.)
to help, помога́ть/помо́чь+dat.
her (adj.), её
her (pronoun), её
here, здесь, тут; сюда́ (motion to)
here is, вот

hero, геро́й
heroic, герои́ческий
hesitant, нереши́тельный
to hide, скрыва́ть(ся)/скрыть-
    (ся)*; (с)пря́тать(ся)
high, высо́кий
high time, давно́ пора́
higher, вы́ше; вы́сший
hijacker, банди́т
him, его́
his, его́
historian, исто́рик
historical, истори́ческий
history, исто́рия
to hit, (по)би́ть*
to hitchhike, е́здить автосто́пом
hitchhiker, автостопо́вец
to hold, держа́ть (2)
holidays, кани́кулы (pl. A11)
to holiday, отдыха́ть/отдохну́ть
holiday-maker, отдыха́ющий
home, дом (A7)
at home, до́ма
homewards, домо́й
honour, честь (f.)
hope (noun)! наде́жда
to hope (for), наде́яться (на+
    acc.)
horizon, горизо́нт
horizontal, горизонта́льный
horror, у́жас
hors d'œuvres, заку́ски (pl.)
horse, ло́шадь (f.)
hospital, больни́ца
hospitality, гостеприи́мство
host, хозя́ин
hostel, общежи́тие
hot, жа́ркий; горя́чий (to the
    touch)
hotel, гости́ница
hour, час (A8)
house, дом (A7)
housewife, дома́шняя хозя́йка
how?, как?

however, одна́ко

huge, грома́дный; огро́мный

human, челове́ческий

humour, ю́мор

hundred, сто; со́тня (collective noun. c.f. English *dozen, score*)

hundredth, со́тый

hurriedly, поспе́шно

to hurry, (по)спеши́ть; (по)торопи́ться

to hurt (intrans.), (за)боле́ть (2)

husband, муж (А5)

hut, изба́

to hypnotise, (за)гипнотизи́ровать

hypocrite, лицеме́р

[I]

I, я

ice, лёд (А8)

ice-cream, моро́женое

idea, представле́ние

ideal, идеа́льный

identical, одина́ковый

idiot, идио́т

idle, лени́вый

if, е́сли

ill, больно́й

to be ill, (за)боле́ть (1а)

imagination, воображе́ние

immediately, сейча́с; сра́зу же; неме́дленно

important, ва́жный; значи́тельный

impossible, невозмо́жный

it is impossible, нельзя́; невозмо́жно

impression, впечатле́ние

to improve, улучша́ть/-и́ть

in, в+prep.; на+prep.; через+acc. (time)

in front of, пе́ред+inst.

in love with, влюблённый в+acc.

in order that/to, что́бы (158, 191)

in that case, в тако́м слу́чае

incomprehensible, непоня́тный

to increase, расти́*

independent, самостоя́тельный

to indicate, ука́зывавть/указа́ть

indignant, возмущённый

indifferent, равноду́шный

industrial, промы́шленный

industry, промы́шленность (f.)

inflation, инфля́ция

influence (noun), влия́ние

to influence, (по)влия́ть на+acc.

to inform, сообща́ть/-и́ть

ink, черни́ла (pl. А11)

to inscribe, надпи́сывать/надписа́ть

insect, насеко́мое (n. adj., (184) (c))

to insist on, наста́ивать/настоя́ть на+prep.

inspector, контролёр

instead of, вме́сто+gen.

institute, институ́т; учрежде́ние

institution, заведе́ние

to intend, я наме́рен (short adj. like у ве́рен—see note (115))

interest (noun), интере́с

to interest, (за)интересова́ть

to be interested (in), (за)интересова́ться (за+inst.)

interesting, интере́сный

to interfere with, (по)меша́ть+dat.

international, междунаро́дный

interpreter, перево́дчик

to interrupt, перебива́ть/переби́ть*; прерыва́ть/прерва́ть

interval, интерва́л; переры́в

into, в+acc.

to introduce, представля́ть/предста́вить

invariable, постоя́нный

to invent, выду́мывать/вы́думать

invitation, приглаше́ние

to invite, приглаша́ть/пригласи́ть

iron, желе́зо; желе́зный

to issue, выдава́ть/вы́дать*

it, он/оно́/она́; его́/её (acc.)

its, его́/её

[J]

jacket, пиджа́к; ку́ртка; жаке́т

jar, ба́нка

jeans, джи́нсы

job, рабо́та

joke, шу́тка

to joke, (по)шути́ть

to join, свя́зывать/связа́ть*

journey, путеше́ствие; пое́здка

joy, ра́дость (f.)

joyful, ра́достный

July, ию́ль (m.)

jump (noun), скачо́к

to jump, пры́гать/пры́гнуть

jumper, сви́тер

June, ию́нь (m.)

just (adv.), то́лько что; как раз (e.g. just beside, just at the right time)

[K]

to be keen on, увлека́ться/увле́чься + inst.

to keep, храни́ть; сохраня́ть/-и́ть; держа́ть (2)

key, ключ

to kill, убива́ть/уби́ть*

kilogram, килогра́м

kilometre, киломе́тр

kind (adj.), до́брый; любе́зный

to kiss, (по)целова́ть(ся)

kitchen, ку́хня (gen. pl. ку́хонь)

kitten, котёнок (A4)

knee, коле́но (A6)

knife, нож

knit, (с)вяза́ть*

to knock, (по)стуча́ть

to know, (у)знать (perf. = to learn, find out)

knowledge, зна́ние

Kremlin, Кремль (m.)

[L]

label, ярлычо́к

labour, труд

lack, недоста́ток

lad, па́рень (m.)

ladder, ле́стница

to lag behind, отстава́ть/отста́ть* от + gen.

lake, о́зеро

lamp, ла́мпа

land, земля́

landlady, хозя́йка

language, язы́к

large, большо́й

last, после́дний; про́шлый

late, по́здний

to be late, опа́здывать/опозда́ть

later, по́зже; спустя́

to laugh, (за)смея́ться

law, зако́н

lazy, лени́вый

to lead, (по)вести́*/води́ть

leading, выдаю́щийся

leaf, лист (A5)

to learn, (вы)учи́ть; (вы)учи́ться (79, 188)

to leave, оставля́ть/-вить; уходи́ть/уйти́; уезжа́ть/уе́хать

lecture, ле́кция

left, ле́вый

on the left, сле́ва

to the left, нале́во

leg, нога́

length, длина́

less, ме́ньше; ме́нее

lesson, уро́к

to let (allow), позволя́ть/'-ить +
  dat.; разреша́ть/-и́ть + dat.
letter, письмо́ (gen. pl. пи́сем)
letter (alphabet), бу́ква
library, библиоте́ка
to lie, лежа́ть (2)
lie (noun), ложь (f.)
to lie down, ложи́ться/лечь*
life, жизнь (f.)
lift (noun), лифт
to lift, поднима́ть/подня́ть*
light, свет; све́тлый
light (not heavy), лёгкий
to light up, освеща́ть/освети́ть
like, как; похо́жий на + асс.
to like, (по)нра́виться + dat.
  (100, 117)
line, ли́ния
linen, бельё
lino, лино́леум
list, спи́сок
to listen to, (по)слу́шать
little, ма́ленький; небольшо́й
to live, жить*
lively, оживлённый
living-room, гости́ная
local, ме́стный
logical, логи́ческий
lonely, одино́кий
long, дли́нный; до́лгий (of time)
a long time, до́лго
look (noun), взгляд
to look, вы́глядеть (angry, happy,
  etc.)
to look (at), (по)смотре́ть (на +
  асс.)
to look around, осма́тривать/
  осмотре́ть (trans.)
to look for, иска́ть* + gen.
lorry, грузови́к
to lose, (по)теря́ть
loud, гро́мкий
loudspeaker, громкоговори́тель
  (m.)

to love, люби́ть
low, ни́зкий
luck, сча́стье
luckily, к сча́стью
lucky, счастли́вый
luggage, бага́ж
lunch, за́втрак
lunch-break, обе́денный переры́в
luxurious, роско́шный

[M]
mad, сумасше́дший
magazine, журна́л
main, гла́вный
maintenance, содержа́ние
majority, большинство́
to make, (с)де́лать
to make for, направля́ться/'-вить-
  ся к + dat.
to make out, разбира́ть/разо-
  бра́ть
to make up for, возмеща́ть/воз-
  мести́ть
man, мужчи́на; челове́к (A10)
many, мно́го + gen.; мно́гие
March, март
market, ры́нок
marriage, жени́тьба
to marry, жени́ться на + prep. (of
  man); выходи́ть/вы́йти за́муж
  за + асс. (of woman)
marsh, боло́то
marvellous, чу́дный; чуде́сный;
  замеча́тельный
master, хозя́ин; владе́лец (gen.
  владе́льца)
mat, ко́врик
match (sport), матч
maths, матема́тика
matter, де́ло
mausoleum, мавзоле́й
May, май
maybe, мо́жет быть
meadow, луг (A8)

meaning, смысл; значе́ние
meanwhile, ме́жду тем
meat, мя́со
medical, медици́нский
medical student, студе́нт-ме́дик
to meet, встреча́ть(ся)/встре́тить (ся)
meeting, встре́ча; свида́ние
member, член
memory, па́мять (f.)
mentality, склад ума́
menu, меню́ (n. indec.)
merit, досто́инство
merry, весёлый
mess, беспоря́док
method, спо́соб
metre, метр
midday, по́лдень (205)
middle, середи́на
in the middle of, среди́ + gen.
midnight, по́лночь (205)
milk, молоко́; моло́чный
million, миллио́н
mind, ум
minute, мину́та
mistake, оши́бка
to mistake, ошиба́ться/оши-би́ться
modern, совреме́нный
moment, моме́нт; миг
Monday, понеде́льник
money, де́ньги (pl. A11c)
month, ме́сяц
mood, настрое́ние
moon, луна́
more, бо́льше; бо́лее
morning, у́тро; у́тренний
Moscow, Москва́
Moscow (adj.), моско́вский
mother, ма́ть (f. A1a)
motorbike, мотоци́кл
mountain, гора́
mouth, рот (A8)
movement, движе́ние

much, мно́го + gen.
multi-storey, многоэта́жный
Mummy, ма́ма
Muscovite, москви́ч
museum, музе́й
music, му́зыка
musical, музыка́льный
(I) must, (я) до́лжен (short adj.); мне на́до/ну́жно
my, мой/моё/моя́/мой
my goodness, Бо́же мой!

[N]
naïve, наи́вный
name, и́мя (n. A1); фами́лия; назва́ние (not of person)
narrow, у́зкий
nature, приро́да
near (prep.), о́коло + gen.; во́зле + gen.; недалеко́ от + gen.
necessary, ну́жный
need (noun), нужда́
to need, нужда́ться в + prep.
neighbour, сосе́д (A6)
neighbouring, сосе́дний
neither...nor..., ни...ни...(не)
never, никогда́ (не) (69)
never mind, ничего́
new, но́вый
newspaper, газе́та
next, сле́дующий
next day, на друго́й день
nice (of person), симпати́чный
night, ночь (f.)
nine, де́вять
nine hundred, девятьсо́т
nine hundredth, девятисо́тый
nineteen, девятна́дцать
nineteenth, девятна́дцатый
ninety, девяно́сто
ninth, девя́тый
nintieth, девяно́стый
no, нет
no (adj.), никако́й

no longer, ужé не
nobody, никтó
to nod, кивáть/кивнýть головóй
noise, шум
noisy, шýмный
none, ни одúн
nonsense, глýпости!
north, сéвер; сéверный
nose, нос (A8)
not, не (69)
to note, запúсывать/записáть
nothing, ничегó (69)
notice (noun), объявлéние
to notice, замечáть/замéтить
novel (noun), ромáн
November, ноябрь (m.)
now, тепéрь; сейчáс
nowhere, нигдé; никудá (69)
number, числó; нóмер
nursery, дéтский сад (A8)

[O]

to obey, (по)слýшаться + gen.
object, предмéт
obstinate, упрямый
to obtain, доставáть/достáть; добывáть/добыть
obviously, очевúдно
occasion, слýчай
occupation, занятие
to be occupied (with), занимáться/заняться (+inst.)
to occupy, занимáть/занять
October, октябрь (m.)
odd, странный
of course, конéчно; разумéется; ясно
off (prep.), с + gen.
to offer, предлагáть/предложúть
officer, офицéр
often, чáсто
O.K., хорошó; идёт
old, стáрый
old man, старúк

old woman, старýшка
older, стáрше; стáрший
on, на + prep.
on to, на + acc.
once, однáжды; раз
one, одúн/однó/однá/однú
one and a half, полторá/полторы (204)
one another, друг дрýга (166)
one day, однáжды
oneself, себя (84)
onion, лук
only, тóлько; лишь
to open, открывáть(ся)/открыть(ся)*
opinion, мнéние
in my opinion, по-мóему
opposite, напрóтив + gen.
or, úли
or else, а то
orchestra, оркéстр
order (noun), прикáз (command); закáз (request)
to order, прикáзывать/приказáть; закáзывать/заказáть
to organise, организовáть; устрáивать/устрóить
original, оригинáльный
other, другóй
our, наш/нáше/нáша/нáши
out of, из + gen.
outside, на дворé
over, над + inst.
overland, сухúм путём
ow!, ой!
to own, владéть + inst.
owner, владéлец

[P]

pair, пáра
pale, блéдный
to go pale, (по)бледнéть (1a)
panorama, панорáма
paper, бумáга

parcel, пакéт, пакéтик
parents, родúгели (A11)
park, парк
parking place, стоя́нка
part (noun), часть (f.)
to part, разлуча́ться/-и́ться
to participate, уча́ствовать в+ prep.
to pass, проходи́ть/пройти́; проезжа́ть/прое́хать мимо+gen.
passenger, пассажи́р
passer-by, прохо́жий
passionate, стра́стный
passport, па́спорт (A7)
past, про́шлый; про́шлое (noun)
patient, терпели́вый
patronymic, о́тчество
pavement, тротуа́р
to pay, (за)плати́ть
pay-day, полу́чка
peace, мир; споко́йствие
peaceful, споко́йный
peasant, крестья́нин (A3)
pedestrian, пешехо́д
pen, ру́чка
pencil, каранда́ш
pensive, заду́мчивый
people, лю́ди (A11); наро́д
percent, проце́нт
performance, спекта́кль (m.)
perhaps, мо́жет быть; пожа́луй
permission, разреше́ние
person, челове́к (A10, 201)
to persuade (of), убежда́ть/убеди́ть (в+prep.)
petrol, бензи́н
phenomenon, явле́ние
phone, телефо́н
to phone, (по)звони́ть+dat.; телефони́ровать
photograph, фотогра́фия; фотока́рточка
photography, фотогра́фия
physical education, физкульту́ра

physics, фи́зика
piano, пиани́но (indec.)
picture, карти́на, карти́нка
piece, кусо́к
pilot, лётчик
pioneer, пионе́р; пионе́рский
pipe, труба́
place, ме́сто
plan, план
plate, таре́лка (gen. pl. таре́лок)
play, пье́са
to play, игра́ть/сыгра́ть
player, игро́к
pleasant, прия́тный
please, пожа́луйста
pleasure, удово́льствие
pocket, карма́н
poet, поэ́т
poetry, стихи́ (pl., gen. стихо́в)
to point to, ука́зывать/указа́ть на+acc.
police, мили́ция
policeman, милиционе́р
polite, ве́жливый
poor, бе́дный
popular, люби́мый; популя́рный
popularity, популя́рность (f.)
portion, по́рция
position, положе́ние
to possess, владе́ть+inst.
possibility, возмо́жность (f.)
possible, мо́жно; возмо́жный
to post (letter), отправля́ть/-вить
postcard, откры́тка
postman, почтальо́н
post office, по́чта
port (harbour), порт (A8)
potatoes, карто́фель (m.); карто́шка
to pour, (по)ли́ть*
pram, де́тская коля́ска
to prefer, предпочита́ть/предпоче́сть

to prepare, подготáвливать/под-
  готóвить
to present, (по)дарáть
present (noun), подáрок
present (adj.), настоя́щий
to press, нажимáть/нажáть (на +
  acc. or plain acc.)
to pretend, (с)дéлать вид, бýдто
pretty, хорóшенький
to prevent, (по)мешáть + dat.
price, ценá
pride, гóрдость (f.)
probably, навéрно
problem, проблéма; задáча
to procure, добывáть/добы́ть;
  доставáть/достáть
programme, прогрáмма; пере-
  дáча
to protect, защищáть/защити́ть
proud (of), гóрдый (+ inst.)
to be proud (of), горди́ться (+
  inst.)
to publish, (о)публиковáть; из-
  давáть/издáть*
puddle, лýжа
to pull down, сноси́ть/снести́*
to pull out, выта́скивать/вы́-
  тащить
puppy, щенóк
purchase, покýпка
to put, класть*/положи́ть; (по)-
  стáвить (upright)
to put on, надевáть/надéть*
pyjamas, пижáма

[Q]
quarrel (noun), ссóра,
to quarrel, (по)ссóриться
quarter (noun), чéтверть (f.)
question (noun), вопрóс
queue (noun), óчередь (f.)
to queue, стоя́ть в óчереди
quiet, ти́хий
quite, довóльно

[R]
radiator, радиáтор
radio, рáдио
railway, желéзная дорóга
rain, дождь (m.)
it is raining, дождь идёт
rainbow, рáдуга
raincoat, плащ
rare, рéдкий
ray, луч
razor, бри́тва
to reach, доходи́ть/дойти́ до +
  gen.; достигáть/дости́гнуть +
  gen.
to read, (про)читáть
reader, читáтель (m.)
reading, чтéние
ready (for), готóвый (к + dat.)
real, настоя́щий
really, в сáмом деле; на сáмом
  деле; действи́тельно
recently, недáвно
recipe, рецéпт
to recognise, узнавáть/узнáть
record, пласти́нка
red, крáсный
regret, сожалéть (о + prep.)
regular, регуля́рный
to relate, расскáзывать/расска-
  зáть*
relation, отношéние
to rely on, надéяться на + acc.
to remark, замечáть/замéтить
to remember, (вс)пóмнить
repair, ремóнт
representative, представи́тель
  (m.)
reptile, пресмыкáющееся
to rest, отдыхáть/отдохнýть
rest (noun), óтдых
restaurant, ресторáн
return (noun), возвращéние
to return, возвращáть(ся)/вер-
  нýть(ся)

revolution, револю́ция
rich, бога́тый
right (adj.) прав (он прав); пра́вильный (отве́т etc.)
right (noun), пра́во
on the right, спра́ва
to ring up, (по)звони́ть + dat.
ring, кольцо́ (gen. pl. коле́ц)
to risk, рискова́ть/рискну́ть + inst.
river, река́
road, доро́га
to rob, (о)гра́бить
role, роль (f.)
room, ко́мната
rose, ро́за
rouble, рубль (m.)
roughly, приблизи́тельно
round, кру́глый
route, маршру́т
row, ряд (A8)
rule, пра́вило
to run, (по)бежа́ть*; бе́гать
runway, взлётная доро́жка
to rush, броса́ться/бро́ситься
rush-hour, часы́-пик
Russia, Росси́я
Russian, ру́сский

[S]

to sacrifice, (по)же́ртвовать + inst.
sad, гру́стный; мне гру́стно
sail (noun), па́рус (A7)
to sail, (по)плыть*; пла́вать
sailor, моря́к, матро́с
salad, сала́т
salt, соль (f.)
same (the), тот же (са́мый)
sanatorium, санато́рий
sand, песо́к
sarcastic, язви́тельный
satisfied, дово́льный
Saturday, суббо́та

sauce, со́ус
to save, спаса́ть/спасти́*
to say, говори́ть/сказа́ть*
to say goodbye (to), (по)проща́ться (c + inst.)
to say nothing, (за)молча́ть (2)
scales, весы́ (pl., A11)
school, шко́ла; шко́льный
schoolboy, шко́льник
science, нау́ка
science fiction, научная фанта́стика
scientific, нау́чный
scientist, учёный
screen, экра́н
to screw in, вёртывать/ввернýть
sea, мо́ре
season, вре́мя го́да; сезо́н (theatre, fashion etc.)
seat, ме́сто
second (adj.), второ́й
second (noun), секу́нда
second-hand bookshop, букинисти́ческий магази́н
to see, (у)ви́деть
seldom, ре́дко
to select, выбира́ть/вы́брать; подбира́ть/подобра́ть
to send, отправля́ть/отпра́вить; посыла́ть/посла́ть; присыла́ть/присла́ть
sense, смысл
September, сентя́брь (m.)
serious, серьёзный
seriously, серьёзно
to serve, (по)служи́ть + dat.; обслу́живать/обслужи́ть (in shop etc.)
seven, семь
seven hundred, семьсо́т
seven hundredth, семисо́тый
seventeen, семна́дцать
seventeenth, семна́дцатый

seventh, седьмой
seventieth, семидесятый
seventy, семьдесят
several, несколько; некоторые
sharp, резкий
to shave, (по)брить(ся)*
she, она
shelf, полка
ship, теплоход (motor vessel); корабль (m.); судно (pl. суда, судов)
shipyard, верфь (f.)
to shine, (за)блестеть/блеснуть
shirt, рубашка
to shiver, (за)дрожать/дрогнуть
shop (noun), магазин
shopper, покупатель (m.)
to go shopping, (с)делать покупки
shore, берег (A8)
short, короткий
shorts, трусы (A11a)
shoulder, плечо (A6)
to shout, (за)кричать (2)
to show, показывать/показать
shy, застенчивый
Siberia, Сибирь (f.)
Siberian (adj.), сибирский
Siberian (noun), сибиряк
side, сторона
sideboard, буфет
sidestreet, переулок
to sigh, вздыхать/вздохнуть
sights, достопримечательности
significant, значительный
silence, тишина; молчание
silent, тихий
to be silent, (за)молчать (2)
simple, простой
since, с тех пор, как; с + gen.
to sing, (с)петь*
sister, сестра (pl. сёстры, сестёр)
to sit, сидеть
to sit down, садиться/сесть*

situated, расположенный
to be situated, находиться
six, шесть
sixteen, шестнадцать
sixteenth, шестнадцатый
sixth, шестой
sixtieth, шестидесятый
sixty, шестьдесят
size, величина; размеры (pl.)
skilful, умелый
skirt, юбка
skis, лыжи (pl., A11b)
sky, небо
sledge, сани (pl., A11b)
sleep (noun), сон
to go to sleep, засыпать/заснуть
sleeve, рукав (A7)
slight, мелкий
slow, медленный
slush, слякоть (f.)
small, маленький; мелкий
smaller, меньше; меньший
smart, элегантный
smash, разбивать/разбить*
smell (noun), запах
to smell, пахнуть
smile (noun), улыбка
to smile, улыбаться/улыбнуться
to smoke, (за)курить
smooth, гладкий
snow, снег
it is snowing, снег идёт
so, так; поэтому
so that, так что (result); чтобы (purpose)
sofa, диван
soldier, солдат (A10)
to solve, решать/-ить; разрешать/-ить
some, какой-то; какой-нибудь (178); некоторый
someone, кто-то; кто-нибудь (178)

something, что-то; что-нибудь (178)

sometime, когда-то; когда-нибудь (178)

sometimes, иногда

somewhere, где-то; где-нибудь (178)

son, сын (A5)

song, песня (gen. pl. песен)

soon, скоро

soon after, вскоре после + gen.

(it is) sore, больно

(I am) sorry, (мне) жаль; извините

soup, суп (A9)

sour, кислый

sour cream, сметана

south, юг; южный

southern, южный

souvenir, сувенир

Soviet, совет; советский

Soviet Union, Советский Союз

to speak, говорить

special, специальный; особый

specialist, специалист

speciality, специальность (f.)

speed, скорость (f.)

spelling, правописание

to spend, проводить/провести (time); (ис)тратить (money etc.)

to spin, (за)кружить

spoon, ложка (gen. pl. ложек)

sport, спорт

spring (adj.), весенний

spring (noun), весна

square (town), площадь (f.)

square (adj.), квадратный

stadium, стадион

stairs, лестница

to stand, стоять (2)

to stand up, вставать/встать*

star, звезда

to stare at, (по)смотреть пристально на + acc.

state (adj.), государственный

state (noun), государство

state (condition), состояние

station, вокзал; станция

statistics, статистика

stay (noun), пребывание

to stay (= remain), оставаться/остаться*

steamer, пароход

still, ещё; всё ещё

stocking, чулок (A10)

stomach, желудок

stone, камень (m.)

stop (noun), остановка

to stop, останавливать(ся)/остановить(ся); переставать/перестать (= to cease)

stop it!, брось(те)!

store, магазин

storey, этаж

stork, аист

storm, буря

storm in a teacup, буря в стакане воды

story, история; рассказ

stout, толстый, полный

straight, прямой

straight ahead, прямо

strange, странный

stranger, незнакомец

straw, соломка

stream, поток

street, улица

stress (on a word), ударение

to stride, шагать/шагнуть

to strike, (по)бить*

strong, крепкий

to struggle, бороться*

student, студент(ка); студенческий

study, кабинет

stuffy, душный

stupid, глу́пый

stupidity, глу́пость (f.)

subject, предме́т

subtitle, титр

suburb, при́город

to succeed, удава́ться/уда́ться*
(ему́ удаётся) (162)

success, успе́х

such, тако́й

suddenly, вдруг

sugar, са́хар (A9)

to suggest, предлага́ть/предло-
жи́ть

suggestion, предложе́ние

suit, костю́м

to suit, подходи́ть/подойти́+
dat.

suitable, подходя́щий

suitcase, чемода́н

summer, ле́то

sun, со́лнце

to sunbathe, загора́ть/загоре́ть

Sunday, воскресе́нье

sunny, со́лнечный

superstitious, суеве́рный

supper, у́жин

to have supper, (по)у́жинать

sure, уве́ренный

surname, фами́лия

surprise, удивле́ние

to be surprised at, удивля́ться/
удиви́ться+dat.

surprising, удиви́тельный

to surround, окружа́ть/-и́ть

to survive, пережива́ть/пере-
жи́ть*

sweater, сви́тер (A7)

sweet, сла́дкий

sweets, конфе́ты

to swim, (по)плы́ть*; пла́вать

to switch off, выключа́ть/вы́-
ключить

to switch on, включа́ть/-и́ть

to sympathise with, (по)сочу́вст-
вовать+dat.

[T]

table, стол

tact, такт

to take, брать*/взять*; прини-
ма́ть/приня́ть*; (по)вести*;
води́ть; (по)везти*; вози́ть

to take off, снима́ть/снять*

take-off, взлёт

to take out, вынима́ть/вы́нуть*

to take place, состоя́ться (perf.)

talent, тала́нт

to talk, говори́ть

tall, высо́кий; высо́кого ро́ста
(of person)

taste, вкус

tasty, вку́сный

taxi, такси́ (n. indec.)

taximeter, счётчик

tea, чай (A9)

to teach, преподава́ть; (на)учи́ть
(188)

teacher, преподава́тель (m.);
учи́тель (m.)

team, кома́нда

technical, техни́ческий

telephone, телефо́н

telephone directory, телефо́нная
кни́га

television, телеви́зор

television screen, телевизио́нный
экра́н

television tower, телеба́шня

ten, де́сять

tender, не́жный

tenth, деся́тый

territory, террито́рия

text, текст

to thank, (по)благодари́ть

thank you, спаси́бо

thank God, сла́ва Бо́гу

thank you very much, большóе спасúбо

that (adj.), э́тот; тот

that (conj.), что

that (demons. pron.), э́то

that (rel. pron.), котóрый

theatre, теáтр

theatre-goer, театрáл

them, их

theme, тéма

then, потóм; тогдá (=at that time)

theoretically, теоретúчески

theory, теóрия

there, там; тудá (motion to)

therefore, поэ́тому

they, онú

thick, густóй

thin, тóнкий

thing, вещь (f.)

to think, (по)дýмать

third, трéтий

(I am) thirsty, я хочý пить

thirteen, тринáдцать

thirteenth, тринáдцатый

thirtieth, тридцáтый

thirty, трúдцать

this, э́тот; э́то

though, хотя́

thought, мысль (f.)

thoughtful, задýмчивый

thousand, ты́сяча

thousandth, ты́сячный

threatening, грóзный

three, три

threshold, порóг

throat, гóрло

through, чéрез + acc.

to throw, бросáть/-ить

thunderstorm, грозá

Thursday, четвéрг

ticket, билéт

to tidy up, убирáть/убрáть

tie (noun), гáлстук

to tie, (с)вязáть*; свя́зывать/ связáть*

tight, тугóй

time, врéмя (n.), (A1b)

time (once etc.), раз

(it is) time, порá (130)

tired, устáлый

to (towards), к + dat.; в + acc.; на + acc.

toast, тост

today, сегóдня

toilet, туалéт

tomorrow, зáвтра

tonight, сегóдня вéчером

too (=also), тóже

too (much), слúшком

tooth, зуб

toothbrush, зубнáя щётка

to touch, касáться/коснýться + gen.

tourist, турúст

tourist centre, турбáза

towards, к + dat.; навстрéчу + dat.

tower, бáшня

town, гóрод (A7)

toy, игрýшка (gen. pl. игрýшек)

tractor, трáктор

tractor driver, тракторúст

traffic, (ýличное) движéние

tragedy, трагéдия

train, пóезд (A7)

tram, трамвáй

translation, перевóд

transport, трáнспорт

to travel, путешéствовать; (по)- éхать*/éздить

tray, поднóс

tree, дéрево (A5)

tree trunk, ствол

trip, поéздка

trolleybus, троллéйбус

troops, войскá (pl., gen. войск)

trousers, брю́ки, штаны́ (A11a)

true, пра́вда (that is *true*)
truth, пра́вда
to try, (по)стара́ться; (по)пыта́ться
tsar, царь (m.)
Tuesday, вто́рник
to turn, повора́чивать/поверну́ть; повора́чиваться/поверну́ться
to turn out, получа́ться/-и́ться (well etc.)
twelfth, двена́дцатый
twelve, двена́дцать
twentieth, двадца́тый
twenty, два́дцать
twilight, су́мерки (pl., A11c)
two, два, две (f.)
two hundred, две́сти
two hundredth, двухсо́тый
type, тип
typewriter, пи́шущая маши́нка
typical, типи́чный

[U]
ugly, некраси́вый
Ukrainian, украи́нский
umbrella, зо́нтик
uncle, дя́дя (gen. pl. дя́дей)
under, под + inst. or acc.
underclothes, бельё
underground, метро́ (indec.)
to understand, понима́ть/поня́ть*
undoubtedly, без сомне́ния
undress, раздева́ть(ся)/разде́ть(ся)*
unforgettable, незабыва́емый
unfortunate, несча́стный
unfortunately, к несча́стью; к сожале́нию
unhappy, несча́стный
university, университе́т
unless, е́сли не
unpleasant, неприя́тный

unpleasantness, неприя́тность (f.)
to unscrew, выве́ртывать/вы́вернуть
unsuccessful, неуда́чный
until, пока́ не
unwillingly, неохо́тно
to be upset, расстра́иваться/расстро́иться
upstairs, наверху́; наве́рх (motion)
us, нас
usual, обы́чный
as usual, как обы́чно
usually, обы́чно
to use, (вос)по́льзоваться + inst.
useful, поле́зный
usherette, билетёрша
U.S.S.R., СССР

[V]
vacuum-cleaner, пылесо́с
in vain, напра́сно
valuable, це́нный
value, це́нность (f.)
various, разли́чный, разнообра́зный
vase, ва́за
vast, обши́рный
vegetables, о́вощи (pl., A11b)
very, о́чень
victim, же́ртва
view, вид
viewer, зри́тель (m.)
villa, да́ча
village, дере́вня (gen. pl, дереве́нь)
virtue, досто́инство
visa, ви́за
visit, посеща́ть/посети́ть
visitor, посети́тель (m.); гость (m.)
vitamin, витами́н
Volga (adj.), во́лжский

volume, объём
voice, го́лос (A7)

[W]

waistcoat, жиле́т
to wait, (подо)жда́ть*
waiter, официа́нт
waitress, официа́нтка
wall, стена́
walk (noun), прогу́лка
to walk, гуля́ть; идти́/пойти́/
    ходи́ть
to wake up (intrans.), просыпа́ть-
    ся/просну́ться
to wake up (trans.), (раз)буди́ть
to want, (за)хоте́ть*
to wander, блужда́ть
war, война́
warm, тёплый
warmth, тепло́
Warsaw, Варша́ва
to wash, (по)мыть*; умыва́ться/
    умы́ться*
to watch, (по)смотре́ть
watch (noun), часы́ (pl. A11a)
water, вода́
to wave, маха́ть/махну́ть + inst.
way, путь (m., A2)
way of life, о́браз жи́зни
we, мы
to wear, носи́ть
weather, пого́да
wedding, сва́дьба
Wednesday, среда́
week, неде́ля
well (adj.), здоро́вый
well (adv.), хорошо́
well-built, стро́йный
well-bred, воспи́танный
well-known, изве́стный
weight, вес
wet, мо́крый
what?, что?
what (adj.), како́й

what is the matter?, в чём де́ло?
when, когда́
where, где; куда́ (motion to)
whether, ли
which, како́й; кото́рый
while, пока́
white, бе́лый
whisper, шёпот
who?, кто
who (rel. pron.), кото́рый
whole, весь; це́лый
whose, чей (155)
why, по́чему; заче́м
wide, широ́кий
widespread, распространённый
width, широта́
wife, жена́
wind, ве́тер
to wind (a clock), заводи́ть/
    завести́*
window, окно́ (gen. pl. о́кон)
wine, вино́
winter, зима́
wish, жела́ние; пожела́ние (greet-
    ing)
to wish, (по)жела́ть + gen.
with, с + inst.
without, без + gen.
without fail, обяза́тельно
to withstand, выде́рживать/вы́-
    держать
wolf, волк
wolf cub, волчо́нок (A4)
woman, же́нщина
wonderful, чу́дный; чуде́сный;
    замеча́тельный
wood, лес (A7, 8); де́рево (A5)
wooden, деревя́нный
word, сло́во
to work, рабо́тать
work (noun), рабо́та; слу́жба (in
    office)
work (of lit.), произведе́ние
world, мир; свет

worn, потёртый
worry, забóта
to worry, (о)беспокóиться
to write, (на)писáть*
writer, писáтель (m.)
wrong (adj.), непрáвильный; непрáв (of a person)

[Y]
yard, двор
year, год (A8)
yearly, ежегóдный
yellow, жёлтый
yes, да

yesterday, вчерá
yet, ещё (with negative); ужé (with positive)
you, вы; ты (familiar)
young, молодóй
younger, молóже; млáдший
your, ваш; твой
youth, молодёжь (f.) (=young people); мóлодость (f.) (= stage of life)

[Z]
zoo, зоопáрк

KEY TO EXERCISES

Lesson 1

(1) 1. Здравствуйте. 2. Скажите, пожалуйста, где почта. 3. Это милиционер там напротив? 4. Не знаю. 5. Это не банк, а библиотека. 6. Что это слева? 7. Это гостиница. 8. Там справа есть телефон-автомат. 9. Хорошо. Спасибо. 10. А где вокзал? 11. Вокзал вон там напротив. 12. Спасибо. 13. Пожалуйста. 14. До свидания.

(2) 1. Где универмаг? Там справа. 2. Скажите, пожалуйста, это почта? Нет, это не почта, а банк. Почта напротив. 3. Вокзал слева, а гастроном справа. 4. Где милиционер? Вон там, прямо. 5. Что это? Это телефон-автомат.

Lesson 2

(1) 1. Она там. 2. Оно там. 3. Она там. 4. Он там. 5. Он там. 6. Оно там.

(2) 1. мой шарф. 2. твоя шляпа. 3. твой банк. 4. мой зонтик. 5. твоя мать. 6. мой стул. 7. моё пальто. 8. мой стол.

(3) 1. Он на диване. 2. Она в Ленинграде. 3. Он на концерте. 4. Она на вешалке. 5. Он в Киеве. 6. Он на почте. 7. Он в гостинице. 8. Он в гастрономе.

(4) 1. «Не знаю, где моя гостиница.» «Она там справа.» 2. Иван сейчас в Ленинграде, а Варя в Киеве. 3. «Твой товарищ в гастрономе?» «Нет, он на почте.» 4. «В гостинице есть телефон-автомат?» «Да, конечно, есть.» 5. Твоё пальто на вешалке, а твоя шляпа на стуле.» 6. «Митя, ты не знаешь, где мой зонтик?» «Нет, не знаю. Может быть, он в библиотеке.»

Lesson 3

(1) 1. отдыхают. 2. работает. 3. гуляем. 4. понимаю. 5. делаете. 6. читают. 7. купается. 8. предпочитаем. 9. играешь. 10. загорает.

(2) 1. моя мама; мой стол; моя шляпа; моё пальто. 2. твоё место; твоя лодка; твой зонтик. 3. наш диван; наша пища; наш климат. 4. ваша комната; ваше метро; ваш кабинет; ваша гостиница.

(3) 1. чудный климат. 2. бедная студентка. 3. ясное утро. 4. ваша красивая шляпа. 5. каждый книжный шкаф. 6. тёплое пальто. 7. какой замечательный роман! 8. наша любимая гостиница.

(4) 1. Она на шкафу. 2. Она на берегу. 3. Он на юге. 4. Он в углу. 5. На даче. 6. Он на востоке. 7. Оно на вешалке. 8. В саду. 9. Она в Крыму. 10. Она на концерте.

(5) 1. «Здравствуйте, Сергей Антонович. Как вы поживаете?» «Неплохо, спасибо.»
2. Кстати, где вы сейчас работаете?
3. Я отдыхаю в гостинице в Ленинграде. Пища там чудная.
4. Извините, вы не знаете, где Иван Петрович?
5. Да, знаю. Он читает дома в библиотеке.
6. Соня замечательная женщина. Борис загорает на дворе, а она работает в кабинете.
7. Рихтер играет на концерте в Ялте. Пойдём!
8. Они отдыхают в Крыму. Климат там прекрасный.

Lesson 4

(1) 1. эта интересная женщина. 2. мой больной товарищ. 3. этот большой кабинет. 4. тёплое море. 5. его последнее утро в Ленинграде. 6. синее небо. 7. домашняя жизнь. 8. эта замечательная история. 9. его чёрный пиджак. 10. древний Кремль. 11. их чудная картина. 12. эта древняя стена.

(2) 1. о нашем последнем царе. 2. о его последней неделе; в вашем институте. 3. о древней истории. 4. в какой библиотеке; о Крыме. 5. в твоей синей шляпе. 6. в море/на берегу. 7 .на моём письменном столе; в книжном шкафу. 8. о нашей жизни; в Ялте.

(3) 1. болеет. 2. предпочитаем. 3. гуляют. 4. преподаёт. 5. пишете. 6. катается. 7. отдыхаешь. 8. пишет. 9. понимаю. 10. преподают.

(4) 1. ваша большая комната. 2. моя последняя неделя. 3. этот красивый букет. 4. эта вкусная пища. 5. Чёрное море. 6. этот бедный старик. 7. эта тёплая погода. 8. твоя домашняя жизнь. 9. мой любимый автор. 10. это синее небо.

(5) 1. Кто эта бедная женщина на дворе? Её пальто не очень тёплое, а дождь ещё не перестал. Какая погода!

2. Это наш преподаватель там в углу. Он много знает о Царе Иване Грозном. Его специальность — средняя история.

3. Какой замечательный человек! Он старик, но он каждое утро купается в море.

4. Я не часто отдыхаю на севере. Предпочитаю Крым. Ведь климат там прекрасный.

5. Это наша последняя неделя в Ялте. Наш соеед Коля тоже ещё отдыхает.

Lesson 5

(1) 1. большая; маленькая; хорошая; прекрасная.

2. синее; русское; тонкое; хорошее.

3. украинская; больная; глухая; первая.

4. интересная; громкая; такая чудная; древняя; хорошая; русская.

5. большом; русском; маленьком; хорошем.

(2) 1. встаёт, включает. 2. живёте, живу. 3. раздаётся. 4. работаешь, пишу, читаю. 5. преподают. 6. болеет. 7. пишем.

(3) 1. отца, жены, украинки, дочери, сына, Сергея. 2. семьи, Сони, преподавателя. 3. книги, романа, трагедии. 4. неба, моря, пальто, шляпы.

(4) 1. Ивана. 2. него. 3. преподавателя. 4. меня. 5. них. 6. Сергея. 7. семьи. 8. жены.

(5) 1. Все слушают радио. У Ольги особенно хорошее радио.

2. Почему вы не включаете радио? Стена довольно тонкая, и обычно мы слушаем радио соседа. Вот почему.

3. Они часто отдыхают на берегу моря. Жизнь в Крыму очень хорошая. Когда они отдыхают, они живут на маленькой даче.

4. Его старший сын — историк. Он интересный автор, особенно когда он пишет о семье царя и о жизни в Кремле.

5. Везде раздаётся музыка. Наверху, внизу, даже в квартире товарища Жукова напротив. К сожалению я не очень музыкальный человек.

6. «Кто это там в углу?» «Это наш преподаватель истории.» «У него квартира на улице Герцена, не правда ли?» «Правда. Маленькая квартира на четвёртом этаже.»

Lesson 6

(1) 1. сижу, смотрю. 2. кричат. 3. курит. 4. спите, сплю. 5. лежит. 6. люблю. 7. готовит, готовлю. 8. лежишь. 9. говорят, бывает. 10. шумит.

(2) 1. музыку; Ивана; отца; море; Ольгу; преподавателя.
2. книгу; историю; Диккенса; газету.
3. Ялту; сына; мать; семью; воскресенье; мужа.

(3) 1. русскую пищу. 2. нашу гостиную. 3. эту интересную книгу.
4. этот громкий голос. 5. Чёрное море, Москву.

(4) 1. Иван сидит удобно в кресле. Он спит, кажется. Нет, он смотрит телевизор.
2. Кто это кричит? Это Соня. Она убирает квартиру, а её муж читает газету внизу и курит папиросу. Так часто бывает в семье. Жена всегда работает, пока муж отдыхает.
3. Этот человек говорит очень интересно о Сибири.   Да, знаю. И у него очень приятный голос.
4. У Ирины большая квартира в Ленинграде, а её семья живёт в Москве. Каждую неделю, когда у неё выходной день, она только сидит дома и читает книгу.
5. Я люблю удобную постель. Но когда все дома, я сплю на полу в гостиной. В самом деле, это последняя капля!

Lesson 7

(1) 1. в Ялту; в Киев; в Москву; в Сибирь; в центр города; в датскую столицу; на работу.
2. в гостиную; на стадион «Динамо»; на почту; в новую квартиру.
3. в моей квартире; в Европе; на вокзале; в Крыму.

(2) 1. летаем. 2. плаваем. 3. идёт. 4. летать. 5. едут. 6. плавают. 7. ходите. 8. еду. 9. летает. 10. ходит.

(3) 1. Ольга Владимировна. 2. Иван Никитич. 3. Степан Алексеевич. 4. Лизавета Борисовна. 5. Илья Александрович.
6. Владимир Ильич (Ленин).

(4) 1. «Он едет сегодня из Москвы в Ялту.» «Он летит туда?» «Да. Он говорит, что очень приятно летать на ТУ 114.»
2. «Кажется, Катя живёт недалеко от ресторана «Метрополь»» «Да, правда, но она не очень часто обедает там. Она говорит, что муж прекрасно готовит, и поэтому она обычно обедает дома.»

3. «Ирина работает в кинотеатре «Спартак», но к сожалению работа не очень интересная. Она билетёрша.» «Не понимаю. Ведь она каждый день смотрит фильм бесплатно.»

4. Каждый вторник капитан Брюсов встречает жену Соню в ресторане, а потом они идут в квартиру. Его броненосец сейчас в Ленинграде, но он говорит, что он предпочитает удобную постель в квартире.

Lesson 8

(2) 1. промышленный центр, промышленные центры. 2. широкая улица, широкие улицы. 3. московский трамвай, московские трамваи. 4. советский турист, советские туристы. 5. русский грузовик, русские грузовики. 6. резкий контраст, резкие контрасты. 7. сердитый голос, сердитые голоса. 8. любимая книга, любимые книги. 9. удобное кресло, удобные кресла. 10. многоэтажное здание, многоэтажные здания. 11. выходной день, выходные дни. 12. футбольный матч, футбольные матчи. 13. солнечное утро, солнечные утра. 14. тонкий потолок, тонкие потолки. 15. интересная история, интересные истории. 16. шумный поезд, шумные поезда. 17. холодный вечер, холодные вечера. 18. крупный город, крупные города. 19. картинная галерея, картинные галереи. 20. городская библиотека, городские библиотеки.

(3) 1. Все пылесосы шумные. 2. Все места интересные. 3. Все постели удобные. 4. Все официантки весёлые. 5. Все преподаватели сердитые. 6. Все здания древние. 7. Все студентки красивые. 8. Все вечера прекрасные.

(4) 1. о ком?, о моём любимом преподавателе. 2. в этой прекрасной квартире, в ней. 3. о чём, о нашей советской жизни. 4. о вас, обо мне. 5. в каком здании?, в этом, в нём. 6. во всей столице.

(5) 1. Там большие заводы и фабрики. 2. Во все концы СССР. 3. Потому что весь день проезжают автомобили и т.д. И каждую минуту приходят поезда, прилетают самолёты. 4. В солнечные дни. 5. Они любят посещать театры. 6. Он в Кремле. 7. Старые дома исчезают и появляются новые, многоэтажные здания. 8. Кремль находится на берегу Москвы-реки.

(6) 1. «Из Москвы вывозят книги.» «Куда?» «Во все концы СССР.» 2. «Почему здесь так шумно?» «Поезд из Одессы приходит сейчас на этот вокзал.»

3. Кремль находится в центре столицы на берегу Москвы-реки.

4. В Москве не только москвичи, но и туристы и отдыхающие любят проводить вечера в Большом театре.

5. Старики любят городские парки и сады. Когда погода солнечная, они иногда проводят там целые дни.

6. В Москве всё изменяется. Даже облик Кремля изменяется. Да, даже там появляются новые здания.

Lesson 9

(1) 1. Пётр сидел, отдыхающие сидели, капитан сидел, Ольга и Маша сидели, мать сидела.

2. находилась фабрика, находились телефон-автоматы, находилось кафе, находилась Красная площадь.

3. лётчики летели, моя жена летела, они летели, вы летели, товарищ летел.

4. эти районы изменялись, всё место изменялось, мы изменялись, погода изменялась.

(2) 1. читали. 2. давал. 3. было так скучно. 4. лежал(а), спал(а). 5. писала. 6. жили. 7. заставал. 8. хотелось. 9. летел. 10. кричал.

(3) 1. Бориса Павловича нет в ресторане. 2. Анна Павловна ничего не понимает. 3. Никто здесь не смотрит телевизора. 4. Мы никогда не забываем убирать квартиру. 5. У него в гостиной телевизора не было. 6. Они не любят работы на заводе. 7. Он не любит Машу.

(4) 1. давно. 2. долго. 3. давно. 4. давно. 5. давно.

(5) 1. Сергей звонил Ивану. 2. Ольга звонила маме. 3. А. К. Майский звонил товарищу Брюсову. 4. Ваня звонил Татьяне.

(6) 1. Ей так приятно дома. 2. Ивану Петровичу кажется, что погода изменяется. 3. Елене Сергеевне было так стыдно. 4. Им хочется пить. 5. Нам пора спать. 6. Ему так холодно в Москве. 7. Кому было так скучно вчера?

(7) (a) 1. Мне так хочется курить! 2. Борису и Сергею хотелось играть. 3. Ей хочется гулять в парке. 4. Нам хочется читать. Володе хочется слушать музыку.

(b) 1. Ивану кажется, что этот район очень красивый.

2. Им казалось, что облик города изменяется.

3. Ей кажется, что мы хорошие товарищи.

4. Почему вам казалось, что пылесос не работает?
5. Сергею кажется, что это я сидел на скамейке.

(8) 1. Когда они ехали по дороге в Мурманск, море блестело на солнце.
2. Не удивительно, что ответа не было. Разве вы не знаете, что Владимир всегда проводит выходной день в деревне?
3. Я уже давно хотел ехать в Загорск, но у меня не было машины и я не очень люблю ездить на автобусе.
4. Сначала нам было очень приятно в деревне, но вчера нам стало скучно.
5. Варвара нам всегда говорила, что она знает Шостаковича, но я никогда не верил ей. Её муж говорит, что она никогда не говорит правду.

Lesson 10

(1) 1. Серёжа объяснил отцу, что Володя поехал в Новосибирск.
2. Виктор купил газету в магазине напротив.
3. Лизавета поздно вернулась домой.
4. Мои товарищи выпили кофе.
5. Что она сказала, когда отец выключил радио?
6. Я часто видел(а) Антона в институте.
7. Когда вы начали ужинать?
8. Каждый день он вставал рано утром.
9. Я не заметил, что они делали там.
10. Мы все знали, что он уже поехал в Тбилиси.

(2) 1. обратилась, спросила, опоздал. 2. узнали, купил. 3. легли. 4. видели, поехал. 5. закрывала, засыпала. 6. села, передумала, решила. 7. выпил. 8. ужинали, начали.

(3) 1. Маше, нашему преподавателю, Игорю Петровичу, моему московскому товарищу, этой бедной девушке, им.
2. Ялте, своему любимому месту, Чёрному морю, Русскому музею, картинной галерее, синей двери, парку культуры и отдыха.
3. этой широкой дороге, советской столице, южной Сибири, всему району, этому маршруту.

(4) 1. в библиотеках. 2. в ресторанах. 3. в театрах. 4. в картинных галереях. 5. на концертах. 6. в институтах. 7. в постелях. 8. на автобусах, на трамваях, на троллейбусах.

(5) 1. который. 2. который 3. которому. 4. которой. 5. который.

(6) 1. Да, он читал даже на ходу.   2. Когда встречаешь человека, который спрашивает: «Как вы поживаете?».   3. Потому что он читал телефонную книгу.   4. Потому что он всегда читал поздно вечером.   5. У него болели глаза.   6. Он был симпатичный, терпеливый человек.   7. Однажды, когда он опоздал на работу на полчаса.   8. Это был новый начальник.   9. Нет. Он был сердитый, нетерпеливый человек.   10. Он уже не читал так страстно и перестал опаздывать на работу. Он исправился.

(7) 1. Накануне он прочитал всю книгу от начала до конца, так что не удивительно, что у него глаза так болят.

2. Бедный Ваня! Ему было очень трудно объяснить новому начальнику, почему он всегда опаздывает на работу. К сожалению, Соколов не очень терпеливый человек. А вчера Ваня опоздал на полчаса. Соколов очень рассердился.

3. Передача не интересовала её. Она выключила телевизор, легла спать и спала крепко до урта.

4. Игорь обратился к соседу и спросил его, кто незнакомец, который сидит рядом.

5. Москвичи ездят по своей красивой столице на трамваях, на автобусах, на троллейбусах и на метро.

Lesson 11

(1) Чёрным морем; этим небольшим театром; моей месячной карточкой; одним карандашом; этой вечерней газетой; нашим старым автомобилем; этой широкой площадью; другим маршрутом; твоим любимым героем; всей деревней.

(2) 1. без молодого англичанина.   2. без большого удовольствия.
3. без своего синего зонтика.   4. без этой советской студентки.
5. без нашего маленького сына.

(3) 1. нам, трамвая, следующей остановке, Русским музеем
2. Олей, самолётом, севера, юг.   3. нашего кондуктора, Советском Союзе, кондуктора.   4. утреннюю газету, вашего товарища, Иркутска, скамейке, городском саду, её.   5. выходного дня, ему, фабрику.   6. преподавателем, ему, терпеливым.

(4) в спальню, в спальне, из спальни; на вокзал, на вокзале, с вокзала; на работу, на работе, с работы; к соседу, у соседа, от соседа; в Советский Союз, в Советском Союзе, из Советского Союза; к двери, у двери, от двери; на Красную площадь, на Красной площади, с Красной площади; на вечерний концерт, на вечернем концерте, с вечернего концерта; на эту турбазу, на этой турбазе, с этой турбазы; в Кремлёвский театр, в Кремлёвском театре, из Кремлёвского театра; к Борису Павловичу, у Бориса Павловича, от Бориса Павловича.

(5) 1. Она мне нравится. 2. Я ей не нравлюсь. 3. Они нам нравятся. 4. Он нравится вам? 5. Как вам нравится этот роман? 6. Московское метро нам очень понравилось. 7. Почему им понравился «Броненосец Потёмкин»? 8. Ей никто не нравится.

(6) 1. Он работает инженером. 2. Он был из Англии. 3. Потому что весь день только обсуждали советскую промышленность. 4. На автобусной остановке перед автозаводом. 5. Обычно автобусом. 6. Потому что есть остановка совсем недалеко от дома Орлова. 7. Потому что надо сделать пересадку. 8. Пятачок. 9. Потому что московские автобусы работают без кондуктора. 10. Несознательные люди. 11. Нет — мелкие. 12. Потому что у него месячная карточка. 13. В начале каждого месяца.

(7) 1. «Что вы делали вчера вечером?» «Мы почитали и потом легли спать.»
2. «У меня нет автобусного билета. Что мне делать?» «Надо просто опустить пятачок в кассу, повернуть ручку, и появляется билет. Это очень просто.»
3. Разные люди выходили из гостиницы и я спросил одного гостя, где можно пообедать. Он сказал, что пообедать можно в гостинице. Кухню, однако, он не рекомендовал, и надо было ждать полчаса.
4. Следующий трамвай — третий, и остановка трамвая как раз за углом.
5. Иногда не так уж просто быть пассажиром на московском автобусе, если у вас нет мелочи. А если у вас нет билета, вас оштрафуют.
6. Я пригласил молодого англичанина на концерт и он с удовольствием принял приглашение. Кажется, он любит музыку Чайковского.
7. Ему не очень удобно было ехать на метро, так как надо было сделать пересадку.
8. Мне нравится маленький сын Вари. Он постоянно задаёт мне вопросы и задумчиво смотрит на меня, когда я отвечаю. К сожалению, я редко понимаю его вопросы, а он редко понимает мои ответы.

Lesson 12

(1) 1. перешли, переходим, перейдём. 2. пришлось, приходится, придётся. 3. пришёл, приходит, придёт. 4. зашла, заходит, зайдёт. 5. нашёл, находит, найдёт. 6. вышел/вышла, выходишь, выйдешь. 7. прошли, проходим, пройдём. 8. дошла, доходит, дойдёт. 9. вошёл, входит, войдёт. 10. перешли, переходят, перейдут.

(2) 1. до Смоленска. 2. мимо нас. 3. в Одессу. 4. из театра. 5. через Волгу. 6. до Мурманска. 7. к отцу. 8. через эту реку. 9. из города. 10. в Иркутск/из Иркутска.

(3) 1. запишет. 2. повернёт. 3. спросим. 4. приглашу. 5. вернутся. 6. купит. 7. встану. 8. начнётся. 9. объяснит. 10. опоздаем.

(4) пишите; бросьте; скажите; не выключайте радио; читайте дальше; не сердитесь; вставайте; не смейтесь; пойте громко; познакомьтесь; поверните направо.
(5) 1. Входи же! 2. Открывай же! 3. Вставай же! 4. Останавливайся же! 5. Опускай же! 6. Представляй же!

(6) 1. (в). 2. (в). 3. (б). 4. (г). 5. (а).

(7) 1. Его зовут Давид Грант. 2. Его имя Давид. 3. Его зовут Александр Орлов. 4. Отца его зовут Константин Орлов. 5. Его зовут Пётр. 6. Город называется Москва. 7. Эта комната называется кухня. 8. Эта водка называется Зубровка. 9. Он говорит «Очень приятно» или «Очень рад познакомиться с вами». 10. «Раздевайтесь!».

(8) 1. Он позвонил, дверь открылась, и он задумчиво вошёл в квартиру.
2. Я уверен, что он скоро придёт. Когда он выходил из института полчаса тому назад, все говорили ему: «Смотрите, не опоздайте!»
3. В Советском Союзе все пешеходы переходят улицу (через улицу) по переходу. Иногда кажется, что поток машин никогда не пройдёт.
4. Вчера я зашёл к Ване. Когда я вошёл в гостиную, он открывал бутылку вина, а в кресле сидела какая-то молодая блондинка. Она, очевидно, чувствовала себя там как дома. Я сейчас же ушёл.
5. Я очень рад вас видеть. Раздевайтесь и садитесь! А теперь мы можем поговорить.

6. В Москве много контрастов. В часы-пик уличное движение очень шумное. Везде появляются высокие, современные здания. В парках культуры и отдыха, однако, можно забыть о шумной жизни столицы. Не удивительно, что москвичи так оценивают свои парки.

7. Я спросил вас, где штопор, но вы продолжали читать «Правду». Вы такой некультурный. Таня рассказала мне многое о вас, и я ей верю.

8. «Прошу к столу. Обед готов.» «Ах, какой чудесный суп. Маша, ты просто талант. Я так рад(а), что ты пригласила меня в гости.»

Lesson 13

(1) (a) высоких зданий; музыкальных театров; красивых женщин; симпатичных студенток; футбольных стадионов; старых трамваев; больших фабрик; шумных грузовиков; длинных очередей; страстных читателей «Правды».

(b) книжных шкафов; удобных постелей; красивых картин; весёлых вечеров; английских книг; свежих яблок; молодых людей; умных студентов.

(c) автобусных кондукторов; больших гостиниц; промышленных центров; бедных граждан; густых лесов; домашних птиц; телефонных книг; интересных радиопередач.

(2) 1. две комнаты. 2. одна жена. 3. двадцать восемь школьников. 4. девять куполов. 5. пять соборов. 6. двенадцать пьес. 7. двадцать одну бутылку вина. 8. три книги. 9. много кремлей. 10. много людей.

(3) 1. в половине восьмого. 2. в девять часов. 3. в половине первого. 4. в час. 5. в шесть часов. 6. в три часа. 7. в половине третьего. 8. в восемь часов.

(4) 1. мне двадцать четыре года. 2. ему двадцать один год. 3. ей четырнадцать лет. 4. ему три года. 5. ему двадцать девять лет.

(5) 1. эту студентку; этого студента; этих студентов; этих студенток; ваших родителей; эту пьесу; этого молодого преступника; современный мир; моего дедушку.

2. старое здание университета; своего дорогого товарища; бедного Сашу; английских туристов; Таню и её старшего брата Ваню; маленькую девушку; Кузнецовых; Валентину Терешкову; всех членов делегации; Чёрное море; самого директора.

(6) 1. давайте вернёмся. 2. давайте купим. 3. давайте выключим. 4. давайте читать научную фантастику. 5. давайте посетим. 6. давайте приготовим. 7. давайте говорить по-русски. 8. давайте курить настоящие сигареты.

(7) 1. Когда у них есть гости. 2. Потому что они так много выпили. 3. Они уселись в гостиной. 4. Он ничего не знает о детях. 5. Он учится уже три года. 6. Потому что он студент и все студенты живут в общежитиях. 7. Да. Она ему по душе. 8. Нет. Он отставал от других учеников. 9. Во-первых, потому что он скучал, и во-вторых, потому что русский дедушка приехал в гости. Дедушка заметил, что он скучает, и стал преподавать ему русский язык. 10. Потому что его семья жила далеко от всех больших городов. 11. Они познакомились в России. Это было до революции. 12. Потому что Давид не заметил, как быстро прошло время, и автобусы и трамваи уже не ходили.

(8) 1. Он просто талант. Все его картины получились прекрасные, но кажется, он не хочет говорить о них. Он говорит, что слова пустые. Но разумеется, он рад, что их так высоко ценят.
2. «Давайте перейдём в гостиную.» «Я предпочитаю сидеть здесь в кухне. Я сыт по горло и просто не могу встать. И мы ещё не кончили всё вино.
3. Из него никогда не выйдет врач. В школе он всегда получал тройки. Просто не понимаю, как он сумел поступить в медицинский институт.
4. «Коля, почему ты всегда краснеешь, когда Катя смотрит на тебя?» «Брось, Игорь. Разве ты не знаешь, что Коля краснеет, когда какая-нибудь молодая девушка смотрит на него?»
5. Не удивительно, что Никита умирает от скуки. Весь день никого нет в квартире, кроме его бабушки и дедушки. Разумеется, совсем другое дело, когда его родители возвращаются с работы.
6. Бесчисленные люди входили сегодня в Кремль, потому что они хотели увидеть Брежнева, который только что вернулся из Тбилиси.
7. Надеюсь, что этот застенчивый, молодой англичанин не хочет жить в общежитии. У нас здесь и без того много застенчивых молодых мужчин.

Lesson 14

(1) 1. моим старым родителям. 2. всем своим московским друзьям. 3. нашим советским гражданам. 4. этим бедным людям. 5. тем датским девушкам. 6. всем женщинам. 7. моим старшим братьям. 8. этим английским студентам.

(2) этими старыми автомобилями; нашими городскими музеями; всеми московскими футбольными командами; шахматами; этими прелестными вазами; электрическими зубными щётками; вашими студенческими общежитиями; твоими золотыми часами; всеми этими цветами и деревьями.

(3) 1. Москва гораздо крупнее, чем Киев. 2. Иваново гораздо старше, чем эта деревня. 3. Невский проспект гораздо длиннее, чем эта улица. 4. Конкорд летает гораздо быстрее, чем ТУ 144. 5. Владивосток находится гораздо дальше от Москвы, чем Самарканд. 6. У жены голос гораздо громче, чем у Никиты. 7. У нас стены гораздо тоньше, чем у вас. 8. У нас в Лондоне пища гораздо дороже, чем у вас в Москве. 9. Святослав Рихтер играет музыку Рахманинова гораздо лучше, чем Фред Блоггз. 10. Кресло гораздо удобнее, чем диван.

(4) 1. Лес красив. 2. Бутылка пуста. 3. Письмо коротко. 4. Сын болен. 5. Улица узка. 6. Море тихо. 7. Вопрос прост. 8. Муж беден. 9. Дни ясны.

(5) 1. три футбольных матча. 2. семнадцать советских лётчиков. 3. две вечерние газеты. 4. двадцать одна старая монета. 5. пять весёлых женщин. 6. двадцать высоких деревьев. 7. двадцать пять широких полей. 8. четыре короткие секунды. 9. тринадцать московских гостиниц. 10. девятнадцать прелестных девушек.

(6) 1. Он водил жену в театр. 2. Он возит родителей в Сочи. 3. Официантка несёт поднос. 4. Машина везёт английских туристов. 5. Он ведёт товарищей… 6. Он несёт бутылку водки… 7. Он везёт товарищей… 8. Он носит книги…

(7) 1. (b). 2. (d). 3. (b). 4. (b). 5. (a). 6. (c).

(8) (a) «Посмотри же на это! Три пустые бутылки на полу! Какой беспорядок! Мой старший сын пригласил каких-то друзей в гости и они всю ночь пили водку. Часа в четыре они уехали в «Москвиче» с какими-то девушками. Я не понимаю, почему девушкам нравятся студенты-медики с длинными волосами. И не знаю, кто вёл машину.»

«Борис, ты старый лицемер. Разве ты забыл, как мы проводили вечера, когда были студентами? И в квартире над нами жила та прелестная блондинка — помнишь? Согласен, у нас не было машины, но мы много пили, не правда ли? И на другой день, когда просыпались, всегда болела голова!»

(b) Маша решила, что оставаться в шумной столице в то воскресенье было невозможно. Она перешла к окну и открыла занавески. Яркие лучи утреннего солнца осветили её маленькую комнату, и она посмотрела на потёртый коричневый линолеум на полу.

«Да», — подумала она. «Надо в деревню.» В тот момент она посмотрела в окно. Два молодых студента только что прошли мимо дома, и вдруг ей стало ясно, что это её друзья Никита и Алексей. Она выбежала на улицу и закричала. Они повернулись и она заметила, что они несут книги. Она спросила их, куда они идут, и они ответили, что идут в библиотеку. Но когда она объяснила, что она только что купила себе новый «Москвич», что поедет в Серебряный Бор и с удовольствием повезёт их туда, они сейчас же согласились.

«Заеду за вами через двадцать пять минут»,—сказада она им. «Только надо убрать квартиру.»

Lesson 15

(1) я буду брать/они будут брать; я возьму/они возьмут.
я буду отвечать/они будут отвечать; я отвечу/они ответят.
я буду оставаться/они будут оставаться; я останусь/они останутся.
я буду находить/они будут находить; я найду/они найдут.
я буду садиться/они будут садиться; я сяду/они сядут.
я буду приглашать/они будут приглашать; я приглашу/они пригласят.
я буду одеваться/они будут одеваться; я оденусь/они оденутся.
я буду говорить/они будут говорить; я скажу/они скажут.
я буду продавать/они будут продавать; я продам/они продадут.
я буду ложиться/они будут ложиться; я лягу/они лягут.
я буду принимать/они будут принимать; я приму/они примут.

(2) 1. дам, прочитает. 2. будем писать, напишем, будем показывать. 3. приедут. 4. будет возвращаться. 5. будем приглашать. 6. приду. 7. стану, буду отвечать. 8. разденутся, лягут. 9. пойду, будут делать, будут рассказывать. 10. будут начинаться, начнётся.

(3) 1. Иван не купил бы себе «Москвич», если бы отец не дал ему 2000 р.

2. Борису не было бы холодно, если бы Иван не выключил центрального отопления.

3. Борис не захотел бы пойти в театр, если бы Иван не предложил пойти в кино.

4. Иван и Борис не остались бы в квартире, если бы не пошёл дождь.

5. Борису не удалось бы кончить работу, если бы Иван не помог ему.

(4) 1. Иван предлагает, чтобы они с Борисом пошли гулять.

2. Иван предложил, чтобы они с Ириной посмотрели фильм в клубе.

3. Иван предлагает, чтобы папа отдохнул летом в Сочи.

4. Иван предлагает, чтобы товарищ Иванов полетел самолётом в Новосибирск.

(5) 1. первого мая. 2. двадцать четвёртого ноября. 3. третье марта. 4. семнадцатого июля. 5. восьмое февраля 6. двадцать третьего декабря. 7. первое января. 8. в среду, четвёртого сентября. 9. в воскресенье, девятнадцатого октября. 10. в четверг, двенадцатого августа.

(6) 1. без этой книги. 2. в одной комнате. 3. с одним англичанином. 4. со всеми товарищами. 5. та женщина. 6. на всех вокзалах. 7. к этим зданиям. 8. с этими странами. 9. кроме одного мальчика. 10. (к) самому начальнику.

(7) 1. Иван и Катя любят друг друга. 2. Иван и Борис верят друг другу. 3. Мария и Катя играют друг с другом. 4. Сергей и Никита подходят друг к другу. 5. Ольга и Борис смотрят друг на друга. 6. Володя и Варя помогают друг другу. 7. Ирина и Гриша прощаются друг с другом. 8. Коля и Федя разговаривают друг о друге. 9. Павлов и Иванов познакомились друг с другом. 10. Мы понимаем друг друга.

(8) 1. на два дня. 2. десять часов. 3. на секунду. 4. на две недели. 5. полчаса. 6. целый час.

(9) 1. мало. 2. мало. 3. немного. 4. мало. 5. немного.

(10) Борис позвонил мне вчера и предложил, чтобы мы осмотрели московские достопримечательности. Он объяснил, что у него

живёт молодой английский инженер, который хотел бы познакомиться с русской столицей. Он решил попросить меня помочь ему, так как я уже всю жизнь живу здесь и знаю Москву лучше его. Кажется, Мистер Смит — так зовут молодого человека — летит назад в Англию в конце месяца, так что осталось мало времени до его отъезда. Я сказал, что был бы рад, принять его приглашение. Сегодня утром они зашли ко мне в квартиру на полчаса. Мистер Смит сказал мне, что он приехал в Советский Союз всего пять дней тому назад, и что Москва ему понравилась с первого взгляда. Я предложил, чтобы я показал ему кремлёвские соборы после обеда, и мы решили встретиться в половине третьего на Красной площади.

Я тоже сказал ему, что я очень интересуюсь английским образом жизни, хотя я мало знаю об Англии. Как я ему объяснил — откуда нам знать об условиях в Англии? В конце концов мы редко встречаемся с иностранцами в Москве. Мистер Смит сказал, что в Англии мало кто знает конкретные факты о русских и о русском образе жизни. Вообще мы согласились, что Советский Союз и Англия поняли бы друг друга лучше, если бы больше англичан свободно говорили по-русски, и больше русских свободно говорили по-английски. Мы решили, что мы ещё раз встретимся вечером в гостинице Мистера Смита. А что мы будем делать весь вечер? Мы будем говорить по-английски, мы будем разговаривать о том, о сём, мы будем обсуждать английскую культуру, английскую кухню, даже английскую погоду. Надо признаться, я немножко боюсь. Я не знаю ни одного английского слова.

Lesson 16

(1) 1. тридцать три монументальных сооружения. 2. сто сорок девять квадратных километров. 3. триста девяносто два европейских города. 4. трое суток. 5. тысяча одна ночь. 6. триста шестьдесят пять счастливых дней. 7. два миллиона маленьких насекомых. 8. девяносто две электрические бритвы. 9. сорок дней и сорок ночей. 10. шестьдесят девять часов, пятьдесят три минуты, сорок одна секунда. 11. двести лет. 12. четыре солдата. 13. пять тысяч солдат. 14. пятьсот шестьдесят раз. 15. пятьсот шестьдесят один раз. 16. пятьсот шестьдесят два раза. 17. восемьдесят девять красивых девушек. 18. четыреста семьдесят пять некультурных англичан. 19. сто девятнадцать русских имён. 20. двое часов.

(2) 1. в тысяча шестьдесят шестом году. 2. в тысяча восемьсот сорок восьмом году. 3. в тысяча девятьсот семнадцатом году.

4. в тысяча девятьсот сорок пятом году.   5. в тысяча девятьсот восемьдесят четвёртом году.

(3) 1. Ленинград больший город, чем Киев. Москва самый большой город.

2. Волга более длинная река, чем Днепр. Енисей самая длинная река.

3. Физика более трудный предмет, чем история. Математика самый трудный предмет.

4. Сергей более терпеливый человек, чем Иван. Никита самый терпеливый человек.

5. МГУ более высокое здание, чем ГУМ. Телебашня самое высокое здание.

(4) 1. Они живут в большем доме.   2. Я знаю старшего брата. 3. Иван бегает быстрее всех.   4. Он сидит на самом маленьком стуле.   5. Я люблю музыку больше всего.   6. Он решил самую трудную задачу.   7. Он интересуется более серьёзными вопросами.   8. Они приехали с младшим офицером.   9. Я только что прочитал самую интересную книгу в библиотеке.   10. Енид Блайтон менее значительный писатель, чем Солженицын.

(5) 1. им нечего есть.   2. Ей нечем заниматься.   3. Ему не о чём говорить.   4. Ему не с кем играть.   5. Ему некому писать письмо. 6. Ему некого пригласить на концерт.   7. Ему некуда идти. 8. Ей некогда отдыхать.

(6) 1. почему-то.   2. где-то.   3. что-нибудь.   4. кого-нибудь. 5. куда-нибудь.   6. кто-то.   7. какую-то.   8. почему-то.   9. когда-нибудь.   10. когда-нибудь.

(7) 1. Его зовут Давид Грант.   2. Он с юго-запада Англии. 3. Он пишет письмо.   4. Он пишет дедушке.   5. Он получил открытку от дедушки.   6. Нет. Он жив и здоров.   7. Он улетит второго октября.   8. Их строили из дерева.   9. При Наполеоне сгорел почти весь город.   10. Их строят из бетона, алюминия и стекла.   11. Потому что она такая высокая.   12. Они похожи на насекомых.

(8) 1. Маленький Ваня и мой младший брат Коля учатся в той же школе. Вчера им надо было решить простую задачу по математике. Коля целыми часами решал её, но ему не удалось решить её. Вечером к нам зашёл Ваня. Кажется, Коля уже позвонил ему и попросил его помочь. По-моему Коля ничего не понимает в математике. Задача была очень простая:

«В квартире — столовая длиной в пять метров и шириной в три метра. Спальня длиной в четыре метра и шириной в три с половиной метра. Кухня, ванная, туалет все длиной в три метра и шириной в два метра. Передняя длиной в семь метров и шириной в метр. Какой метраж квартиры?»

Ваня бегло посмотрел на задачу и сказал: «пятьдесят четыре квадратных метра.»

Сначала Коля молчал. Потом записал и сказал: «Ты просто талант!» Он даже не поблагодарил Колю за помощь.

2. Один из моих друзей только что вернулся из-за границы. Они с женой провели три недели в Москве, и теперь он считается большим экспертом по советским делам. Когда кто-нибудь задаёт ему вопросы о его пребывании в Москве, все перестают говорить, поворачиваются и смотрят на него. Но к сожалению он почему-то всегда говорит то же самое: «Извините, мне сейчас некогда говорить с вами. Я очень занят.» Потом он бросается из комнаты.

Признаться, я хотел узнать, почему он так странно поступает. «Может быть, он очень застенчивый человек», — подумал я. Большинство туристов никогда не перестают говорить о Москве. Однажды моя жена разговаривала с его женой, и она узнала, в чём дело. Кажется, гиды и переводчики постоянно засыпали их статистикой о Москве. Наконец ему с женой стало так скучно, что они целыми сутками оставались в гостинице. Вот почему он не хочет говорить о Москве.

Lesson 17

(1) 1. до трёх часов. 2. в шести ящиках. 3. около двадцати пяти бригадиров. 4. с пятьюстами пятьюдесятью английскими пассажирами. 5. между четырьмя и пятью часами. 6. кроме двухсот деревянных изб. 7. с миллионом рублей. 8. меньше двухсот шестидесяти километров. 9. без этих двух тысяч советских граждан. 10. о четырёх временах года. 11. в шестидесяти ленинградских кинотеатрах. 12. Я вижу двадцать четыре героических солдата. 13. Разве вы не знаете этих четырёх несознательных товарищей? 14. Они заехали за моими двумя младшими братьями.

(2) 1. без четверти три. 2. две минуты двенадцатого. 3. без одной минуты пять. 4. двадцать одна минута восьмого. 5. без двадцати восьми минут десять. 6. без четырёх минут два.

(3) 1. трём сёстрам; моей матери; этим сибирским студентам; своему дедушке; советской молодёжи; всем кинозрителям.

2. родителей; нашу пожилую дежурную; одного сибиряка; старшего бригадира; всех колхозников и колхозниц; меня; никого.

3. английским студентам русского языка; нашим молодым людям; ему; вашим младшим сёстрам; Ване; этому терпеливому герою.

4. высшей математике; иностранным языкам; древней истории; разным предметам; ничему.

5. одним известным преступником; ни за кем; ними; вами; этими детьми; двумя друзьями.

6. двум тысячам студентов; дочери; мне; всем трактористам; моим сыновьям.

(4) 1. Мы долго стояли в очереди.   2. Ирина поставила цветы в вазу.   3. Он вынул деньги из кармана и заплатил шофёру. 4. Дедушка целыми часами сидел в кресле перед телевизором. 5. Наташа легла на постель и скоро заснула.   6. Никита уже давно любит мою сестру и женился на ней в четверг.   7. Так как Миша опоздал на автобус, он не успел к началу концерта.   8. На полу лежал потёртый ковёр.   9. Ваня положил деньги в карман и вышел из дому.   10. Они сели на свои места в третьем ряду. 11. ...и она вышла замуж за него на прошлой неделе.   12. Мы раньше имели дело с одной английской фирмой. 13. ...Оля уложила свои вещи в чемодан.   14. После обеда Боря встал из-за стола... 15. Вера посадила маленькую доченьку в детскую коляску.

(5) 1. Иван Иванович хочет, чтобы Николай описал ему свой образ жизни.

2. Иван Иванович хочет, чтобы Павел Павлович закрыл дверь.

3. Иван Иванович хочет, чтобы дети переписывались с ним, когда они будут в Ленинграде.

4. Иван Иванович хочет, чтобы Таня не имела дела с такими людьми.

5. Иван Иванович хочет, чтобы Катя осталась с ним навсегда.

6. Иван Иванович хочет, чтобы товарищи помогли ему.

7. Иван Иванович хочет, чтобы Володя не краснел, когда он говорит с Леночкой.

8. Иван Иванович хочет, чтобы Люба не носила старых джинсов.

9. Иван Иванович хочет, чтобы шофёр подал газ.

10. Иван Иванович хочет, чтобы Маша вышла замуж за него.

(6) 1. Он находится где-то в Сибири.   2. Она дочь одного сибиряка.   3. За Владимира.   4. Отец считает Бориса идеальным

мужем для Ниночки. 5. Владимир моложе. 6. Нет. Он инженер. 7. Владимир работает лучше всех. 8. Другие танцуют. 9. В колхозе бесчисленные поля. 10. Он падает с моста. 11. Владимир спасает ему жизнь. 12. Он становится бригадиром. 13. Когда Владимир становится бригадиром, отец Ниночки даёт ей разрешение выйти замуж за Владимира. 14. Потому что оркестр громко играет, и колхозники поют во весь голос.

(7). 1. Борис очень редко умывается, и его друг сказал ему в шутку, что он нуждается в дезодораторе. К сожалению, Борис принял его всерьёз, и теперь они больше не говорят друг с другом. 2. Жизнь в Англии становится всё дороже, с тех пор, как инфляция начала расти. 3. Мы договорились встретиться без двадцати минут восемь. Не приходится и говорить, что Вера опоздала, и мы не успели к началу пьесы. Я совсем не понял пьесы. Кажется, какой-то парень женился на какой-то женщине, а теперь эта женщина хотела выйти замуж за кого-то другого. Эта женщина была очень похожа на Веру. 4. «Иван, мне некогда разговаривать с тобой. Сегодня вечером я иду в кино с Анной, а я ещё не побрился и умылся. К тому же я нигде не могу найти мой серый костюм. 5. Володя, не стоит одеваться элегантно, если ты встречаешься с Анной. Её друзья всегда появляются в одних только джинсах и свитерах. 6. Прежде чем стать профессором, товарищ Симонов был преподавателем в одном из больших научных институтов в Москве. Он учил студентов высшей математике. Прежде чем уехать из Москвы, он женился на одной из своих студенток. Теперь у них трое детей.

Lesson 18

(1) 1. требует знания. 2. ждёт письма. 3. искал карандаш. 4. попросили чаю. 5. хотят мира. 6. требует внимания. 7. попросила тётю. 8. попросили разрешения. 8. ищут счастья. 10. ждали начала.

(2) 1. стола; моего плеча; денег; перчаток; балалайки. 2. самолётов; воды; волков; собак; жизни; суматохи в магазинах. 3. матери; голоса совести; родителей; слов хозяина. 4. своих знакомых; взглядов этой девушки; таких случаев; контакта с иностранцами. 5. денег; таланта; времени; энергии.

(3) (a) 1. многими людьми. 2. многих людях. 3. многим людям. 4. многих людей. 5. многими людьми. 6. многим людям. 7. многих людей. 8. многими людьми. 9. многих людей. 10. многих людей.

(b) 1. Сколькими людьми он интересуется? 2. О скольких людях мы говорили? 3. Скольким людям мы здесь мешаем? 4. Скольких людей она избегает? 5. Со сколькими людьми они разговаривали? 6. Скольким людям я хочу помогать? 7. У скольких людей не хватает денег на это? 8. Над сколькими людьми они шутят? 9. Скольких людей это касается? 10. Для скольких людей это невозможно?

(4) 1. того, что. 2. тому, что. 3. то, что. 4. тем, что. 5. в том, что. 6. тому, что. 7. о том, что. 8. от того, как. 9. то, что. 10. того, что.

(5) 1. в полутора километрах от Киева. 2. обеими руками. 3. для обеих тётей. 4. от обоих дядей. 5. с полутора рублями. 6. до полуночи. 7. в полустакане воды. 8. около полутора суток. 9. Он дошёл до центра Москвы за полдня. 10. с пятью волчатами. 11. Шесть котят гонялись по комнате за Машей. 12. Щенок гонялся по саду за цыплятами. 13. Он любит медвежат, но боится медведей. 14. Ну, ребята, завтра я поеду на Кавказ. 15. Он вернулся через некоторое время.

(6) 1. Наоборот. Он радовался этому. 2. Наоборот. Он сожалел о том, что невозможно увидеть кавказские горы. 3. Нет. Он хотел бы осмотреть Волгу с теплохода. 4. У него осталось мало денег. 5. Ещё нет. Она завтра будет недействительна. 6. Жена ждёт его возвращения с нетерпением. 7. Нет. Он мечтал поехать автостопом. 8. Тбилиси находится к юго-востоку от Москвы. 9. Нет. Они платят один рубль за пятьсот километров. 10. Когда ездишь автостоповцем, нет кондуктора. Нужна только маленькая книжка с талонами. 11. Он стал думать о подарках, которые он надеялся привезти домой. 12. Нет. Он решил осмотреть ГУМ, несмотря на то, что он не может терпеть суматоху в магазинах. 13. Наоборот. Он ни разу не осмотрел эти магазины. 14. Нет. Павел опоздал. 15. Нет. Это была рука Павла, который только что пришёл.

Lesson 19

(1) 1. Огни, освещающие аэропорт. 2. Жена, собирающаяся выйти. 3. Студент, курящий папиросу. 4. Концерт, прибли-

жающийся к концу. 5. Люди, покупающие подарки. 6. Преподаватель, владеющий английским языком. 7. Дети, идущие в школу. 8. Кошка, спящая в кресле. 9. Тучи, плывущие по небу. 10. Книги, описывающие советскую жизнь. 11. Туристы, отдыхающие на юге. 12. Пассажиры, радующиеся солнечным дням.

(2) 1. Аэропорт, освещённый тысячами огней. 2. Решение, принятое всеми. 3. Слова, обращённые жене. 4. Вещи, купленные туристами в ГУМе. 5. Телеграмма, отправленная тётей. 6. Книги, полученные Иваном от отца. 7. Свитер, снятый Машей. 8. Джинсы, надетые Ольгой. 9. Время, потерянное пассажирами на вокзале. 10. Товарищи, подвезённые ими на станцию метро. 11. Деньги, заплаченные родителями за билет. 12. Реформы, введённые Александром Пым.

(3) (a) 1. Это не касается людей, работающих в Москве.
2. Мы часто встречаемся с туристами, проводящими несколько дней в Ленинграде.
3. Мы спим в очень приятном номере с окнами, выходящими на юг.
4. Она думает о родителях, отдыхающих на Алтае.
5. Мы не понимаем гида, говорящего по-русски.
6. Я не хочу разбудить дядю, спящего спокойно перед телевизором.
(b) 1. Русские солдаты освободили многие страны, раньше занятые фашистами,
2. Он поднялся на третий этаж с чемоданами, привезёнными гостями.
3. Она очень интересуется письмом, полученным вчера.
4. Мы с женой очень нуждались в помощи, оказанной нам друзьями.
5. Они все восхищались старыми книгами, найденными отцом в букинистическом магазине.
6. Я очень сочувствую туристам, утомленным суматохой в магазинах.

(4) 1. Он был удивлён этим. 2. Мы были засыпаны вопросами. 3. Письмо было отправлено им вчера. 4. Эта книга будет прочитана всеми студентами. 5. Чемоданы были уложены. 6. Он был обеспокоен этими словами. 7. Дом-музей был посещён многими туристами. 8. За последние годы было построено в Москве много новых кварталов. 9. Он был утомлён бесчиленными вопросами. 10. Много было выпито.

(5) 1. Иван Петрович владеет тремя европейскими языками, кроме русского.

2. Его товарищи настояли на том, что они никогда не привыкнут к жизни в английской столице.

3. Мать гордится своей старшей дочерью только потому, что она так похожа на её мужа.

4. Каждую неделю студенты занимаются переводами с русского языка. Они станут отличными переводчиками.

5. Ольга Сергеевна отличается своей красотой от всех своих коллег.

6. Лётчик был убит бандитами. К сожалению, ему не удалось спасти самолёт от угона.

7. Ответ зависит от людей, участвующих в этих разговорах.

8. С тех пор, как Пётр Борисович женился на Анне Павловне, он всегда нуждается в деньгах.

9. Когда он ведёт машину, мне кажется, что мы все рискуем жизнью.

10. «Я недоволен жизнью в этой квартире», — сказал он мне шёпотом. «Везде пахнет старой пищей.»

(6) 1. proud. 2. habit. 3. approximately. 4. players. 5. life-boat victims. 6. smell. 7. marriage. 8. activity. 9. choice. 10. convictions. 11. direction. 12. need. 13. laughter. 14. distinction. 15. a nod. 16. use. 17. spelling. 18. part. 19. freedom/assembly. 20. completion.

(7) 1. Я не мог разобрать слова, написанные на дощечке

2. Ваня отстал от других в школе, и преподавателю наконец удалось убедить родителей в том, что они должны помочь ему, во что бы то ни стало.

3. Пока милиционер не подошёл, мы не замечали слова «СТОЯНКА МАШИН ЗАПРЕЩЕНА».

4. За последние годы улучшились отношения между Англией и Советским Союзом.

5. Блестящая карьера лётчика кончилась тогда, когда он сделал вынужденную посадку на Кавказе.

6. Он уверил нас в добрых пожеланиях всех советских людей.

7. Саша делал разные безуспешные попытки перейти на другую скорость, потом попросил меня поменяться местами с ним. Должен признаться, что я был очень доволен этим, так как моя жена всегда боится, когда он ведёт машину.

8. Пахло весной, все девушки были одеты по-летнему, река блестела на солнце. Володя обменялся взглядами с девушкой, сидящей возле него, и сказал ей что-то шёпотом. Она кивнула головой, и он вздохнул облегчённо. Теперь он был уверен, что она не хочет выйти замуж за него.

Lesson 20

(1) 1. часто обсуждаемый вопрос. 2. незабываемые слова. 3.

статьи, публикуемые «Правдой».   4. впечатления, производимые этим писателем.   5. впечатление, создаваемое этим автором.   6. прожессор, любимый всеми студентами.   7. конференция, организуемая всеми европейскими странами.   8. аэропорт, освещаемый многими огнями.   9. музей, посещаемый тысячами туристов.

(2) 1. милиционер, остановившийся вдруг.   2. мальчик, влезший на дерево.   3. женщина, умывшаяся холодной водой.   4. студент, писавший по-французски.   5. преступник, исчезнувший, Бог знает куда.   6. преподаватели, заинтересовавшиеся этим вопросом.   7. сумасшедшие люди.   8. старик, ожесточившийся от горя.   9. родители, жившие за городом.   10. писатель, проведший большую часть жизни за-границей.

(3) 1. Нежно обняв мать, Никита вернулся в город.
2. Увидев чёрные тучи на горизонте, путники испугались.
3. Прочитав письмо от Тани, Федя всё поймёт.
4. Лёжа на постели, он мечтал о далёких странах.
5. Возвращаясь домой, он встретил товарища.
6. Узнав об аварии в горах, он поспешил туда как можно скорее.
7. Не зная его адреса, я не могу написать ему.
8. Живя в деревне, он всегда удивляется…
9. Опоздав на концерт, он решил посмотреть фильм.
10. Гуляя по парку, он любовался цветами.

(4) 1. Картина в местной газете произвела большое впечатление на знаменитого немецкого писателя.
2. Очень странно, что Коля больше походит на дядю, чем на отца.
3. Мы пожаловались владельцу гостиницы на шум, холод и плохую кухню.
4. Не надо обращать слишком много внимания на статьи в этих дешёвых журналах.
5. Эта трагедия сильно повлияла на настроение путников.
6. Я не могу согласиться на эти невозможные условия.
7. Я не знаю, почему вы всегда ворчите на меня.
8. Мы закричали на собак, но они уже убили пять цыплят.

(6) 1. Обстановка в гостинице «Шваренбахская» создала эти мысли и настроения.
2. Это были Конан Дойль и Мопассан.
3. В Англии и во Франции.
4. Он путешествовал в Швейцарии.
5. Потому что гостиница была такая мрачная.

6. Он писал детективные рассказы.

7. Прежде всего он нуждается в воображении.

8. Нет. Мопассан уже написал рассказ на ту же самую тему.

9. У него был единственный сын.

10. Она не пережила разлуки с сыном.

11. В этом путнике он не узнал своего сына, и убил его по ошибке.

12 Много лет.

13. Он удивился, обнаружив в местной библиотеке, что Мопассан уже написал такой-же рассказ.

14. Он не знал, что Цахариас Вернер тоже опубликовал трагедию, действие которой происходило в той же самой гостинице.

15. Действительное преступление послужило темой для этой трагедии.

INDEX TO LANGUAGE NOTES

NOTES

NOTES

NOTES

NOTES

NOTES

NOTES